Preußisches Steuerbuch.

Ein Wegweiser durch die neuen Steuergesetze

für jeden preußischen Staatsbürger

von

Dr. J. Jastrow,

Privatdozent an der Universität Berlin.

Leipzig,

Verlag von C. L. Hirschfeld.

1894.

An den Leser!

Die neuen Steuergesetze wandeln die Steuerverwaltung im preußischen Staate wie in den preußischen Gemeinden vollständig um. An den Steuerzahler tritt die Anforderung heran, sich mit den neuen Bestimmungen bekannt zu machen. Dieselben legen dem Bürger nicht bloß Pflichten auf, sondern geben ihm vielfach auch erweiterte Rechte. Nur wer beides hinreichend kennt, ist imstande, sich vor Nachteil zu schützen.

Dem preußischen Steuerzahler hierin zuhilfe zu kommen, macht sich das vorliegende Buch zur Aufgabe. Es bespricht die Einkommen- und die Vermögenssteuer, die Grund-, Gebäude- und Gewerbesteuern, sowie sämtliche Gemeindeabgaben und giebt eine gemeinverständliche Anleitung, wie man sich in Fällen von Überbürdung mit Reklamieren an die höheren Behörden zu wenden hat. Die Vorsteher von Vorschußvereinen, Genossenschaften aller Art, Aktiengesellschaften u. s. w. finden die Besteuerung ihrer Gesellschaften in einem besonderen Abschnitt besprochen.

Nicht bloß als Steuerzahler hat der preußische Staatsbürger mit den Steuergesetzen zu thun; er ist auch vielfach selbst zur Ausführung derselben berufen: als Ortsvorsteher, als Stadtverordneter, als Kommissions-Mitglied und in sonstigen Ehrenämtern. Namentlich wird das neue Kommunalabgaben-Gesetz in Städten und Dörfern manche neue Arbeit nötig machen. Wenngleich dieses Gesetz erst am 1. April 1895 in Kraft tritt, so werden doch schon im Jahre 1894 in sämtlichen Gemeinden des preußischen Staates die vorbereitenden Beschlüsse gefaßt werden müssen. Da gerade in der Übergangszeit für Ortsvorsteher und Gemeindevertretungen eine genauere Kenntnis dieser Bestimmungen notwendig ist, so ist hierauf in dem Abschnitte von den „Gemeindeabgaben“ ganz besondere Rücksicht genommen.

Für die gewöhnlichen Fälle des täglichen Lebens wird die hier gebotene Anleitung in der Regel genügen. In schwierigen Fällen ist es aber unerläßlich, das Gesetz selbst nachzulesen. Doch, ein Gesetz zu lesen ist heutzutage keine kleine Aufgabe. Die Sätze sind lang und zuweilen schwer verständlich. Neben den Dingen, die der Bürger wissen muß, stehen auch sehr viele andere, welche nicht ihn, sondern nur die höheren Staatsbehörden betreffen. Es ist schwer, die Bestimmungen herauszufinden, die man kennen soll, und manchmal noch schwerer, sie zu verstehen. Deswegen ist in dem vorliegenden Buch der Abdruck der Gesetze so eingerichtet, daß der Leser ohne Mühe auf den ersten Blick das herausfindet, was für ihn wichtig und auch verständlich ist. Alles, was für den Bürgersmann -- sei es als Steuerzahler, sei es in den gewöhnlichen Ehrenämtern — nicht von Interesse oder im Ausdrucke allzu schwierig ist, ist in kleinen Buchstaben gedruckt. Wer ein Gesetz lesen will, um seinen Inhalt kennen zu lernen, soll alles Kleingedruckte überspringen und nur das Großgedruckte mit Muße lesen. In einer Stunde etwa kann er auf diese Art die hauptsächlichsten Bestimmungen eines Gesetzes kennen lernen. Will er die eine oder andere Bestimmung genauer studieren, so muß er freilich die betreffenden Paragraphen vollständig kennen; und zu diesem Zweck muß er dann das Kleingedruckte mitlesen.

Wo das Verständnis Schwierigkeiten bereitet, ist unten in der Anmerkung eine kurze Erläuterung hinzugefügt und stets auf die Stelle des Buches hingewiesen, an welcher der Leser eine ausführlichere Erklärung findet.

Wer nicht das ganze Buch lesen mag, sondern nur ab und zu sich darin Rat holen will, der thut gut, zunächst das ausführliche alphabetische Register am Schlusse des Werkes nachzuschlagen. Schwierige Ausdrücke, die in den Gesetzen häufiger vorkommen, findet man ebenfalls in dem Register erklärt. Dasselbe ist für den Gebrauch durch den einfachen Bürgersmann eingerichtet; möge niemand in ihm vergeblich suchen!

Berlin, im Oktober 1893.

Der Verfasser.

Inhalts-Verzeichnis.

I.

Selbsteinschätzung und Einkommensteuer.

1. Was bedeutet die Selbsteinschätzung?

Als vor einigen Jahren die Selbsteinschätzung eingeführt wurde, da hörte man die verschiedensten Ansichten darüber. Sollte wirklich von jetzt an jeder zur Einkommensteuer sich selbst einschätzen? Sollte also die Behörde nicht mehr das Recht haben, sich darum zu kümmern, daß ein jeder auch richtig eingeschätzt werde? Und wäre das nicht die größte Benachteiligung der ehrlichen Leute gegenüber den unehrlichen? — So fragten die Einen. Die Andern wiederum wußten, daß das so einfach nicht sein wird. Die Behörde wird prüfen und der Bürger wird Rede stehen müssen. Sollte denn nun der Bürger wirklich genötigt sein, alle seine Einkommensverhältnisse bis ins Kleinste hinein aufzudecken? Und sollte er von jetzt an Gefahr laufen, daß der Inhalt seiner Geschäftsbücher durch die Einschätzung so zu sagen in die Öffentlichkeit gelange?

Heute, wo die Selbsteinschätzung schon mehrere Jahre besteht, weiß jeder, der sich darum bekümmert hat, daß derartige Vorstellungen von der Selbsteinschätzung nach der einen wie nach der andern Seite hin gleich unrichtig sind. Das Richtige ist das Folgende.

Früher fing bei jeder Einschätzung die Behörde an; und wenn sie fertig war, dann konnte hinterher der Bürger kommen, darüber jammern, daß er zu hoch veranlagt sei, und endlich mit vieler Mühe auch durchsetzen, daß man ihn anhörte und gerecht veranlagte. Dies war ein sehr langwieriger Weg. Darum soll jetzt bei dem Einschätzungsgeschäft der Bürger anfangen, und die Behörde soll erst hinterher kommen. Der Bürger soll selbst erklären auf Ehre und Gewissen, wie groß sein Einkommen ist; das Schriftstück, in dem er diese Erklärung angiebt, heißt „Steuererklärung". Die Behörde aber erkundigt sich über die Verhältnisse jedes Bürgers außerdem und hat alles Notwendige in den Akten stehen. Im allgemeinen wird ja die Steuererklärung mit dem, was in den Akten steht, stimmen. Ergiebt sich aber ein Zweifel, so wird der Steuerpflichtige noch einmal gefragt, und hierbei stellt sich dann schon die Wahrheit heraus. Wer sich in seinen Angaben geirrt und (wie das so bei Irrtümern vorzukommen pflegt) sein Einkommen zu gering angegeben hat, wird von der Behörde eines Bessern belehrt.

Wer aber böswillig „gemogelt“ hat, der wird gehörig in Strafe genommen. Und sollte sich seine Unehrlichkeit nicht sofort herausstellen, so entgeht er darum der Strafe doch nicht. Wenn es auch jahrelang dauerte, bis durch irgend einen Zufall die Unehrlichkeit ans Licht käme, so könnte ihn die Behörde noch immer bestrafen. Ja selbst wenn er schon tot ist und bei der Erbschaftsregulierung die Sonne es an den Tag bringt, so haben noch seine Kinder die Nachsteuer zu zahlen und die Schande zu tragen.

Auf der andern Seite ist ebenso dafür gesorgt, daß genauere Angaben des Bürgers, wenn sie notwendig werden, nicht in die Öffentlichkeit gelangen. Den Beamten und den Mitgliedern der Kommission ist die strengste Verschwiegenheit zur Pflicht gemacht. Und wenn sie dieselbe verletzen, so haben sie nicht bloß hohe Geldbußen, sondern sogar Gefängnisstrafe zu gewärtigen. — — —

Also: die Selbsteinschätzung ist ein gutes Ding für die Ehrlichen, zu fürchten hat sie nur der Unehrliche.

Aber in einem Punkte kann man allerdings Recht haben mit der Befürchtung, daß mancher ehrliche Mann bei der Selbsteinschätzung zu kurz kommen könnte, nämlich: **wenn er nicht versteht, wie eine Selbsteinschätzung zu machen ist.**

2. Wer ist zur Selbsteinschätzung verpflichtet, und wer ist zur Selbsteinschätzung berechtigt?

Alljährlich im Monat Dezember liest man in den Zeitungen die Bekanntmachung, daß die Steuererklärungen einzureichen sind. Diese Bekanntmachung ist an alle gerichtet, welche bereits nach einem Einkommen von mehr als 3000 Mk. veranlagt sind. Wer also im laufenden Jahr nach einem Einkommen von mehr als 3000 Mk. veranlagt ist, darf mit seiner Steuererklärung nicht warten, bis ihm die Behörde eine Aufforderung ins Haus schickt. Sobald eine solche Aufforderung in den Zeitungen oder an den Litfaßsäulen bekannt gemacht ist, muß er sich mit seiner Steuererklärung einstellen.

Jeder, der bisher bloß von 3000 Mk. oder weniger besteuert war, kann warten, ob die Behörde ihm eine Aufforderung ins Haus schickt. Thut sie es, dann muß auch er eine Steuererklärung einreichen.

Nun giebt es schlaue Leute, welche sich denken: wozu willst Du mit einer Steuererklärung der Behörde offenbaren, wieviel Einkommen Du hast. Mögen sie Dich doch ein klein wenig höher einschätzen, reklamieren kannst Du ja immer noch. — Der Mann ist klug, aber das Gesetz ist noch klüger. Wenn jemand keine Steuererklärung eingereicht hat, so verliert er sein Reklamationsrecht. Wenn einen solchen klugen Mann die Behörde also noch so viel zu hoch veranlagt hat, so giebt es für ihn kein Rettungsmittel mehr. Er muß während des Jahres seine Steuer zahlen, und erst für das nächste Jahr, wenn er dann seine Steuererklärung pünktlich einreicht, kann er aufs neue veranlagt werden.

Aber selbst wenn die Behörden einen solchen klugen Mann richtig einschätzen, so erheben sie, bei hartnäckiger Weigerung, von ihm nicht bloß die Steuer, zu welcher er veranlagt ist, sondern außerdem noch als Strafe für seine Superklugheit einen Zuschlag von 25 Prozent.

Ich möchte Dir also nicht raten, es auf diesem Wege zu versuchen, es könnte Dir übel bekommen. Im Gegenteil, sogar diejenigen, die zur Steuererklärung gar nicht verpflichtet sind, sollten es sich gleichwohl überlegen, ob es nicht in ihrem eigenen Vorteil liegt, freiwillig eine Steuererklärung einzureichen. Jeder, der in dem letzten Jahre sich von der Steuer bedrückt gefühlt und reklamiert hat, der thut viel besser, dieses Mal gar nicht zu warten, bis er neu veranlagt wird, sondern ohne Aufforderung eine selbstgefertigte Steuererklärung einzureichen. Er hat dann den Vorteil, daß bei dem ganzen Veranlagungsgeschäft von vornherein seine eigenen Angaben zu Grunde gelegt werden.

Und zu einer solchen Steuererklärung berechtigt ist jedermann ohne Ausnahme.

3. Wie stellt man eine Selbsteinschätzung an?

Sobald die Bekanntmachung über die Selbsteinschätzung erschienen ist, liest Du zuerst die Bekanntmachung genau durch. Da steht, wo man die Formulare erhält. Zwar wird die Behörde meistens Formulare ins Haus schicken. Wo sie es aber unterlassen hat, kann sich niemand damit entschuldigen. Wer zur Selbsteinschätzung verpflichtet ist, muß selbst dafür sorgen, daß er in Besitz eines Formulars gelangt, und hat in der Regel nur 14 Tage Frist für die Einreichung. Du beschaffst Dir also sofort ein solches Formular und siehst es Dir an. In demselben werden vier Arten von Einkommen unterschieden: 1. aus Kapitalvermögen, 2. aus Grundbesitz, 3. aus Handel und Gewerbe, 4. aus sonstiger gewinnbringender Beschäftigung u. s. w.

Also ein Rentier wird den Betrag seiner Zinsen unter 1 angeben, der Bauer den Ertrag seiner Wirtschaft unter 2, ein selbständiger Kaufmann oder Handwerksmeister unter 3, ein Commis oder Geselle unter 4. Arbeiter und Dienstboten aller Art gehören in die 4. Rubrik, aber auch Schriftsteller, Künstler, Lehrer, Ärzte u. s. w. Jeder Beamte versteuert sein Gehalt unter Nummer 4, auch der pensionierte Beamte seine Pension. Wer schließlich eine feste Rente für gar nichts bezieht (z. B. in Folge eines Testaments), versteuert diese Einnahme ebenfalls unter Nummer 4.

Viele Leute haben ihre Einnahmen nicht bloß aus einer Quelle, sondern aus mehreren, z. B. ein Handwerksmeister, der ein eigenes Haus hat und außerdem Ersparnisse besitzt, von denen er Zinsen bekommt. Der muß seine Einnahmen getrennt angeben: die Zinsen unter 1, die Miete, die er einnimmt (oder selbst verwohnt) unter 2, den Gewinn aus seinem Handwerk unter 3.

Wie hoch aber wird das Einkommen in dem nächsten Jahre sein? Ein Beamter mit festem Gehalt, der weiß das im Voraus; er kann und muß das, was er für die Zukunft weiß, schon jetzt angeben. Ein Geschäftsmann kann nicht im voraus wissen, ob das nächste Jahr ein gutes oder ein schlechtes sein wird. Aber er hat Bücher, in denen er nachsehen kann, wie die letzten Jahre gewesen sind und danach kann er sich richten. Er sieht nach, welchen Gewinn er in **den letzten drei***) **Jahren** gehabt hat und nimmt den Durchschnitt. — Bei manchen Leuten wird auch dies nicht möglich sein. Dann muß man sich damit helfen, daß man nach ungefährer gewissenhafter Berechnung einen Überschlag über das nächste Jahr macht und diesen angiebt.

Dies also ist die Regel des Gesetzes: Feststehende Einahmen sind nach ihrem Betrage für das Steuerjahr anzugeben. Unbestimmte Einnahmen sind nach dem Durchschnitt der letzten drei Jahre zu berechnen. Ist keins von beiden möglich, so giebt man den „mutmaßlichen" Jahresertrag an.

Von dieser Regel darf niemand willkürlich abweichen. Z. B. ein Beamter, der schon jetzt für das nächste Rechnungsjahr seine Gehaltserhöhung in der Tasche hat, darf nicht etwa das Gehalt angeben, das er bisher gehabt hat; er muß das nennen, das er in Zukunft haben wird. Ein Kaufmann, der gerade drei fette Jahre hinter sich hat, darf auch nicht sagen, er möchte lieber seine Bücher gar nicht nachschlagen, sondern den „mutmaßlichen" Jahresertrag für das nächste Jahr angeben; er muß seine Bücher nachschlagen und den Ertrag so angeben, wie er sich im Durchschnitt der drei letzten Jahre stellt. — Andrerseits ist auch wieder ein Kaufmann, der im nächsten Jahre einen größeren Verdienst in Aussicht hat, nicht verpflichtet, denselben zu veranschlagen. Er hat den Durchschnitt der drei letzten Jahre berechnet und damit ist er gewissenhaft genug gewesen.

Nun ist noch die Frage, wie der Durchschnitt der drei letzten Jahre berechnet wird. In dieser Beziehung wird von niemandem mehr verlangt, als er bieten kann. Der Staat beginnt sein Steuerjahr mit dem 1. April. Die Selbsteinschätzung, welche im Januar 1895 stattfindet, soll gelten vom 1. April 1895 bis 31. März 1896, oder wie man kurzweg sagt, für das Steuerjahr 1895/96. Wenn im Januar 1895 die Aufforderung kommt, hast Du Deine Bücher für 1894 vielleicht noch gar nicht abgeschlossen

*) Dies ist die geltende Vorschrift. Nur für die erste Selbsteinschätzung, welche im Januar 1892 stattfand, war ausnahmsweise der Durchschnitt bloß zweier Jahre verlangt.

Dann darfst Du ruhig als die drei letzten Jahre annehmen: 1891, 1892, 1893. Du hast verdient:

im Jahre 1891	4015	Mark
im Jahre 1892	3213	Mark
im Jahre 1893	3320	Mark
zusammen in drei Jahren	10 548	Mark
davon also der dritte Teil für ein Jahr gerechnet	**3516**	**Mark.**

Dies ist der Durchschnitt, den Du anzugeben hast.

4. Was gehört zum Einkommen?

Manche Leute meinen: wenn sie das bare Geld angeben, das sie einzunehmen haben, dann haben sie genug gethan. Wenn z. B. jener Handwerksmeister, den wir oben erwähnten, angiebt, wieviel Zinsen er empfängt, wieviel Miete ihm seine Mieter zahlen, und wieviel Gewinn sein Handwerk abwirft, so kann er sich leicht einbilden, gewissenhaft genug gewesen zu sein. Aber was würde der Handwerksmeister zu seinem Gesellen sagen, wenn dieser behauptete, daß er nicht mehr Einnahme als drei Mark in der Woche habe? Würde er ihm nicht vorrechnen, daß freie Wohnung, freie Beköstigung, freie Heizung und freie Beleuchtung auch etwas wert sind?

Also: es ist ganz gleich, ob wir unsere Einnahmen in barem Gelde erhalten oder in Gestalt von Wohnung, Essen, Kleidung u. s. w. Wer im eigenen Hause wohnt, muß ungefähr berechnen, wieviel seine Wohnung wert ist, und dies in der Rubrik „Einkommen aus Grundbesitz" getreulich mit veranschlagen. Der Bauer, der jahraus jahrein Roggen und Weizen von seiner Tenne in die Mühle schickt, um das Mehl daheim zu verbacken, der die Milch von seiner Kuh trinkt, die Eier seiner Hühner ißt, der fast seinen ganzen Hausbedarf aus seiner Wirtschaft bestreitet, der muß außerdem noch berechnen, wieviel Wirtschaftsgeld er seiner Frau geben müßte, wenn er ihr das Alles nicht in natura liefern könnte. Der Gastwirt, der seine ganze Familie zu Gaste hat, muß sich auch darüber klar werden, wieviel ihm sein Haushalt kosten würde, wenn er ihn getrennt vom Geschäft führte.

Hat ein Beamter eine Dienstwohnung, so wird er ungefähr wissen, wieviel dieselbe wert ist, und setzt sie mit diesem Betrage an. Es kommt freilich zuweilen vor, daß ein Beamter eine große und prächtige Wohnung bekommt, wie er sie gar nicht beansprucht, bloß weil zufällig eine solche frei ist. In diesem Falle braucht der Beamte nicht mehr als 15 Prozent seines Einkommens anzusetzen. — Wenn der Beamte die Wohnung gar nicht selbst bewohnt, sondern (mit Erlaubnis seiner Behörde) vermietet hat, so kann er alles Nachdenken sparen; so viel Miete er von dem Aftermieter bekommt, so viel setzt er eben auch an. — —

Zu Deinem Einkommen gehört nicht bloß alles das, was Du selbst verdienst, sondern auch was Deine Frau und Deine Kinder verdienen. Wenn z. B. Deine Kinder ab und zu auf Arbeit gehen und so eine Kleinigkeit zur Familienernährung beitragen, so könnte jemand auf den Gedanken kommen, jedes Kind als eine selbständige steuerpflichtige Person zu betrachten, welche die Steuerbehörde, wenn sie Lust hat, besonders veranlagen mag; und da ein so geringes Einkommen steuerfrei ist, so würde die Steuerbehörde das Nachsehen haben. — Ein solcher Gedanke wäre ja sehr schlau, aber er wäre auch sehr unrichtig und unehrlich. Denn das Kind hat kein eigenes Einkommen. Es geht in dem Hause alles in einen Topf und in eine Schüssel, und das Gemeinsame muß auch gemeinsam versteuert werden. Du bist ja Herr im Hause und verlangst, daß alles nach Deinem Willen gehen soll. Darum mußt Du auch erst das Einkommen das ganzen Hauses zusammenrechnen, bevor Du Deine Selbsteinschätzung machst.

Etwas anders ist es, wenn ein Kind wirklich einen selbständigen Erwerbszweig hat und gleichwohl nur im Hause des Vaters weiter lebt. Ein solches Kind, das als selbständige Person anzusehen ist, hat seine Steuern selbständig zu bezahlen. Auch ein Hauskind, das im Geschäft des Vaters thätig ist und nicht bloß ein Taschengeld bekommt, sondern wirklichen Lohn oder Gehalt, wie ein Fremder, zählt als eine Person für sich. Eine verheiratete Frau aber zählt nur dann für sich, wenn sie von ihrem Ehemann getrennt lebt. — Kostgänger, Aftermieter, Schlafburschen u. s. w. sind nicht Mitglieder Deiner Familie; ihr Einkommen geht Dich nichts an.

Außerdem giebt es noch manche Dinge, die man gar nicht zu versteuern braucht, wenn man es nur richtig weiß. Und diese wollen wir nun einmal genauer ansehen.

5. Was sind Unkosten?

Die größten Unkosten, die der Gewerbtreibende hat, sind in der Regel seine Geschäftsmiete und die Gehälter an seine Gehülfen. Der Kaufladen des Kaufmannes, das Komptoir des Bankiers, die Werkstatt des Handwerkers oder das Arbeitszimmer des Schriftstellers und Gelehrten, sie wollen alle bezahlt sein und müssen von der Einnahme abgezogen werden, ehe man sagen kann, wieviel man verdient hat. Dabei ist es ganz gleich, ob man seinen Arbeitsraum besonders gemietet hat oder mit der Wohnung zusammen. In dem ersteren Falle weiß man genau, wieviel er kostet; in dem letzteren muß man es ungefähr veranschlagen.

Die Gehälter an Gesellen, Commis, Gehülfen jeder Art müssen ebenfalls abgezogen werden. Es macht keinen Unterschied, ob man ihnen das Gehalt in barem Gelde zahlt oder in Gestalt von freier Wohnung und freier Kost. Die Beiträge, die der Arbeitgeber zur Unfallversicherung, zur Alters- und Invaliden-Versicherung, zu Krankenkassen u. s. w. für seine Arbeiter bezahlt, sind ebenfalls abzuziehen.

Auch Reisen, die man zu Geschäftszwecken macht, sind Unkosten. Ferner die Kosten der Heizung und Beleuchtung für den Arbeitsraum. Anschaffungen an Handwerkszeug allerlei Art: Feilen für den Schlosser, Pfriemen für den Schuhmacher, Messer für den Schlächter, Tinte, Federn und Papier für jeden, der mit ihnen zu thun hat.

Hat jemand fremdes Kapital im Geschäft, so sind die Zinsen, die er zahlt, Geschäftsunkosten.

Außerdem giebt es aber noch eine Menge kleiner Pfennigausgaben, von denen man einzeln gar nicht wissen kann, wieviel sie ausmachen. Jede Zehnpfennigmarke, die auf einen Geschäftsbrief geklebt wird, jede 10, 15 oder 20 Pfennig, die man in Geschäftsgängen auf der Pferdebahn verfährt, kleine Trinkgelder an Boten, die etwas in das Geschäft bringen, und tausend andere Dinge mehr, alles das sind Unkosten, die von der Einnahme abgehen.

Kurzum als Unkosten hat man alle solche Ausgaben anzusehen, welche man nicht zu seinem Lebensunterhalt und zu seinem Vergnügen, sondern bloß zur „Erwerbung, Sicherung und Erhaltung des Einkommens“ macht.

So erklärt es das Gesetz. Und wenn Du jemals im Zweifel bist, ob eine Ausgabe zu den Unkosten zu rechnen ist oder nicht, so brauchst Du Dich nur zu fragen: „würde ich die Ausgabe auch dann machen, wenn ich mein Geschäft nicht hätte? Oder mache ich sie bloß zum Zwecke meines geschäftlichen Erwerbes?“ Ein Paar Beispiele werden das zeigen.

Ein Handwerksmeister hat neben seiner Werkstatt die „gute Stube“, die gewöhnlich leer steht. Wenn er also einmal einen Kunden unter vier Augen sprechen will, so führt er ihn in die „gute Stube“ und spricht dort mit ihm. Weil dies nun alle paar Wochen einmal vorkommt, ist natürlich dieser Handwerksmeister noch nicht berechtigt, außer seiner Werkstatt auch noch dieses Zimmer sich als Unkosten zu rechnen. Denn er hat es nicht gemietet zum Zwecke seines Geschäftserwerbes, sondern als „gute Stube“ und benutzt es nur so nebenbei einmal zu Geschäftszwecken. — Denken wir uns aber einen andern Handwerksmeister, der sich absichtlich neben seiner Werkstatt noch ein Zimmerchen hält, z. B. einen Schuhmacher, der das Zimmer zum Maßnehmen haben will. Ein solcher hat nichts dagegen, wenn in stillen Geschäftsstunden die Kinder einmal ihre Schularbeiten in diesem Zimmer machen. Aber das thut nichts. Das Zimmer ist gemietet als zweites Geschäftszimmer, und die andere Benutzung ist nur unbedeutende Nebensache; die Miete dafür sind Geschäftsunkosten.

Ein Schankwirt hält seiner Frau ein Dienstmädchen. An Jahrmarktstagen, wo viel zu thun ist, muß das Mädchen mit im Laden helfen. Lohn und Kost für das Dienstmädchen bleiben darum doch Haushaltsverbrauch und nicht Geschäftsunkosten. — Eine anderer Schankwirt aber hält sich eine Ladenmamsell. Ausnahmsweis einmal, wenn in der Wirtschaft viel zu thun ist, muß sie der Frau beim Reinmachen helfen. Darum bleibt sie aber doch Ladenmamsell. Lohn und Kost für sie sind Geschäftsunkosten.

Ein Kaufmann benutzt die stille Zeit, um in seine Heimatsgegend zu fahren und dort hier und da Verwandte zu besuchen, die er lange nicht gesehen hat. Wie er so die Vetternstraße zieht, fängt er einmal auch an, von seinen billigen Waren zu sprechen und Geschäfte abzuschließen. Nun könnte er wohl auf den Gedanken kommen, diese Reise als Unkosten von seinem Einkommen abzuziehen, aber das wäre falsch. Denn die Reise hat er nicht gemacht zum Zwecke seines Erwerbes, sondern zum Zwecke seines Vergnügens, und der Erwerb kam nur so nebenbei. — Ein ander Mal aber, wo er zur Leipziger Messe fährt und bei der Gelegenheit wiederum seine Vettern besucht, ist die Reise trotzdem eine Geschäftsreise geblieben, und der Verwandtenbesuch war nur Nebensache; diese Reise kommt unter Geschäftsunkosten.

Jeder gute Hausvater versichert alles, was er besitzt, gegen Feuersgefahr und bezahlt dafür alljährlich eine Prämie. Hier wird er nun ungefähr berechnen müssen, wieviel davon auf sein Hausmobiliar, wie viel auf seine Warenvorräte, Geschäftseinrichtung u. s. w. fällt. Nur das letztere sind Geschäftsunkosten. — Der Hausbesitzer zieht seine Hausversicherung, der Landwirt außerdem seine Hagelversicherung vollständig ab.

Gehören die Steuern selbst zu den Geschäftsunkosten? Auch diese Frage muß für verschiedene Steuern verschieden beantwortet werden. Die Staats-Einkommensteuer z. B. bezahlt jeder Mensch, ganz gleichgültig ob er sein Einkommen aus einem Geschäft hat oder nicht, sie hat mit dem Geschäft nichts zu thun und zählt also auch nicht zu den Unkosten des Geschäfts. Aber der Gewerbtreibende, der an den Staat Gewerbesteuer zahlt, thut dies bloß wegen seines Geschäfts, ebenso der Grundbesitzer mit der staatlichen Grund- und Gebäudesteuer. Alle diese sind als Unkosten zu betrachten. Werden an einem Orte außerdem derartige Abgaben noch als Kommunalabgaben erhoben, so gestattet allerdings das Gesetz nicht, sie abzuziehen.*)

Manche meinen, wer ein festes Gehalt hat, dürfe gar keine Unkosten abziehen. Das ist aber falsch. Der Commis, der täglich auf der Pferdebahn ins Geschäft fährt, hat ebenso gut Unkosten, wie sein Prinzipal. Wenn der reiche Prinzipal berechtigt ist, seine Unkosten abzuziehen und keine Steuern davon zu bezahlen, warum soll der arme Commis darin

*) Augenblicklich sind Grund-, Gebäude- und Gewerbesteuer noch Staatssteuern. Vom 1. April 1895 ab sind sie nur Kommunalabgaben und also nicht mehr als „Unkosten" zu betrachten. Bei der Durchschnittsberechnung in späteren Jahren sind von dem Einkommen des Jahres 1894 diese Staatssteuern ganz abzuziehen, von dem Einkommen des Jahres 1895 nur noch die erste Quartalsrate, vom Jahre 1896 nichts mehr.

schlechter gestellt werden! — Früher war es allerdings eine ausdrückliche Vorschrift des Gesetzes, daß feststehende Geldeinnahmen mit dem „vollen" Betrage herangezogen werden sollen. Aber das war ein ungerechtes Gesetz, und eben deswegen ist diese Bestimmung abgeschafft worden. In dem neuen Einkommensteuer-Gesetz ist das Wörtchen „vollen" gestrichen. Von jetzt ab sind also die Leute mit festen Einnahmen in dieser Beziehung nicht mehr benachteiligt. Die Unkosten, die sie haben, dürfen sie absetzen, so gut wie jeder andere. — Allerdings wird es oft seine Schwierigkeit haben, den Betrag dieser Unkosten genau auszurechnen. Wieviel jemand in Pferdebahnen auf Geschäftsgängen verfährt, das kann er berechnen. Aber wenn jemand zwischen Vor- und Nachmittagsdienst nur eine ganz kurze Mittagspause hat und sich deswegen neben dem Geschäft eine Wohnung in der teuersten Stadtgegend mietet, während er sonst in der billigsten wohnen könnte, so ist klar, daß der Mann Geschäftsunkosten hat. Aber es ist nicht klar, wieviel. Man muß sich schon sehr genau über die Wohnungspreise erkundigen, um in einem solchen Falle zu einem verständigen Urteil zu gelangen. Und wenn ein Commis mit 1500 Mark Gehalt, der sonst vielleicht an jedem Sonntag reine Wäsche nehmen würde, von seinem Chef genötigt wird, tagtäglich mit reinem Kragen und reinen Stulpen zu erscheinen, so kann der Commis zwar auch behaupten, daß er Geschäftsunkosten hat; aber genaue Zahlen anzugeben, wäre für ihn noch schwerer. Das Beste ist schon, wenn bei Anstellungen mit festem Gehalt der Wahrheit gemäß verabredet wird, wieviel von dem Gelde, das der Angestellte bekommt, zur Deckung seiner Unkosten, wieviel als Reingehalt gegeben wird. Der Staat thut dies manchen Beamten gegenüber, und die Steuerbehörde muß dies respektieren. Was ein Privatmann mit seinen Untergebenen abmacht, daran ist zwar die Steuerbehörde nicht gebunden (denn sonst könnten sich die Leute mit ihrem Chef unter eine Decke stecken und womöglich das halbe Gehalt als Unkosten rechnen); wenn sich die Sache aber vernünftig begründen läßt, und der Abzug nicht gerade unverschämt ist, so wird dies auch nicht auf Schwierigkeiten stoßen.

6. Was sind Abschreibungen?

Wenn Du in einem gut gehenden Jahre Dir eine Maschine kaufst, die Du Dir schon lange gewünscht hast, für 500, 1000 oder 2000 Mark, und Du wolltest am Ende des Jahres von Deinem Gewinne die Kosten der Maschine als „Unkosten" abziehen, so könnte auf diese Art aus einem guten Jahr in der Rechnung sehr leicht ein schlechtes werden. Eine solche Rechnung wäre also nicht richtig. Deswegen ist es bei allen Geschäftsleuten üblich, eine so teure Anschaffung nicht auf einmal vom Gewinne abzuziehen, sondern ganz allmählich. Hat man z. B. eine Maschine für 1000 Mark gekauft und man will am Schluß des Jahres seinen Gewinn berechnen, so zieht man nur 100 Mark ab; im nächsten Jahre wieder 100 Mark u. s. w., bis nach 10 Jahren der ganze Preis vom Gewinn „abgeschrieben" ist.

Ebenso verfährt jemand, der ein Geschäft neu einrichtet, mit seiner Werkstatts- oder Ladeneinrichtung, der Tischler mit seiner Hobelbank, der Schmied mit Ambossen und Blasebälgen, der Gastwirt mit Flaschenschränken, Tischen, Bänken und Stühlen, der Kaufmann mit Pulten, Kopierpressen, Drehstühlen u. s. w. Natürlich kann man nicht bei allen Anschaffungen denselben Prozentsatz abschreiben. Wer z. B. teure Arbeitspferde braucht und sie schnell abnutzt, der wird gut thun, sich so einzurichten, daß er schon nach 4—5 Jahren alles abgeschrieben hat, und kann auf diese Art leicht einen bedeutenden Posten jährlich am Gewinn (und damit auch an der Steuer) zu kürzen haben. Umgekehrt, wer ein festes neues Haus gebaut hat, der rechnet darauf, daß es wohl an die 100 Jahre hält; es genügt, wenn der im Jahre vielleicht bloß 1 Prozent des Herstellungspreises abschreibt.

Wer eine geregelte Buchführung hat, dem braucht man dies alles nicht erst zu sagen. Er führt neben dem Unkosten-Konto auch noch ein Gebäude-Konto, ein Utensilien-Konto oder wie er diese Konti sonst nennt. In einem solchen Konto ist auf der einen Seite alles verzeichnet, was er bei der Einrichtung gekauft und was er in jedem Jahr zur Ergänzung noch angeschafft hat; auf der andern Seite steht, was er in jedem Jahre abgeschrieben hat. Wer dies in seinem ganzen Leben gethan hat, der braucht bei der Steuereinschätzung nicht mehr zu rechnen. Wenn er nach gut geführten Büchern verfährt, so ist er sicher, daß er genug abgeschrieben hat und nicht zu viel. Es müßte denn sein, daß er für seine Abschreibungen andere Grundsätze hatte; dann muß er noch einmal nachrechnen.

Was aber soll der thun, der nun einmal eine solche Buchführung bisher nicht gehabt hat? Muß er darum auf jede Abschreibung verzichten und mehr Steuern bezahlen, als sein Kollege? — Nun vielleicht wäre es gar nicht so unrecht, wenn man ihn seine Unordentlichkeit ein wenig entgelten ließe. Aber unser Gesetz ist darin milde. Es gestattet jedem, in einem solchen Falle eine gewisse mäßige Summe von seinem Gewinn abzuschreiben. Man muß sich also einen ungefähren Überschlag machen, wieviel etwa die Einrichtung gekostet hat und wieviel in späteren Jahren noch dazu angeschafft worden ist, und dann muß man bei anderen Fachgenossen ein bischen hinhorchen, wieviel Prozent sie jährlich abzuschreiben pflegen. Ungefähr ebensoviel darf er dann von der Summe absetzen. Kann man keinen üblichen Prozentsatz erfahren, so wird man auch hier in der Regel wohl nicht Unrecht thun, wenn man 10 Prozent absetzt. — Ein Fuhrmann, der für seine Pferde, Wagen u. s. w. 1000 Mark ausgegeben hat und hört, daß seine Kollegen 20 Prozent jährlich abschreiben, der kann getrost von seinem

Gewinn 200 Mark jährlich absetzen; ein Schmied auf dem Lande, dem seine Einrichtung vielleicht ebensoviel gekostet hat, und der nichts darüber hört, wieviel man im Schmiedehandwerk abzuschreiben pflegt, der richtet sich nach dem ungefähren Satz von 10 Prozent und muß sich begnügen, 100 Mark abzuschreiben.

Allerdings, **wer nicht Buch führt, muß mit Abschreibungen vorsichtig sein!** Er muß nicht Dinge abschreiben, die er vor Olims Zeiten einmal angeschafft und die eigentlich schon aufgebraucht sind. Er muß auch nicht allerhand Posten, die er schon einmal als Geschäftsunkosten abgerechnet hat, hinterher noch einmal auf diese Art absetzen wollen. Und das Beste für ihn bleibt jedenfalls, in Zukunft fleißig zu notieren und sich eine kleine Buchführung anzulegen.

7. Was darf außerdem noch abgezogen werden?

Wenn von den Jahreseinnahmen alle „Unkosten" und alle „Abschreibungen" abgezogen sind, so ist das Einkommen ermittelt, und man muß diese Zahl gewissenhaft der Wahrheit gemäß angeben, selbst wenn man glaubt, daß die Gerechtigkeit erfordern würde, nicht die ganze Summe zu versteuern. Nachdem man aber diese Summe wahrheitsgemäß angegeben hat, ist man berechtigt, gewisse besondere Abzüge zu machen. Hierüber hat das Gesetz ganz genaue Bestimmungen, welche den Bürger in den Stand setzen, sich vor Überbürdung zu schützen. Nur muß er's eben sagen.

Der häufigste derartige Fall sind die Zinsen, die jemand für seine Schulden zu bezahlen hat. Zwar wenn dies Geschäftsschulden sind, so ist gar kein Wort darüber zu verlieren; denn sie sind bereits unter „Geschäftsunkosten" abgezogen. Aber nehmen wir einmal an, daß jemand die Erbschaft eines Bruders mit einer großen Schuldenlast angetreten hat, die alljährlich verzinst werden muß. Mit seinem Geschäft haben ja diese Zinsen durchaus nichts zu thun, und als Geschäftsunkosten darf er sie daher ehrlicher Weise auch nicht abziehen. Er giebt also sein Einkommen in voller Höhe an und bemerkt nachträglich, daß so und so viel an Zinsen abzuziehen sind. — Etwas anders freilich ist es, wenn man Gelder zu zahlen hat, nicht um die Schuld zu verzinsen, sondern um sie abzuzahlen, sei es nun auf einmal, sei es in kleinen Raten. Den Betrag solcher Abzahlungen darf man vom Einkommen nicht abziehen. Ein altes Sprüchwort sagt: „Wer seine Schuld *bezahlt*, verbessert sein Vermögen". Und wer sein Vermögen verbessert, der soll und kann eben davon Steuern zahlen.

Ebenso wie Zinsen für Schulden werden auch Renten angesehen, die jemand zu zahlen hat. Dabei ist es ganz gleichgültig, ob man die Rente in Geld zahlen muß oder in Lebensmitteln. Der Bauer z. B., der auf seinem Gute einen Altsitzer (Auszügler) hat, dem er freie Wohnung und

Beköstigung geben muß, der kann dafür 300, 400 oder auch mehr Mark, je nachdem das Altenteil wert ist, von seinem Einkommen abziehen. Denn ein Altenteil wird ebenso angesehen, wie eine Zinszahlung für eine übernommene Schuld. — Etwas anderes ist es, wenn jemand seinem alten Vater, der nichts besitzt, eine kleine Rente ausgesetzt hat, die nicht mehr beträgt, als was der Sohn seinem alten Vater ohnedies geben müßte. Eine solche Rente darf der Sohn nicht abziehen. Denn den verarmten Vater muß der Sohn ganz ebenso ernähren, wie er einstmals von ihm selbst ernährt worden ist; und was man auf seinen und seiner Familie Unterhalt verwendet, das darf man niemals abziehen.

Beiträge zur Kranken-, Unfall-, Alters- und Invaliden-Versicherung, ebenso solche zu Witwen-, Waisen- und Pensionskassen darf man ebenfalls nachträglich abziehen. Zwar die Beiträge, die der Meister für seine Gesellen, der Fabrikant für seine Arbeiter zu zahlen hat, hat er bereits als Geschäftsunkosten gebucht. Wer aber solche Beiträge selbst als Kassenmitglied oder Versicherter zu zahlen hat, der kann durchaus nicht immer sagen, daß das „Geschäftsunkosten" sind. Dann kann er solche Beiträge ausdrücklich nennen und auf diese Art in Abzug bringen. Hierbei ist es gleichgültig, ob er zu den Beiträgen gesetzlich verpflichtet ist, oder ob er aus freiem Willen die Versicherung abgeschlossen hat.

Wer eine Lebensversicherung für seine Person abgeschlossen hat, kann den Betrag der jährlichen Prämie ebenfalls abziehen, höchstens jedoch 600 Mark jährlich. Ob die Versicherungssumme erst bei seinem Tode auszuzahlen ist, oder (wie man das ja auch bestimmen kann) unter Umständen schon bei Lebzeiten, das ist gleichgültig. Außer der Prämie soll die Versicherungsgesellschaft und die Nummer der Police angegeben werden.

8. Wie hoch ist die Einkommensteuer?

Die Einkommensteuer wird nicht gleichmäßig von Reich und Arm erhoben. Wer z. B. 10000 Mark Einkommen hat, zahlt 300 Mark Steuer, d. h. von jedem Hundert Mark zahlt er 3 Mark. Wer aber 5000 Mark Einkommen hat, zahlt nicht etwa die Hälfte von 300, sondern er zahlt weniger, nämlich nur 118 Mark, d. h. von jedem Hundert Mark nur etwa 2⅓ Mark. Und wer 2500 Mark Einkommen hat, zahlt auch nicht die Hälfte von 118, sondern noch weniger, nämlich nur 44 Mark, d. h. von jedem Hundert Mark nur etwa 1¾ Mark u. s. w. Wer schließlich bloß 900 Mark Einkommen oder noch weniger hat, ist von der Einkommensteuer ganz frei.

Will man also wissen, wieviel Steuer man von seinem Einkommen zu zahlen hat, so muß man eine ganze Tabelle dazu haben. Den Anfang einer solchen Tabelle über die Einkommen von 900—9000 Mark setzen wir hierher.

Wer ein Einkommen hat

von	mehr	als	900	Mark	bis	1050	Mark,	zahlt	6	Mark	Steuer
"	"	"	1050	"	"	1200	"	"	9	"	"
"	"	"	1200	"	"	1350	"	"	12	"	"
"	"	"	1350	"	"	1500	"	"	16	"	"
"	"	"	1500	"	"	1650	"	"	21	"	"
"	"	"	1650	"	"	1800	"	"	26	"	"
"	"	"	1800	"	"	2100	"	"	31	"	"
"	"	"	2100	"	"	2400	"	"	36	"	"
"	"	"	2400	"	"	2700	"	"	44	"	"
"	"	"	2700	"	"	3000	"	"	52	"	"
"	"	"	3000	"	"	3300	"	"	60	"	"
"	"	"	3300	"	"	3600	"	"	70	"	"
"	"	"	3600	"	"	3900	"	"	80	"	"
"	"	"	3900	"	"	4200	"	"	92	"	"
"	"	"	4200	"	"	4500	"	"	104	"	"
"	"	"	4500	"	"	5000	"	"	118	"	"
"	"	"	5000	"	"	5500	"	"	132	"	"
"	"	"	5500	"	"	6000	"	"	146	"	"
"	"	"	6000	"	"	6500	"	"	160	"	"
"	"	"	6500	"	"	7000	"	"	176	"	"
"	"	"	7000	"	"	7500	"	"	192	"	"
"	"	"	7500	"	"	8000	"	"	212	"	"
"	"	"	8000	"	"	8500	"	"	232	"	"
"	"	"	8500	"	"	9000	"	"	252	"	"

Wer wissen will, wie die Einkommensteuer bei noch größerem Einkommen immer mehr und mehr steigt, der mag dies im Gesetze nachlesen (Seite 120).

9. Aus welchen Gründen kann man eine Ermäßigung beanspruchen?

Ein Familienvater, der nicht mehr als 3000 Mark Einkommen hat, hat das Recht, eine kleine Ermäßigung zu beanspruchen. Für jedes Kind unter 14 Jahren werden ihm von seinem Einkommen 50 Mark abgesetzt. Manchmal wird ihm dies freilich nichts nützen. Wer z. B. 1500 Mark Einkommen hat, gehört zur Klasse von 1350—1500 Mark und zahlt 16 Mark Steuer. Wenn er nur ein Kind hat und ihm davon 50 Mark abgesetzt werden, so wird er von 1450 Mark versteuert, gehört aber damit derselben Stufe an und zahlt ebenfalls 16 Mark. Bei ein oder zwei Kindern hängt es vom Zufall ab, ob man durch diese Vorschrift eine Ermäßigung erlangt oder nicht. Bei drei oder mehr Kindern aber sagt das Gesetz ausdrücklich, daß der Familienvater immer wenigstens um eine Stufe ermäßigt werden muß.

Aber es kommen auch andere Gründe vor, die wenn möglich noch stärker berücksichtigt werden sollen. Wer z. B. zwei Söhne auf der Universität hat und gleichzeitig eine heranwachsende Tochter einen Beruf lernen läßt, zu dem er sie nach auswärts schicken muß (z. B. in ein Lehrerinnenseminar), kurzum, wer für Unterhalt und Erziehung seiner Kinder „außergewöhnliche Belastungen" aufzuweisen hat, der kann wohl verlangen, daß man auf das Zusammentreffen so großer Ausgaben während zweier oder dreier Jahre Rücksicht nehme. Noch mehr kann solche Rücksicht verlangen, wer von schwerer Krankheit oder anderen großen Unglücksfällen betroffen wird. — Wir haben oben gesagt, wer seinen armen, alten Vater ernährt, der thut nur seine Pflicht und Schuldigkeit; er darf das Geld, das er darauf verwendet, ebensowenig von seinem Einkommen abziehen, wie das Geld, mit dem er seine Kinder ernährt. Wer es aber selbst nicht allzu reichlich hat und daneben noch solche Verpflichtungen erfüllen muß, der kann wohl verlangen, daß das Gesetz gegen ihn nicht so strenge sei, wie gegen Andere. Ebenso ist es mit jemandem, der viel auf die Abzahlung von Schulden verwenden muß. Er darf dies bei der Selbsteinschätzung nicht abziehen, aber er kann darum bitten, daß man darauf Rücksicht nehme. — Auf diese Art kann z. B. jemand, der sich selbst in die 10. Stufe eingeschätzt hat, gleichzeitig beantragen, daß man ihn nicht in die 10., sondern nur in die 9., ja vielleicht sagar, wenn er besonders hart bedrängt ist, nur in die 8. oder 7. Stufe stellen möge. Aber um mehr als drei Stufen darf aus solchen Gründen niemand ermäßigt werden. Auch dürfen diese Vergünstigungen nur solchen gewährt werden, welche nicht mehr als 9500 Mark Einkommen haben.

10. Zusammenfassung.

Nun, lieber Leser, weißt Du, welche Bewandtnis es mit der neuen Selbsteinschätzung hat, und Du siehst, wie wichtig es für Dich war, in diesem Buche zu lesen. Vorher fürchtetest Du Dich vor der Selbsteinschätzung; jetzt siehst Du ihr offen und frei ins Gesicht. Du weißt, was Du versteuern mußt; aber Du weißt auch ganz genau, was Du von Deinem Einkommen abziehen darfst.

Damit Du es im Gedächtnis behältst, wollen wir es noch einmal kurz zusammenfassen. Es sind drei Dinge, die Du bei der Selbsteinschätzung zu machen hast.

Erstens mußt Du von Deinen Einnahmen die Geschäftsunkosten und Abschreibungen vorweg abziehen; den Rest giebst Du als Einkommen an.

Zweitens mußt Du Schuldenzinsen, Lebensversicherungsprämien u. s. w., die Du außerdem abgezogen haben willst, ausdrücklich in Zahlen angeben.

Drittens mußt Du Dich fragen, ob Du besondere Ermäßigungsgründe hast; diese kannst Du zum Schluß angeben oder auch einen besonderen Brief darüber beilegen.

Das alles ist hübsch sauber in das Formular einzutragen. Damit Du siehst, wie es gemacht wird, fügen wir als Beispiel eine solche Ausfüllung bei. Du findest sie in diesem Buch auf Seite 19 und 20.

Das ausgefüllte und unterschriebene Formular wird dann einfach in ein Couvert gesteckt und adressiert:

„An die Einkommensteuer-Veranlagungskommission in ......"

Zur Übersendung darf man sich nur eines zuverlässigen Boten bedienen; das Bequemste ist, man schickt es durch die Post, aber „eingeschrieben!"

Und nochmals sei daran erinnert, daß die Absendung pünktlich geschehen muß, also nicht erst am letzten Tage, wo sie sich schon in den Händen der Behörde befinden muß.

11. Was macht man, wenn man das Formular nicht ausfüllen kann?

Das Formular endigt mit den Worten:

„Ich versichere hiermit, die vorstehenden Angaben nach bestem Wissen und Gewissen gemacht zu haben."

Indem Du unter diese Worte Deinen Namen setzen willst, kommen Dir vielleicht Gewissensbedenken. Zwar bist Du Dir nicht bewußt, betrogen zu haben. Aber Du denkst vielleicht: wenn man dies oder jenes nicht als „Unkosten" berechnete, wenn man die „Abschreibungen" anders machte, u. s. w., so würde man doch etwas mehr Einkommen herausrechnen und Dich am Ende wegen Steuerhinterziehung bestrafen. Andrerseits willst Du Dich nicht unnötig höher einschätzen; denn übrig hast Du es nicht, und jeden Groschen Steuer, den Du zuviel bezahlst, mußt Du Deinen Kindern entziehen.

Was thun? Du möchtest gern Dein Einkommen so angeben, daß Dir in keinem Falle ein Vorwurf gemacht werden kann; aber Du möchtest Dich nicht selbst zu unnötigen Steuern verurteilen. Das heißt ja wohl: wasch' mir den Pudel, aber mach' ihm den Pelz nicht naß!

Nun, so schlimm ist es nicht. Glücklicherweise hat das Gesetz Mittel und Wege an die Hand gegeben, wie der ehrliche Mann sein Gewissen beruhigen kann, ohne sich zu schädigen.

Zunächst mußt Du bedenken, daß Du die Sache mit Deinem eigenen Gewissen abzumachen hast. Kannst Du Dir mit gutem Gewissen sagen, daß Du alles nach Deinen Büchern angegeben, daß Du keine Kniffe angewandt, keine „Schiebung" gemacht hast, nun so siehe noch einmal Deine Ausfüllung durch und frage Dich bei jeder Zahl, ob Du selbst in Deinem Gewissen sie für die richtige hältst. Bejahst Du diese Fragen, dann tauche die Feder ein, unterschreibe den Satz, und schicke Deine Selbsteinschätzung ab.

Kannst Du aber die eine oder andere dieser Fragen nicht unbedingt bejahen, so kannst Du darum doch die Zahl stehen lassen, wie Du sie geschrieben hast. An jedem Formular hängt noch ein leeres Blatt; auf diesem kannst Du Dein Bedenken der Behörde selbst mitteilen.

Zum Beispiel! Du hast Deine Einnahme in der Weise berechnet, daß Du alles, was für die eigene Wirtschaft aus dem Geschäft entnommen wurde, mit 100 Mark veranschlagtest. Aber das war bloß so nach Gutdünken. Du weißt selbst nicht, wie viel es gewesen ist, denn Du hast es nicht immer angeschrieben, und oft genug hat auch Deine Frau aus dem Laden etwas genommen, ohne es Dir zu sagen. Nun nimmst Du Dir zwar für die Zukunft vor, genau anzuschreiben und auch Deiner Frau den Text zu lesen, daß sie sich nicht unterstehe, das Geringste aus dem Laden zu nehmen, ohne es Dir zu sagen oder selbst in das Buch einzuschreiben. Aber für den Augenblick nützt das nichts. — Nun, so läßt Du eben die Zahl für das Einkommen stehen, wie Du sie geschrieben hast und schreibst auf das leere Blatt:

„In meinem Einkommen sind die Waren aus meinem Geschäft, welche im Haushalt verbraucht werden, mit 100 Mark veranschlagt."

Findet die Behörde das richtig, so ist es gut; und findet sie es zu wenig, so wird sie Dich ausfragen, aber nicht bestrafen.

Derartige Zusätze kann jeder Bürger machen, so viel er Lust hat. Ja, wenn jemand will, kann er ganze Auszüge aus seinen Handlungs- oder Wirtschaftsbüchern beilegen. — — —

Wenn jemand sein Einkommen gar nicht angeben kann, weder genau noch ungefähr, so kann er die Schätzung der Behörde überlassen, aber er muß derselben **sofort** alle Anhaltspunkte zur Schätzung liefern, sonst kommt er in Strafe. Ebenso ist es, wenn jemand einzelne Teile des Einkommens nicht schätzen kann. — Aber, ich möchte nicht raten, ohne Not von diesem Rechte Gebrauch zu machen. Denn man bringt sich dadurch in den Ruf, zu den Leuten zu gehören, die sich gern von der Selbsteinschätzung drücken möchten. Die Behörden werden gegen solche Leute mit Recht besonders streng sein. Wo wirklich die Bücher keine genaue Auskunft geben, wird im allgemeinen ein verständiger Mensch eine verständige Schätzung nach Gutdünken machen können. Kann er's nicht allein, so soll er sich mit seiner Frau beraten. Und haben sie Zweifel über die eigene Ansicht, nun so ist der richtige Weg der: die Zahl in das Formular zu schreiben, und die Bemerkungen auf das leere Blatt, so wie wir es oben gesagt haben. — — —

Nun giebt es aber Leute, die haben den besten Willen, das Formular auszufüllen; wie sie es jedoch in die Hand nehmen, so wissen sie nicht ein und aus. Sie können ganz gut lesen und schreiben; aber wenn sie ein Formular sehen, wo Gedrucktes steht und Geschriebenes hinein soll, da flimmert es ihnen vor den Augen. Mit andern Formularen gehen sie wohl zum Nachbar. Aber hier möchten sie doch niemanden in die Karten blicken lassen. Auch an solche Verlegenheiten hat das Gesetz gedacht. Kommst Du mit dem Formular nicht zu Rande, nun so gehe damit aufs Rathaus und sage, daß Du Deine Selbsteinschätzung **mündlich** machen willst. Entweder nimmt man Dich dort an, oder man sagt Dir, wohin Du Dich zu wenden hast. Wohnst Du in einer kleinen Stadt oder auf dem Lande, so wird meistens eine Fahrt in die Kreisstadt zum Landratsamt erforderlich sein. Auch würde ich Dir raten, alle Notizen, die Du irgendwie brauchen könntest, mitzunehmen, damit Du den Weg nicht zweimal zu machen brauchst. Vielleicht lohnt es auch, bevor Du den weiten Weg machst, noch das folgende Beispiel anzusehen; am Ende lernst Du bei dieser Gelegenheit, wie man ein Formular ausfüllt, und bekommst in Zukunft kein Augenflimmern mehr.

12. Ein Beispiel.

Veranlagungsbezirk *Kreis Aschersleben.*

Steuererklärung

zum Zwecke der Veranlagung

des Johann Binder (Name)

Tischlermeister (Stand)

in *Quedlinburg, Marktplatz No. 3.* (Wohnort)

zur Einkommensteuer für das Steuerjahr 18*95*/*96*.

Mein steuerpflichtiges Einkommen einschließlich des mir anzurechnenden Einkommens meiner Haushaltungsangehörigen (s. Anweisung Art. 6) nämlich: ....

Anmerkung: Hierneben sind diejenigen Angehörigen namentlich aufzuführen, deren besonderes Einkommen dem Steuerpflichtigen anzurechnen ist.

beträgt:	nicht mehr als Mark
1. Aus Kapitalvermögen: Zinsen, Renten, Dividenden, Gewinnanteile, Ausbeuten, geldwerte Vorteile aus Kapitalforderungen jeder Art (s. Anweisung Art. 8. 9)	*84*
2. Aus Grundvermögen: Betrieb der Land- und Forstwirtschaft auf eigenen oder fremden Grundstücken, Verpachtung, Vermietung, anderweite Nutzung (z. B. Nießbrauch) von Liegenschaften und Gebäuden, einschließlich des Mietswertes der Wohnung im eigenen Hause und des Geldwertes der im Haushalt verbrauchten Wirtschaftserzeugnisse — nach Abzug der Bewirtschaftungskosten (s. Anweisung Art. 10 bis 16)	....
3. Aus Handel, Gewerbe, Bergbau: einschließlich des Geldwertes der im Haushalte verbrauchten Erzeugnisse und Waren des eigenen Betriebes — nach Abzug der Geschäfts- und Betriebskosten (s. Anweisung Art. 17 bis 20)	*3614*
4. Aus Gewinn bringender Beschäftigung: Gehalt, Besoldung, Remuneration, Tantiemen, Gebühren, Arbeitslohn, einschließlich des Geldwertes der Naturalbezüge, Verdienst aus schriftstellerischer, künstlerischer, wissenschaftlicher Thätigkeit, ärztlicher oder Anwaltspraxis, Wartegeld, Pension, Witwen-, Waisengeld und sonstige fortlaufende Einnahmen, welche nicht unter Nr. 1 bis 3 begriffen sind (s. Anweisung Art. 21 bis 23)	....
zusammen: ...	*3698*

Anmerkung zu Nr. 1 bis 4. Feststehende Einnahmen sind nach ihrem Betrage für das Steuerjahr, ihrem Betrage nach unbestimmte oder schwankende Einnahmen nach dem Durchschnitte zu berechnen (vergl. Art. 5).

Die Rückseite ist zu beachten.

	Mark
Übertrag: . . .	*3698*

Hiervon sind abzuziehen:

(Die folgenden Ausgaben dürfen nicht, wie sonstige Betriebs- und Geschäftskosten, von dem Einkommen zu 1 bis 4 vorweg abgezogen, sondern müssen besonders angegeben werden).

	Mark	Pf.	
a) **Schuldenzinsen und Renten,** mit Ausnahme der Zinsen von Geschäftsschulden, welche bei Berechnung des Einkommens zu 3 berücksichtigt sind (s. Anweisung Art. 24) . . . . Gesammtbetrag	....	....	
b) **Dauernde Lasten** (z. B. Altenteile), welche auf besonderen Rechtstiteln (Verträgen, Verschreibungen, letztwilligen Verfügungen) beruhen (s. Anweisung Art. I. Nr. 4 b und Art. 23 Nr. 2. 3)	....	....	
c) **Beiträge zur Kranken-, Unfall-, Alters- und Invaliden-Versicherungs-, Witwen-, Waisen-, Pensionskassen für die eigene Person des Steuerpflichtigen** (wegen der vom Arbeitgeber zu entrichtenden Beiträge s. Anweisung Art. 25 Nr. 1)	....	....	
d) **Lebensversicherungsprämie an die Versicherungsgesellschaft** *Germania* **Police Nr.** *45820* (der Abzug ist nur im Höchstbetrage von 600 Mark zulässig, s. Anweisung Art. 25 Nr. 2) . . .	*112*	—	
zusammen . . .	. . .	.	*112*

		Mark
Mithin beträgt das Gesamteinkommen . . .		*3586*
In umstehenden Angaben ist das Einkommen eingerechnet, welches aus dem außerhalb des vorseitig bezeichneten Wohnortes belegenen Grundbesitze, Gewerbebetriebe bezogen wird, nämlich aus:	unter Nr.	mit Mark
....		

Anmerkung: Hierneben können Steuerpflichtige mit einem Einkommen von nicht mehr als 9500 Mark, welche glauben, daß bei ihnen Umstände vorliegen, die eine Ermäßigung des Steuersatzes gemäß § 19 des Gesetzes rechtfertigen, die zur Begründung dienenden thatsächlichen Angaben machen.

Meine Frau und meine Tochter sind seit zwei Jahren bettlägerig. Ich muss nicht nur Kosten für Arzt und Apotheker tragen, sondern auch mein Hauswesen durch eine angenommene Wirtschafterin führen lassen. Ich beantrage, mich um 3 Stufen zu ermässigen.

....

....

Ich versichere hiermit, die vorstehenden Angaben nach bestem Wissen und Gewissen gemacht zu haben.

Quedlinburg, den ***11***ten ***Januar*** 18***95.***

Johann Binder.

II.

Vermögenssteuer.

1. Wozu dient die Vermögenssteuer?

Neue Steuern sind nichts Angenehmes. Und wer sie zahlen soll, will wissen, warum. Für diese neue Steuer aber liegt ein sehr triftiger Grund vor. Der Staat wird den Grundbesitzern die Grundsteuer, den Hausbesitzern die Gebäudesteuer, den Gewerbetreibenden die Gewerbesteuer erlassen. Wenngleich die Kommunen das Recht haben werden, diese Steuern für sich auszuschreiben, so wird doch damit eine Erleichterung der bisherigen Besitzer und Gewerbetreibenden verbunden sein. In der Staatskasse wird das Geld fehlen und muß auf irgend eine andere Art beschafft werden.

Nun fragt man aber: wozu hätte es da einer neuen Steuer bedurft? Man hätte die Einkommensteuer um ein Geringes erhöhen und mit Leichtigkeit den ganzen Betrag erzielen können. Allein eine solche Ansicht ist grundfalsch. Eine Erhöhung der Einkommensteuer hätte alle getroffen, durch die neuen Steuererlasse erleichtert sind aber fast nur die Besitzenden. Außerdem war es schon bisher eine Ungerechtigkeit, daß immer bloß nach dem Einkommen gesteuert wurde und garnicht nach dem Besitz. Wenn ein Arzt aus seiner Praxis 5000 Mark Einkommen hat und ein Rentier aus seinem Kapital von 125000 Mark ebenfalls 5000 Mark Einkommen, so zahlten sie bisher Jeder gleichviel Steuern (nämlich 118 Mark). Offenbar sind aber die beiden Fälle durchaus nicht gleich, sondern sehr verschieden. Denn der Arzt lebt von seiner Hände Arbeit; wenn er alt wird und stirbt, so hört sein Einkommen auf. Der Rentier aber lebt von den ihm zufließenden Zinsen; wenn er alt wird, so wird darum der Zufluß nicht geringer, und wenn er stirbt, so erhalten seine Erben dasselbe Kapital, das er gehabt hat. Es ist also nicht mehr als billig, daß jemand, der Einkommen und Vermögen hat, mehr Steuern bezahlt als jemand, der bloß Einkommen hat und kein Vermögen.

Nun herrscht unter den reichen Leuten eine große Angst, daß die Vermögenssteuer, wenn sie einmal angefangen habe, kein Ende finden werde.

Sie befürchten, daß man die Vermögenssteuer stärker als andere Steuern steigern werde. Einstweilen ist das Umgekehrte der Fall. Das Gesetz schützt sogar die Vermögenssteuer mehr gegen Erhöhung als irgend eine andere Steuer. Zu anderen Staatssteuern können die Kommunen Zuschläge erheben, zur Vermögenssteuer aber nicht. Die Vermögenssteuer soll nur dazu dienen, das, was dem Staate durch den Verzicht auf die alten Steuern verloren geht, zu ersetzen. Zu diesem Zwecke soll sie ein bestimmte Summe jährlich einbringen, nicht mehr und nicht weniger. Würde die Veranlagung die festgesetzte Summe überschreiten, so müßten die Sätze noch nachträglich herabgesetzt werden, wenn es auch nur um wenige Pfennige ist.

Um deutlich zu erklären, daß die Vermögenssteuer keinen anderen Zweck habe, als dem Staate die notwendige Ergänzung seiner Einnahmen zu beschaffen, hat man sie amtlich

„Ergänzungssteuer“

genannt. „Ergänzungssteuer“ ist also nichts anderes als der amtliche Name für die Vermögenssteuer.

2. Was ist Vermögen?

Alles was im Eigentum eines Menschen steht, ist sein Vermögen. Darum aber unterliegt noch nicht alles dies der neuen Steuer. So weit geht das Gesetz nicht, um den Rock auf dem Leibe, den Tisch in der Stube abzuschätzen und mit der Steuer zu belegen. Kleidungsstücke, Schmuckgegenstände, Möbel, Hausrat, Bücher und dergl. gelten nicht als steuerpflichtiges Vermögen. Dies gilt nicht bloß von kleinen bürgerlichen Hauseinrichtungen, sondern auch von den größten und teuersten. Selbst silbernes Tafelgeschirr, das 100000 Mark oder mehr an Wert haben kann, Juwelen und Perlen kommen für die Vermögenssteuer nicht in Betracht.

Sehen wir nun zu, was im Einzelnen als Vermögen gilt:

1. Bares Geld. Allerdings das wenige bare Geld, das man aus den laufenden Einnahmen liegen hat, zählt nicht als Vermögen. Die laufenden Einnahmen jedes Jahres unterliegen der Einkommensteuer; Vermögen werden sie erst, wenn sie erübrigt und zum Vermögen geschlagen sind.

2. Papiere aller Art, seien es Staatspapiere oder städtische Obligationen oder Pfandbriefe, Aktien, Bergwerkskuxe u. s. w. Auch wer in einem Vorschußverein, einer Darlehnskasse, einem Konsumverein oder einer ähnlichen Genossenschaft Mitglied ist, muß sein Mitglieds-Guthaben ebenso versteuern, wie der Aktionär seine Aktie.

Reichskassenscheine und Reichsbanknoten sind wie bares Geld zu behandeln. Alle andern Papiere sind mit ihrem Börsenkurs zu veranschlagen. Wenn ein Papier nicht an der Börse gehandelt wird, so veranschlagt man es mit so viel, wie man vermutlich bekommen würde, wenn man es sonst verkaufte.

3. Grundstücke.

4. Ausstehende Forderungen. Wenn jemand freilich überzeugt ist, daß er das ausstehende Geld niemals bekommen wird, so hat die Forderung keinen Wert und kann auch nicht zur Steuer veranlagt werden. Handelt es sich um einen unzuverlässigen Schuldner, der aber doch noch nicht ganz aufzugeben ist, so muß man die Forderung mit dem Werte ansetzen, den man ihr im gewöhnlichen Leben geben würde.

5. Renten und Rechte. Wenn jemand einen Anspruch auf eine ewige Rente hat, die ihm, seinen Kindern und Kindeskindern für alle Zeiten zusteht, so ist er ebenso anzusehen, als ob er das Kapital zu der Rente besäße. Das Gesetz schreibt vor, daß in einem solchen Falle als Kapital der 25fache Betrag der Rente anzunehmen ist. Hat also jemand eine ewige Rente von 1000 Mark, so stellt dieselbe einen Kapitalwert von 25000 Mark dar.

Allein die Fälle solcher ewiger Renten sind sehr selten. Wer eine Rente zu beanspruchen hat, genießt dieselbe in der Regel nur für Lebenszeit. Wie soll man da den Kapitalwert der Rente berechnen, da doch niemand wissen kann, wie lange ein Mensch leben wird. Hierfür hat das Gesetz gewisse Grundsätze aufgestellt. Man rechnet bei einem alten Menschen auf eine kürzere, bei einem jungen auf eine längere Lebenszeit, aber selbstverständlich bei keinem auf eine ewige. Wenn ein Mann von 70 Jahren eine Rente im Betrage von 1000 Mark hat, so wird sie nach dem Gesetz mit dem Fünffachen angesetzt, d. h. mit 5000 Mark. Bei einem Manne von 40 Jahren mit dem Vierzehnfachen (14000 Mark), bei einem Kinde mit dem Achtzehnfachen (18000 Mark). In dieser Weise stellt das Gesetz eine Tabelle für alle Altersstufen auf. (Seite 140.)

Was von Renten gilt, die in Geld zu zahlen sind, gilt ebenso von Altenteilen (Auszügen u. s. w.), die in Geldeswert entrichtet werden. Hier muß man sich fragen, wieviel die Wohnung des Altsitzers etwa wert ist, wie viel die gelieferten Kartoffeln, Mehl, Getreide nach den Preisen des letzten Jahres wert waren. Kann man auf diese Art das Altenteil, das ein wohlhabender Bauer sich vorbehalten hat, auf ungefähr 1000 Mark schätzen und derselbe ist heute 70 Jahre alt, so setzt man den Kapitalwert des Altenteils (nach der Tabelle) mit dem Fünffachen an, mit 5000 Mark u. s. w.

Ginge es ganz nach der Strenge des Rechts, so müßte man die Rente, welche ein verunglückter Arbeiter aus der Unfallversicherung bezieht, ebenfalls in Kapital umrechnen und einen solchen Arbeiter zur Vermögenssteuer heranziehen. Unfallrenten von 1000 Mark und selbst darüber kommen nicht gar so selten vor. Ist der Arbeiter noch ein verhältnismäßig junger Mann, so käme nach solcher Berechnung ein ganz bedeutender Betrag für die Vermögenssteuer heraus. Allein das Gesetz erklärt ausdrücklich, daß gegenüber solchen Renten die Kapitalsberechnung nicht angestellt werden soll. Von der Vermögenssteuer befreit sind alle Ansprüche aus einer Unfall- oder Krankenversicherung, mag es nun die allgemeine gesetzliche oder eine Privatversicherung sein. Invaliden- und Altersrenten genießen diese Vergünstigung nur, wenn es sich um die allgemeine gesetzliche Versicherung handelt; wer aber von einer privaten Versicherungsgesellschaft eine Invalidenrente oder Altersrente bezieht, der muß seine Rente in Kapital umrechnen und als Vermögen versteuern. Ansprüche an Witwen-, Waisen- und Pensionskassen genießen die Vergünstigung stets. Der pensionierte Beamte braucht seine Pension auch nicht als Kapital zu berechnen, weder der Staatsbeamte, noch der Privatbeamte. Und das Dienstmädchen, dem die Herrschaft im Testament eine Rente ausgesetzt hat, wird darum auch noch nicht als vermögend angesehen.

Eine Lebensversicherung wird gewöhnlich so abgeschlossen, daß mit dem Tode des Versicherten ein Kapital an die Erben bezahlt werden soll; stirbt der Versicherte und die Erben erhalten das Kapital, so ist selbstverständlich, daß sie es von da ab zu versteuern haben. Aber auch schon bei Lebzeiten besitzt der Versicherte selbst an seiner Police eine Art Kapital. Er kann die Police zu einem — wenn auch geringeren — Werte verkaufen, verpfänden u. s. w., kurzum er kann mit ihr verfahren, wie man mit einem Vermögensgegenstand verfährt. Wer daher sein Leben versichert hat, muß den Wert, den die Versicherung im Augenblick hat, als Vermögen versteuern. Diesen Wert zu berechnen, ist aber eine sehr schwere Aufgabe selbst für den gewiegtesten Versicherungs-Mathematiker. Darum giebt das Gesetz eine einfachere Regel. Man addiert alle bisher gezahlten Prämien zusammen und nimmt zwei Drittel davon. Wer z. B. sein Leben mit 10000 Mark versichert und darauf seit 6 Jahren jährlich 300 Mark, im Ganzen also 1800 Mark an Prämien bezahlt hat, soll den augenblicklichen Wert seiner Versicherung mit 1200 Mark annehmen. Hält er aber diese Summe für zu hoch und meint er, daß die Gesellschaft selbst beim Rückkauf der Police nur eine geringere Summe zahlen würde, so steht es ihm frei, eine Bescheinigung der Gesellschaft hierüber zu bringen, und dann muß die geringere Summe angenommen werden.

Wer eine gute Erfindung gemacht, ein Patent darauf genommen hat und dies Patent gewinnbringend ausnutzt, der hat von seinem Patent nicht bloß Einkommen, sondern er besitzt an ihm auch ein Vermögensstück. Er kann, wenn er will, nicht bloß die fabrizierten Gegenstände, sondern auch das Patentrecht selbst verkaufen. Das Patentrecht muß also nach dem Werte, den der Inhaber dafür erzielen könnte, abgeschätzt werden. Und es handelt sich hierbei durchaus nicht um geringe Summen. Patente, für die 30000, 40000, 50000 Mark gezahlt werden, kommen tagtäglich vor; zuweilen aber geht es in viel höhere Beträge. — Was vom Patent des Erfinders gilt, gilt auch vom Verlagsrecht des Schriftstellers, vom Vervielfältigungsrecht des Malers, Bildhauers u. s. w. Alle solche und ähnliche Rechte sind vermögenssteuerpflichtig, wenn sie einen Wert haben, der sich in Geld abschätzen läßt.

Bei einer Vermögensabschätzung kommt es nur auf den Vermögenswert an, aber nicht darauf, ob der Gegenstand Einkommen gewährt oder nicht. Prächtige Parks mit Hunderttausenden an Wert gewähren manchmal gar kein Einkommen. Denn der Besitzer benutzt sie nicht, und einen Pachtwert haben sie auch nicht, wenn in weitem Umkreise niemand wohnt, der sie pachten könnte. Der Vermögenssteuer unterliegen solche Parks aber gleichwohl, weil sie einen Vermögenswert haben.

Wenn Frau und Kinder besonderes Vermögen besitzen, so hat gleichwohl der Mann alles zusammen zu versteuern. Selbst wenn es sogenanntes „vorbehaltenes Vermögen" ist, und der Mann gar nicht darüber verfügen kann, so wird es doch nicht einzeln versteuert, sondern zusammen, so als ob sich alles in der Hand des Mannes befände. Dies ist ganz wie bei der Einkommensteuer (Seite 7 bis 8). Wird ausnahmsweis das Einkommen eines Hauskindes oder einer Ehefrau selbständig gerechnet, so wird in einem solchen Falle auch das Vermögen besonders gerechnet.

Das Vermögen ist abzuschätzen nach dem Werte, welchen es am Tage der Abschätzung hat. Hat das Vermögen in der letzten Zeit geschwankt, sind Verluste oder Gewinne eingetreten, sind die Kurse gestiegen oder gefallen, so thut das alles nichts zur Sache. Von jedem Steuerzahler wird nur gefragt: was besitzt er heute am Tage der Einschätzung? Wie viel ist dies Besitztum heute wert?

Kaufleute, Fabrikanten, Gutsbesitzer hatten schon bisher die Gewohnheit, alljährlich eine Vermögensaufnahme, „Inventur", zu veranstalten. Zu der Zeit aber, wo die amtliche Vermögensschätzung stattfindet, kann der Tag der letzten Inventur schon ziemlich lange her sein. Geschäftsleute pflegen die stille Jahreszeit zu benutzen und im Juli oder August die Inventur aufzunehmen. Wenn im Januar die Vermögensschätzung stattfindet, so kann sich das Vermögen inzwischen geändert haben. Das Gesetz gestattet aber gleichwohl, das gesamte Anlage- und Betriebskapital nach dem Stande zu schätzen, welchen es am Tage der letzten Inventur gehabt hat. Damit ist aber nicht gesagt, daß ohne weiteres auch die Zahlen dieser Inventur maßgebend sein sollen. Es ist, namentlich in der Handelswelt, eine sehr löbliche Sitte, bei der Aufstellung von Inventuren äußerst vorsichtig zu sein und immer lieber zu wenig als zu viel einzusetzen, ja manche Gegenstände, die einen Wert haben, als wertlos zu behandeln. Im Interesse der Solidität des Geschäfts ist dies sehr anzuerkennen. Aber wo es sich um Vermögensermittelung für Zwecke der Besteuerung handelt, da muß zu der gemachten Inventur nötigenfalls noch ein Zuschlag um solcher Werte willen gemacht werden, welche in der buchmäßigen Inventur absichtlich gering beziffert sind.

3. Was sind Passiva?

Wenn jemand alle seine Vermögensobjekte abgeschätzt und die Summe gezogen hat, so muß er andrerseits auch seine Passiva zusammenzählen und davon abziehen. Als Passiva gelten zunächst die wirklichen Schulden, die der Eigentümer hat. Wenn Jemand ein Haus im Werte von 30000 Mark besitzt, und es sind darauf 10000 Mark Hypotheken eingetragen, so beträgt sein Vermögen nicht 30000 Mark, sondern nur 20000 Mark. Wer ausstehende Forderungen im Werte von 40000 Mark hat, aber selbst andern Leuten 15000 Mark schuldig ist, hat natürlich nicht 40000, sondern nur 25000 Mark Vermögen.

Es sind aber nicht bloß Schulden im gewöhnlichen Sinne, die auf diese Art abgesetzt werden können, sondern auch Vermögens-Verpflichtungen anderer Art. Wir haben oben gesagt, daß der Bauer das Altenteil, das er sich vorbehalten hat, in Vermögen umrechnen muß. Mit demselben Recht muß der Bauernsohn das Altenteil, das er zu zahlen hat, ebenfalls in Kapitalwert umrechnen und von seinem Vermögen abziehen.

Unbezahlte Rechnungen und ähnliche Schulden dürfen jedoch nicht abgezogen werden. Da das bare Geld, daß man sich für laufende Ausgaben im Hause hält, nicht unter die Aktiva gezählt wird, so dürfen auch laufende Haushaltungsschulden nicht unter die Passiva gestellt werden.

4. Wie hoch ist die Vermögenssteuer?

Die Vermögenssteuer soll sich auch darin als bloße Ergänzungssteuer zeigen, daß sie nur in einem geringen Betrage erhoben wird. Sie beträgt ungefähr ½ pro mille, d. h. für je 1000 Mark Vermögen zahlt man 50 Pfennig Steuer.

Zur Erleichterung der Einschätzung wird auch die Vermögenssteuer nach Stufen erhoben.

Wer ein Vermögen hat

von mehr als	6000	Mark bis	8000	Mark zahlt	3	Mark Steuer
„ „ „	8000	„ „	10 000	„ „	4	„ „
„ „ „	10 000	„ „	12 000	„ „	5	„ „
„ „ „	12 000	„ „	14 000	„ „	6	„ „
„ „ „	14 000	„ „	16 000	„ „	7	„ „
„ „ „	16 000	„ „	18 000	„ „	8	„ „
„ „ „	18 000	„ „	20 000	„ „	9	„ „
„ „ „	20 000	„ „	22 000	„ „	10	„ „
„ „ „	22 000	„ „	24 000	„ „	11	„ „
„ „ „	24 000	„ „	28 000	„ „	12	„ „
„ „ „	28 000	„ „	32 000	„ „	14	„ „
„ „ „	32 000	„ „	36 000	„ „	16	„ „
„ „ „	36 000	„ „	40 000	„ „	18	„ „
„ „ „	40 000	„ „	44 000	„ „	20	„ „
„ „ „	44 000	„ „	48 000	„ „	22	„ „
„ „ „	48 000	„ „	52 000	„ „	24	„ „
„ „ „	52 000	„ „	56 000	„ „	26	„ „
„ „ „	56 000	„ „	60 000	„ „	28	„ „
„ „ „	60 000	„ „	70 000	„ „	30	„ „
„ „ „	70 000	„ „	80 000	„ „	35	„ „
„ „ „	80 000	„ „	90 000	„ „	40	„ „
„ „ „	90 000	„ „	100 000	„ „	45	„ „
„ „ „	100 000	„ „	110 000	„ „	50	„ „
„ „ „	110 000	„ „	120 000	„ „	55	„ „
„ „ „	120 000	„ „	130 000	„ „	60	„ „
„ „ „	130 000	„ „	140 000	„ „	65	„ „
„ „ „	140 000	„ „	150 000	„ „	70	„ „
„ „ „	150 000	„ „	160 000	„ „	75	„ „
„ „ „	160 000	„ „	170 000	„ „	80	„ „
„ „ „	170 000	„ „	180 000	„ „	85	„ „
„ „ „	180 000	„ „	190 000	„ „	90	„ „
„ „ „	190 000	„ „	200 000	„ „	95	„ „
„ „ „	200 000	„ „	220 000	„ „	100	„ „
„ „ „	220 000	„ „	230 000	„ „	110	„ „

und so weiter für 20 000 Mark mehr an Vermögen 10 Mark mehr an Steuer. Ein Millionär, der eine Million Mark besitzt, zahlt 500 Mark Vermögenssteuer.

5. Wer kann eine Ermäßigung beanspruchen?

Für die Besitzer kleiner Vermögen kann unter Umständen auch die geringe Vermögenssteuer eine Härte enthalten. Darum hat das Gesetz gewisse Erleichterungen zugelassen.

Wer ein Vermögen von nicht mehr als 20000 Mark besitzt, kann aus dem Vermögen allein kein großes Einkommen haben. Hat er nun auch keine anderen bedeutenden Einnahmequellen, weder aus Arbeitsverdienst noch aus Geschäftsgewinn, und ist sein Einkommen so gering, daß er nicht einmal zur Einkommensteuer veranlagt wird (also bis 900 Mark), so braucht er auch keine Vermögenssteuer zu zahlen.

Für Waisen und Witwen gilt diese Ermäßigung, wenn ihr Einkommen auch etwas größer ist, aber doch nicht mehr als 1200 Mark beträgt; sie bleiben also bei einem Vermögen von nicht mehr als 20000 Mark vermögenssteuerfrei, selbst wenn sie eine kleine Einkommensteuer zu zahlen haben. Als Waisen gelten alle Minderjährigen, die keinen Vater haben. Die Witwe genießt das Privileg nur, wenn sie noch minderjährige Kinder hat. Ihr gleichgestellt ist jede weibliche Person, die minderjährige Verwandte zu unterhalten hat. Erwerbsunfähige Personen beiderlei Geschlechts genießen dieselbe Bevorzugung.

Bei der Einkommensteuer haben wir ausgeführt, daß in den unteren Stufen die Steuer sehr gering ist und daß sie in den oberen immer höher wird. Bei der Vermögenssteuer ist es nicht so. Sie beträgt für Klein und Groß ungefähr ½ pro mille. Bei kleinen Vermögen könnte es dadurch leicht kommen, daß jemand mehr Vermögenssteuer als Einkommensteuer zu zahlen hat. Da aber die „Ergänzungssteuer" nicht höher als die Hauptsteuer sein soll, so hat das Gesetz für Vermögen bis zu 32000 Mark folgende Bestimmungen getroffen. Wenn der Besitzer gar keine Einkommensteuer zahlt, so soll seine Vermögenssteuer höchstens 3 Mark betragen. Wenn er in einer der 4 untersten Stufen der Einkommensteuer veranlagt ist (also mit einem Einkommen von höchstens 1500 Mark), so muß die Vermögenssteuer immer mindestens 2 Mark niedriger sein, als die Einkommensteuer. Wer also ein Vermögen von 25000 Mark in 3½ prozentigen Papieren liegen hat und kein sonstiges Einkommen bezieht, hat im Ganzen ein Einkommen von 875 Mark und ist einkommensteuerfrei. Zur Vermögenssteuer hätte er, wenn es nach der Strenge des Tarifs ginge, 12½ Mark zu zahlen. Da das Gesetz sein kleines Einkommen ganz frei lassen will, so wäre es zu viel, wenn man um des Vermögens willen ihm so viel Steuern abnehmen wollte, wie Leute mit größeren Einkommen bezahlen. Immerhin ist er aber besser daran als einer, der 875 Mark ohne Kapital mit seiner Hände Arbeit verdienen muß. Darum kann er für sein Vermögen eine Kleinigkeit an Steuer bezahlen, und diese Kleinigkeit setzt das Gesetz auf 3 Mark fest. — Nehmen wir einen Mann mit einem Vermögen von 30000 Mark in Gestalt einer 4 prozentigen Hypothek, der hat (wenn er ebenfalls kein sonstiges Einkommen bezieht) eine Jahreseinnahme von 1200 Mark. Er zahlt eine Einkommensteuer von 9 Mark. Wollte man auf ihn den Tarif der Vermögenssteuer anwenden, so müßte er neben der Einkommensteuer von 9 Mark eine „Ergänzungssteuer" von 14 Mark zahlen. Hier tritt also die Bestimmung in Kraft, daß die Vermögenssteuer um 2 Mark geringer sein muß, als die Einkommensteuer; die Vermögenssteuer beträgt demnach nur 7 Mark.

Wer nur ein Vermögen von 6000 Mark oder weniger hat, zahlt gar keine Vermögenssteuer. Dies geht schon aus der obigen Tabelle hervor.

Aus welchen Gründen eine Ermäßigung der Einkommensteuer gewährt werden kann, ist oben ausgeführt (Seite 15 bis 16). Wer bei der Einkommensteuer eine solche Ermäßigung durchgesetzt hat, kann eine kleine Ermäßigung auch bei der Vermögenssteuer beantragen. Die Behörde ist zwar nicht unbedingt verpflichtet, dem stattzugeben, aber wenn hinreichende Gründe geltend gemacht werden, so wird sie es thun. Um mehr als zwei Stufen darf die Vermögenssteuer nicht ermäßigt werden. Auch darf eine solche Vergünstigung nur Vermögen bis zu 52000 Mark gewährt werden.

6. Gehört die Vermögenssteuer zur Selbsteinschätzung?

Als der Vorschlag zur Vermögenssteuer auftauchte, erhoben sich große Besorgnisse wegen der Verpflichtung, jetzt nicht bloß das Einkommen, sondern auch das Vermögen anzugeben. Namentlich fürchteten Geschäftsleute, die mit Kredit arbeiteten, ihren Kredit zu verlieren, wenn sie eingestehen mußten, gar kein oder nur geringes Vermögen zu besitzen. Aus Rücksicht auf solche Besorgnisse ist die Vermögenssteuer von der Selbsteinschätzung getrennt worden. Niemand ist verpflichtet, bei der Selbsteinschätzung mehr als sein Einkommen anzugeben. Wie aber die Behörde sich ein Urteil über das Vermögen bilden will, ist ihre Sache.

Gleichwohl werden mit den Selbsteinschätzungs-Formularen zugleich auch Formulare zu „Vermögensanzeigen" verteilt werden. Wer will, kann davon Gebrauch machen; wer nicht will, braucht es nicht.

Die freiwillig eingelieferten „Vermögensanzeigen" stehen unter genau demselben Schutze der Geheimhaltung, wie die „Steuererklärungen" zur Einkommensteuer. Was die Beamten und die Kommissionsmitglieder aus dieser Vermögensanzeige erfahren, darüber dürfen sie nicht sprechen; auch hier sind ihnen Geld- und selbst Gefängnisstrafen angedroht.

Im eigenen Interesse ist jedem zu raten, daß er die Scheu vor der „Vermögensanzeige", wenn irgend möglich überwinden möge. Man gewinnt der Behörde gegenüber eine festere Stellung, wenn man eine Vermögensanzeige einreicht. Ohne Gründe darf dann die Behörde davon nicht abweichen. Und will sie abweichen, so muß sie vor ihrer Entschließung den Bürger anhören. Reicht man keine Vermögensanzeige ein, so sucht sich die Behörde ein Urteil zu bilden, so gut sie kann und, wenn sie zu hoch geschätzt hat, so ist man auf das nachträgliche Reklamieren angewiesen.

7. Wie oft wird die Vermögenssteuer veranlagt?

Die erste Veranlagung der Vermögenssteuer wird Anfang 1895 stattfinden. Sie gilt für das Rechnungsjahr vom 1. April 1895 bis 31. März 1896. Nach Ablauf dieses Jahres wird durch königliche Verordnung bestimmt, ob die Vermögenssteuer wiederum auf ein oder zwei oder drei Jahre veranlagt werden soll. Vom 1. April 1899 ab findet nur alle drei Jahre eine neue Veranlagung statt.

III.

Grundsteuer.

1. Woher stammt die Grundsteuer?

In alten Zeiten lasteten auf dem Grund und Boden mannigfache staatliche Verpflichtungen, teils, weil der Boden vom Landesherrn ausgeteilt war, teils, weil nach damaliger Anschauung die Kriegsdienste, namentlich der Ritter, am Boden hafteten. In späteren Zeiten waren diese Verpflichtungen eine Quelle ewiger Streitigkeiten. Nachdem die Kurfürsten und Könige in allen Provinzen ihres Staates Jahrhunderte hindurch sich vergebens bemüht hatten, die Abgaben vom Grund und Boden einheitlich zu regeln, ist dies endlich im Jahre 1861 gelungen. Das damalige Grundsteuer-Gesetz setzte den Betrag, der dem Staate aus der Grundsteuer zufließen sollte, auf 10 Millionen Thaler, d. i. 30 Millionen Mark heutigen Geldes, fest. In allen Provinzen wurden die Grundstücke vermessen und nach ihrem Reinertrage eingeschätzt. Danach wurde die Gesamtsumme unter die Provinzen in jeder Provinz unter die einzelnen Kreise, in jedem Kreis unter die einzelnen Grundstücke verteilt. So war die Steuer, wie man sagte, „repartiert“. Jede Provinz, jeder Kreis, jedes Grundstück hatte zu dieser Steuer ein für allemal ein festes „Kontingent“ zu stellen. Daher nennt man die preußische Grundsteuer eine „kontingentierte Steuer“.

Nach Erwerbung der neuen Provinzen in den Jahren 1864 und 1866 hat sich die Gesamtsumme erhöht, sodaß dieselbe heute rund 40 Millionen Mark beträgt. Dadurch ist aber an der Verteilung der Steuer nichts geändert.

Gleichmäßigkeit war ein Hauptzweck des Grundsteuer-Gesetzes. Alle Grundstücke des Staates sollten nach dem Maße ihrer Ertragsfähigkeit an der Last in gleicher Weise teilnehmen. Wo ein Besitzer nachweisen konnte, daß sein Grundstück aus alten Zeiten her Anspruch auf Steuerfreiheit habe, wurde ihm die Grundsteuer gleichwohl auferlegt, aber eine Entschädigung bezahlt.

2. Wie hoch ist die Grundsteuer?

Als die genaue Verteilung der Grundsteuer durchgeführt war, ergab es sich, daß auf jedes Grundstück 9½ Prozent des damals eingeschätzten Reinertrages fiel. In den 30 Jahren, die seit damals verflossen sind, hat sich nun freilich vieles geändert. Neue Fruchtfolgen sind eingeführt worden und haben die Ertragsfähigkeit manchen Bodens gesteigert. Wo sich die Absatzverhältnisse verschlechtert haben, ist wiederum der wahre Reinertrag geringer geworden als der schätzungsmäßige. Daher hat heute die Grundsteuer mit dem wirklichen Reinertrage nichts mehr zu thun. Sie ist eine Last, die auf dem Grundstück ruht. Und wer wissen will, wie hoch dieselbe ist, muß es für jedes einzelne Grundstück nachsehen.

Da die Grundsteuer eine unveränderliche Last ist, so ist es auch gleichgültig, ob auf dem Grundstück Hypotheken eingetragen sind oder nicht. Die Grundsteuer geht allen Hypotheken voran. Ebensowenig wie ein Gläubiger erster Stelle von seinen Forderungen etwas nachläßt, weil es noch Gläubiger zweiter und dritter Stelle giebt, ebensowenig kann der Staat von seiner Grundsteuer etwas ablassen, weil nach ihm noch andere Gläubiger kommen.

3. Welche Grundstücke sind bis jetzt von der Grundsteuer befreit?

Die Grundsteuer wird vom Grund und Boden erhoben, mag ihn besitzen, wer da wolle. Dennoch haben sich gewisse Befreiungen erhalten.

Der Staat wird an sich selbst keine Steuern zahlen. Die Domänen und Forsten des Staates sind also von der staatlichen Grundsteuer befreit. Öffentliche Straßen, Plätze, Brücken, Kanäle, Eisenbahnen sind, wie fast selbstverständlich ist, ebenfalls frei. Den Kirchen und Schulen ließ der Staat zum Teil ihre Grundsteuer-Freiheit.

Da die Gebäude einer eigenen Gebäudesteuer unterliegen, so ist ihr Boden von der Grundsteuer frei. Hofräume werden zum Gebäude mit gerechnet; Hausgärten ebenfalls, wenn sie nicht größer als ein Morgen sind. (Ein Morgen ist etwa 25 Ar.)

4. Was bedeutet die „Fortschreibung"?

Die Grundsteuer wird nicht, wie andere Steuern, verwaltet. Man braucht für sie nicht alljährlich eine neue Veranlagung vorzunehmen. Der „Grundsteuer-Kataster" für die ganze Monarchie, in welchem zu sehen ist, wieviel jedes Grundstück zahlt, steht ein für allemal fest. Jede Ortschaft besitzt ihr „Flurbuch" mit Angabe der Lage und ihre „Mutterrolle" mit Angabe der Besitzer. Alles das sind Bücher mit ewiger Geltung. Im einzelnen freilich tritt doch ab und zu eine Änderung ein. Da baut jemand ein neues Haus; die Bodenfläche muß aus der Grundsteuer ausgeschieden werden. Das gleiche ist der Fall, wenn einzelne Teile von Grundstücken zur Anlage von Chausseen, Eisenbahnen, Kanälen abgetrennt werden. Wenn umgekehrt ein Hausgarten zum Acker geschlagen, ein Bach zugeschüttet wird, so wird die Fläche grundsteuerpflichtig.

In allen solchen Fällen muß im Kataster das Grundstück und sein Steuerbetrag zugeschrieben oder abgeschrieben werden. Das ist die „Fortschreibung" der Grundsteuer-Listen. Zur Fortschreibung gehört auch die Eintragung neuer Besitzer an Stelle der alten.

Zur beständigen Kontrolle der Kataster ist für jeden Kreis ein oder mehrere „Kataster-Kontrolleure“ bestimmt.

5. Zu welchen Meldungen ist ein Grundbesitzer verpflichtet?

Damit der Kataster-Kontrolleur die Kataster in Ordnung halten könne, muß ihm jeder Grundbesitzer die eintretenden Änderungen anzeigen. Es ist dies namentlich in folgenden Fällen nötig:

wenn der Besitzer sein Grundstück verkauft oder sonst einem andern übergiebt;

wenn ein Teil des Grundstückes aus der Grundsteuer zur Gebäudesteuer übergeht, d. h. wenn auf einer Stelle, wo kein Gebäude war, ein solches errichtet, wenn ein Stück des Bodens als Hofraum oder Hausgarten zu einem Hause geschlagen wird, — und umgekehrt, wenn ein Gebäude eingerissen, ein Hofraum oder Hausgarten zum Acker gemacht und so die Stellen aus der Gebäudesteuer in die Grundsteuer geführt werden;

wenn durch Sturmflut, Veränderung eines Flußbettes oder sonstige Ursachen ein Teil des Grundstücks untergeht, — und ebenso, wenn ein Stück Land angeschwemmt wird und also neu zu vermessen und zu versteuern ist;

endlich (ein Fall, der jetzt nur selten noch vorkommen kann), wenn ein Grundstück das Privileg der Grundsteuer-Freiheit erwirbt oder verliert.

Wenn ein Besitzer diese Meldungen unterläßt, so hat er die Folgen sich selbst zuzuschreiben. Wer sein Grundstück verkauft, braucht vom 1ten des nächsten Monats ab die Grundsteuer nicht zu bezahlen. Hat er aber die Meldung unterlassen, so wird die Steuer weiter von ihm erhoben. Ebenso bringt sich der Grundbesitzer in andern Fällen um seine Vorteile, wenn er nicht meldet, daß seine Grundsteuerpflicht aufgehört hat. Umgekehrt, wo die Grundsteuerpflicht neu entsteht (z. B. wenn ein bisheriger Hausgarten zum Acker gemacht wird), ist der Besitzer ebenfalls verpflichtet, die Anzeige zu machen. Er hat dazu den laufenden Monat und drei weitere Monate Zeit. Läßt er diese Zeit verstreichen, so wird er wegen Steuer-Hinterziehung bestraft.

Es ist nicht notwendig, die Meldung schriftlich zu machen. Der Kataster-Kontrolleur muß auch mündliche Meldungen anhören; er nimmt dann selbst ein Protokoll auf. Befindet sich der Kataster-Kontrolleur nicht am Ort, so ist es stets gut, sich zuerst mit dem Ortsvorsteher in Verbindung zu setzen.

6. Welche Änderung tritt jetzt mit der Grundsteuer ein?

Vom 1. April 1895 ab wird der Staat seine Grundsteuer nicht mehr erheben. Aber er hält nach wie vor den Kataster auf das genaueste in Ordnung, besorgt die Fortschreibungen und liefert jeder Gemeinde die Auszüge für ihre Flurbücher und Mutterrollen. Da der Staat an sich selbst keine Grundsteuer zahlt, wohl aber an die Gemeinden, so muß er jetzt seine eigenen Domänen und Forsten zur Grundsteuer veranlagen. Viel Mühe wird dies nicht verursachen, da der Reinertrag dieser bisher freien Grundstücke seiner Zeit ebenfalls abgeschätzt worden ist.

Wenn die Gemeinde will, kann sie diese Grundsteuer, wie sie der Staat weiter veranlagt, als Gemeindeabgabe erheben. Wenn sie will, kann sie auch Änderungen vornehmen. Alles dies ist unten in dem Abschnitt von den „Gemeindeabgaben" besprochen. (Seite 62 bis 65.)

7. Was wird aus den Entschädigungsgeldern?

Den Besitzern, die im Jahre 1861 Grundsteuer-Befreiung genossen, ist für die Auferlegung der Grundsteuer vom Staate eine Entschädigung bezahlt worden. Jetzt fällt aber die staatliche Grundsteuer fort, darum müßte die gezahlte Entschädigung wieder an den Staat zurückgezahlt werden. Nun befinden sich aber diese Grundstücke schon zum Teil in ganz anderen Händen. Wie kann man von dem heutigen Besitzer die Zurückzahlung einer Summe verlangen, die er nie empfangen hat?

Das Gesetz unterscheidet hier verschiedene Fälle. Befindet sich das Gut noch in denselben Händen, so liegt der Fall am einfachsten. Wer damals die Entschädigung erhalten hat, soll sie jetzt zurückzahlen. — Ist das Gut auf einen Erben übergegangen, sei es vom Vater auf den Sohn, sei es auf einen entfernteren Verwandten, so steht der Erbe an Stelle des damaligen Empfängers. Da er die ganze Erbschaft hat, so hat er auch die ganze Verpflichtung zur Zurückzahlung. — Ist das Gut durch Kauf in fremde Hände gekommen, so hat der neue Besitzer von den Entschädigungsgeldern nichts genossen und braucht auch nichts zurückzuzahlen. — Hat der ehemalige Besitzer mehrere Kinder gehabt, ein Sohn hat das Gut übernommen und die Geschwister ausgekauft, so ist er für sein eigenes Erbteil Erbe, für die anderen Teile Käufer. Haben also fünf Geschwister zu gleichen Teilen geerbt, so braucht der, der das Gut übernommen hat, nur $1/5$ der Entschädigungsgelder zurückzuzahlen.

Bei den Zurückzahlungen handelt es sich häufig um große Summen, die ein einzelner gar nicht auf einmal zahlen kann. Der Staat gewährt daher Kredit. Er verlangt eine Verzinsung von $3^1/_2$ Prozent und eine weitere Zahlung von $1/2$ Prozent zum Zweck der Amortisation. Wenn unverändert jährlich 4 Prozent der ganzen Summe gezahlt werden, so ist die Schuld in $60^1/_2$ Jahren getilgt. Wenn der Besitzer aber will, so kann er in jedem beliebigen Zeitpunkt den Restbetrag seiner Schuld ganz oder teilweise durch einmalige Zahlung tilgen. Damit jeder sehen kann, wie viel Geld er dazu braucht, ist dem Steueraufhebungs-Gesetz eine „Tilgungstafel" beigegeben und unten in diesem Buche abgedruckt.

IV.

Gebäudesteuer.

1. Woher stammt die Gebäudesteuer?

In den Streitigkeiten alter Zeiten über die Grundsteuer machte die Besteuerung der Häuser besonders große Schwierigkeiten, weil hier viel mehr Änderungen eintraten, als in dem Grund und Boden, der zum Ackerbau verwendet wurde. Als daher im Jahre 1861 die Grundsteuer auf einen festen Betrag gestellt wurde, schied man die Steuer auf die Gebäude vollständig aus. Seit damals giebt es neben der Grundsteuer eine besondere Gebäudesteuer. Wenngleich das damalige Gesetz das Wort Grundsteuer in einem weiteren Sinne brauchte, so daß es nicht bloß die eigentliche Grundsteuer, sondern daneben auch die Gebäudesteuer mit umfaßte, so hat doch dieser Sprachgebrauch bald aufgehört. Will man heute beide Steuern mit einem gemeinsamen Namen bezeichnen, so sagt man die „Steuern vom Grundbesitz", oder auch die „Grundabgab**en**", die „Grundsteuer**n**", denn es sind jetzt zwei verschiedene Steuern.

2. Wie wird die Gebäudesteuer veranlagt?

Die Gebäudesteuer wurde hauptsächlich deswegen von der alten Grundsteuer ausgeschieden, weil in dem Bestande und Werte der Häuser allzu häufige Änderungen eintraten. Daher giebt es für die Gebäudesteuer keinen ewigen Kataster. Aber die Veranlagung findet doch nur alle 15 Jahre statt. Die erste Veranlagung auf Grund des Gesetzes von 1861 nahm 4 Jahre in Anspruch. Im Jahre 1865 war sie fertig und galt bis zum Jahre 1879. Dann wurde eine neue Veranlagung vorgenommen, die mit dem Jahre 1880 in Kraft trat und gegenwärtig noch bis zum Jahre 1894 gilt. Augenblicklich muß also eine neue Veranlagung der Gebäudesteuer in dem ganzen preußischen Staat vorbereitet werden, und es ist gerade in dem gegenwärtigen Augenblick wichtig, daß jeder Hausbesitzer die gesetzlichen Bestimmungen darüber kenne.

Bei der Veranlagung kommt es nicht auf den Ertrag an, den ein Haus im Augenblick gewähren könnte, sondern der Ertrag wird nach dem Durchschnitt der letzten 10 Jahre berechnet. Die eigene Wohnung des Hausbesitzers wird nach ihrem Werte veranschlagt. Hypothekenzinsen werden nicht abgezogen.

Auf dem Lande, wo Wohnungen nur selten vermietet werden, und es sehr schwer ist, zu sagen, wieviel eine Wohnung wert wäre, wenn man sie vermieten könnte, wird der Ertrag eines Hauses nach der ungefähren Größe der Besitzung geschätzt, zu welcher das Haus gehört. Das Gesetz giebt hierfür gewisse Stufen an, nach denen man sich bei der Schätzung zu richten hat. Jedoch darf keineswegs ein Wohnhaus auf dem Lande hierbei höher geschätzt werden, als es in einer benachbarten kleinen Stadt nach dem Mietswert zu schätzen gewesen wäre. Gehören zu einer ländlichen Besitzung mehrere Nebengebäude, z. B. ein herrschaftliches Haus und eine Inspektorwohnung, so wird nur das Haupt-Wohngebäude nach der Größe der Besitzung geschätzt, die Neben-Wohngebäude aber zu einer der unteren Stufen.

Zu jedem Haus wird der zugehörige Hofraum und Hausgarten mitgerechnet und mit veranschlagt. Ein Garten, der größer ist als ein Morgen (25 Ar), wird nicht mehr als Hausgarten betrachtet, sondern als Gartenland zur Grundsteuer veranlagt.

Auf dem Lande werden Scheunen, Ställe, Schuppen und sonstige landwirtschaftliche Gebäude, die nicht zum Bewohnen bestimmt sind, zur Gebäudesteuer garnicht herangezogen, wohl aber Gebäude für Brauerei, Brennerei, Zuckerfabrikation, Ziegelei und sonstige landwirtschaftliche Nebenbetriebe.

Auch für gewerbliche Gebäude giebt es eine ähnliche Vergünstigung, aber nur in geringerem Maße. Hier bleiben unbewohnte Gebäude nur dann frei, wenn sie entweder zur Aufbewahrung von Rohstoffen, oder zur Aufbewahrung von Brennmaterialien oder als Stallung für das Zugvieh dienen. Also nicht bloß die Fabrikgebäude selbst sind steuerpflichtig, sondern auch Nebengebäude zur Aufbewahrung von Fabrikaten, von Werkzeugen, Gießformen u. s. w. Auch sind nur solche Stallungen frei, welche „für das lediglich zum Gewerbebetriebe bestimmte Zugvieh" dienen; also z. B. nicht die Stallung eines Gastwirts für die Pferde seiner Gäste. Noch in einem Punkte ist die Steuerfreiheit der gewerblichen Gebäude beschränkt. Sie genießen die Steuerfreiheit nur, wenn sie „zu gewerblichen Anlagen gehören", aber nicht wenn sie selbst fast die ganze Anlage darstellen, wie z. B. die Stallung des Lohnfuhren-Besitzers.

Gebäude, welche nicht der Landwirtschaft und dem Gewerbe dienen, sondern nur zur persönlichen Benutzung des Landwirts oder des Gewerbetreibenden da sind, können unter keinen Umständen Anspruch auf Steuerfreiheit machen. Ställe für herrschaftliche Equipagen und Luxuspferde, die mit dem Betriebe nichts zu thun haben, sind also steuerpflichtige Gebäude.

3. Wie hoch ist die Gebäudesteuer?

Bei Wohnhäusern beträgt die Gebäudesteuer ungefähr 4 Prozent des Ertrages. Da der Gewerbebetrieb im Vergleich zur Landwirtschaft verhältnismäßig weniger Befreiungen für die Nebengebäude genießt, so werden die steuerpflichtigen gewerblichen Gebäude (Fabriken, Mühlen, Schmieden u. s. w.) nur mit dem halben Satze zur Steuer herangezogen, nämlich mit 2 Prozent des Ertrages. Den Wohnhäusern werden alle Gebäude gleichgestellt, die zum Zusammensein von Menschen bestimmt sind: Restaurationen, Vergnügungslokale, wie Ball- und Gesellschaftshäuser, Theater. Umgekehrt werden selbständige Stall- und Speichergebäude u. ä. nur mit dem ermäßigten Satze belegt, selbst wenn sie zu Haushaltszwecken dienen.

Die 4 Prozent und 2 Prozent werden nicht genau berechnet, sondern nach den Stufen erhoben, welche der Tarif angiebt. (Seite 161.)

4. Zu welchen Meldungen ist ein Hausbesitzer verpflichtet?

Die Gebäudesteuer-Listen müssen ebenso wie die Grundsteuer-Listen in Ordnung gehalten werden. Daher hat jeder Hausbesitzer folgende Veränderungen zu melden:

wenn er das Haus verkauft oder sonst einem anderen übergiebt;

wenn ein Gebäude neu erbaut wird, wo früher kein Gebäude stand, oder umgekehrt, wenn es abbrennt oder sonst zerstört wird, ebenso Änderungen in Hofräumen und Hausgärten;

wenn einem Gebäude ein Stockwerk aufgesetzt oder abgenommen wird;

wenn ein Gebäude in mehrere geteilt wird;

wenn ein Wohngebäude zu einem Fabrikgebäude u. s. w. umgewandelt wird und umgekehrt;

wenn auf einem Landgut das Herrschaftshaus zur Inspektorwohnung, das Haupt-Wohngebäude zum Neben-Wohngebäude umgewandelt wird — und umgekehrt;

endlich, wenn das Gebäude steuerfrei wird oder seine Steuerfreiheit verliert.

Früher gab es für diese Meldungen lange Fristen. Dieselben gelten aber jetzt, namentlich bei Neubauten, nicht mehr in demselben Umfange. Jeder Hausbesitzer wird gut thun, seine Meldungen so schnell wie möglich zu machen. Handelt es sich um eine Änderung, bei der die Steuer geringer wird oder fortfällt, so wird der Hausbesitzer schon deswegen die Meldung schnell erstatten, damit man die Steuer nicht weiter von ihm verlange. Handelt es sich um Neubauten oder um Erhöhung der Gebäudesteuer, so muß die Meldung gemacht werden, weil andernfalls nicht bloß die Steuer, sondern außerdem auch noch Strafe zu zahlen ist.

5. Welche Änderungen treten jetzt bei der Gebäudesteuer ein?

Vom 1. April 1895 ab erhebt der Staat die Gebäudesteuer nicht mehr, sondern überläßt sie den Gemeinden. Aber der Staat besorgt die Veranlagung nach wie vor. Wenngleich die Gemeinden ebensowenig wie bei der Grundsteuer verpflichtet sind, sich an diese Gebäudesteuer zu halten, sondern auch eine andere Art mit andern Veranlagungen einführen können, so werden doch die meisten Gemeinden die staatliche Veranlagung zu Grunde legen. Darum hat die Veranlagung, die gegenwärtig vorbereitet wird, für die Hausbesitzer in den meisten Gemeinden des preußischen Staates ganz dieselbe Wichtigkeit, als wenn die Staatssteuer noch fortbestände.

Im übrigen beziehen sich die Änderungen in dem neuen Gesetze meistens auf die Befreiung von der Gebäudesteuer. Inbetreff der landwirtschaftlichen und gewerblichen Gebäude bleibt zwar alles beim Alten (wenn nicht in einer Gemeinde eine Änderung beschlossen wird). Aber gewisse Privilegien inbetreff der Gebäudesteuer, welche dem Staate gegenüber galten, werden den Gemeinden gegenüber nicht gelten. Daher haben wir diese Privilegien an dieser Stelle garnicht besprochen, sondern werden sie nur unten bei den Gemeindeabgaben erwähnen, soweit sie noch fortbestehen. (Seite 66.)

V.

Gewerbesteuer.

1. Wozu ist eine besondere Gewerbesteuer eingerichtet?

Jeder Gewerbtreibende versteuert bereits sein Einkommen. Welchen Sinn hat es, daß er außerdem noch das Gewerbe versteuern soll, das ihm das Einkommen gewährt? Auch hier hört man wohl sagen: wenn das Geld durchaus gebraucht wird, mag man die Einkommensteuer so hoch bemessen, wie es nötig ist; aber eine besondere Steuer auf die Gewerbebetriebe bedeute eine Geldstrafe auf den menschlichen Fleiß.

Trotzdem hat es seine ganz guten Gründe, weswegen eine besondere Gewerbesteuer eingerichtet wird.

Die Gewerbe verursachen dem Staate und den Gemeinden bedeutende Kosten. Jede neue Fabrik muß beaufsichtigt werden. Der vermehrte Verkehr erfordert eine vermehrte Sicherheitspolizei. Das Zusammenströmen von Arbeitern erlegt den Gemeinden die Verpflichtung auf, alljährlich mehr für die Schulen auszugeben. Und wenn der Fabrikant die Arbeitskräfte ausgenutzt hat, so kommt es auch vor, daß schließlich die Arbeiter als Arme von der Gemeinde unterhalten werden müssen. Es ist nicht mehr als billig, daß zu solcher Kostenvermehrung diejenigen einen besonderen Beitrag zahlen, welche die Vermehrung verursachen; und das sind die Unternehmer der Gewerbebetriebe.

Aus diesem Grunde muß daher auch die Gewerbesteuer desto höher sein, je ausgedehnter der Gewerbebetrieb ist. Es kommt hierbei nicht bloß auf den Verdienst an, den das Gewerbe abwirft. Wenn Jemand eine riesenmäßige Fabrik eröffnet, so kann sie vielleicht längere Zeit ganz ohne Gewinn arbeiten; die Kostenvermehrung, die sie den Gemeindebehörden verursacht, ist aber gleichwohl vorhanden. Man kann daher bei der Gewerbesteuer nicht bloß auf den Gewinn sehen, sondern muß auch den Umfang des Geschäfts mit in Betracht ziehen.

Die frühere preußische Gewerbesteuer trug diesem Gesichtspunkt sehr wenig Rechnung. Sie belastete die größten Gewerbebetriebe fast gar nicht, die mittleren ein wenig, die kleinsten desto stärker. Die neue Gewerbesteuer beruht auf dem umgekehrten Grundsatz. Die kleinsten Betriebe sollen gar keine, die mittleren eine geringe, die großen eine etwas höhere und die größten Betriebe eine besonders große Steuer zahlen.

2. Wer ist gewerbesteuerpflichtig, und wer ist gewerbesteuerfrei?

Wer ein Geschäft betreibt, sei es als Kaufmann, sei es als Handelsmann, wer ein Handwerk oder eine Fabrik betreibt, ist ein Gewerbtreibender und wird zur Gewerbesteuer veranlagt (wenn er nicht etwa sein Geschäft bloß im Umherziehen betreibt und also schon der Hausiersteuer unterliegt).

Das alte Gewerbesteuer-Gesetz zählte die steuerpflichtigen Gewerbe einzeln auf; was nicht genannt war, schlüpfte durch. Das neue Gesetz sagt allgemein, daß alle stehenden Gewerbe steuerpflichtig sind, wenn ihnen nicht ausdrücklich Steuerfreiheit bewilligt ist. So sind jetzt eine Anzahl Gewerbe steuerpflichtig geworden, die man früher ganz übersehen hatte: Barbiere, Heilgehülfen und Kammerjäger; Konzert- und Theaterunternehmer, Aussteller von Gemälden und Panoramen, von Menagerieen, Panoptiken u. s. w., Besitzer von Karussells und Schießbuden (wenn sie nicht bloße Hausierer sind); Eisbahnpächter, Brückengeldpächter u. a. m. Das Vermieten möblierter Zimmer ist ein Geschäft wie jedes andere; daß dasselbe in Bade- und Brunnenorten gewerbesteuerfrei war, hat aufgehört.

Ein Agent, der Geschäfte zu vermitteln oder Kunden für eine Firma zu gewinnen sucht und hierfür jedesmal eine Provision erhält, ist ein Gewerbtreibender und unterliegt der Gewerbesteuer. Etwas anderes ist es, wenn der Agent im Dienste einer Firma ein festes Jahresgehalt bekommt; dann ist er ebenso ein Angestellter dieser Firma wie ein Commis, und gewerbesteuerfrei. Dies gilt jetzt von Versicherungsagenten, wie von allen andern.

Es ist ein altes Herkommen in Deutschland, daß studierte Leute, Gelehrte, Schriftsteller, Künstler sich nicht als Gewerbtreibende betrachten. Wenngleich ihre Wissenschaft oder Kunst sie ernährt, so betreiben sie dieselbe doch nicht bloß zum Zwecke des Erwerbes. Der Kaufmann, der seinen Laden offen hält, um Geld zu verdienen, weist jeden ab, der ihm die Ware nicht bezahlt. Der Arzt, wiewohl auch er von seiner Praxis lebt, behandelt doch gern den Armen unentgeltlich. Der Rechtsanwalt übernimmt die Verteidigung eines Angeklagten, auch wenn er weiß, daß er niemals Bezahlung erhalten wird. Solche Gesinnung achtet das Gesetz. Und um diese Stände darin zu bestärken, daß sie ihre Kunst nicht als Gewerbe im gewöhnlichen Sinne auffassen, läßt es sie aus den Gewerbesteuerlisten weg. Doch gilt diese Befreiung nur für diejenigen, die zu jenen Berufsarten im hergebrachten Sinne gehören. Der staatlich geprüfte Arzt, auch Zahnarzt, Tierarzt ist gewerbesteuerfrei; der Naturarzt aber, der Wunderdoktor, oder wie die Leute sich nennen mögen, die sich mit Krankenheilung beschäftigen, ohne approbierte Ärzte zu sein (— das Volk nennt sie „Kurpfuscher" —), werden als gewöhnliche Gewerbtreibende betrachtet. Der Rechtsanwalt ist gewerbesteuerfrei; der „Volksanwalt" („Winkelkonsulent") ist gewerbesteuerpflichtig. Ein Landschaftsmaler, Historienmaler, Portraitmaler ist ein Künstler im höheren Sinne und also gewerbesteuerfrei; ein Stubenmaler ist ein Handwerker und gewerbesteuerpflichtig. — Aber auch die Thätigkeit der studierten Leute, Künstler u. s. w., die an sich nicht Gewerbebetrieb ist, kann unter Umständen Gewerbebetrieb werden. Wenn ein Zahnarzt nicht bloß an seine Patienten Gebisse verkauft, sondern damit einen schwunghaften Handel betreibt, so ist er in dieser Beziehung als Gewerbtreibender anzusehen. Wenn ein berühmter Schauspieler ein eigenes Theater begründet, so ist er Unternehmer und als solcher gewerbesteuerpflichtig. Der Baumeister, der nicht bloß Bauten leitet, sondern als Unternehmer auftritt, wird dadurch gewerbesteuerpflichtig. — Mit ausdrücklichen Worten bezeichnet das Gesetz als gewerbesteuerfrei: vereidete Land- und Feldmesser, sowie Markscheider. Über einzelne Berufsarten, bei denen man im Zweifel sein könnte, liegen bereits Entscheidungen des Finanzministers vor (so z. B. zu Gunsten der Hebammen). — Nur einen Beruf giebt es, der in seinem weitesten Umfange gewerbesteuerfrei ist, so daß niemals ein Zweifel eintreten kann. Dies ist der Beruf des Lehrers. Nicht nur der studierte Lehrer, sondern auch der Volksschullehrer genießt diese Freiheit. Auch der Sprachlehrer, der keinerlei Ausbildung genossen hat (z. B. ein in Deutschland lebender Franzose, der Konversationsstunden giebt), auch der Musik-, Tanz-, Fecht-, Turn- und Schwimmlehrer ist gewerbesteuerfrei. Wenn ein Lehrer seine Schüler im eigenen Hause beköstigt, so ist auch das Pensionat gewerbesteuerfrei, wenn es sich nur wirklich um Pensionäre handelt, die erzogen oder unterrichtet werden sollen.

Wo in unsern Gesetzen von „Gewerben" die Rede ist, wird der Betrieb der Landwirtschaft nicht mit darunter verstanden. Der Landwirt zahlt Grundsteuer aber nicht Gewerbesteuer. Es sind also gewerbesteuerfrei: Ackerbau, Viehzucht, Forstwirtschaft, Fischzucht u. s. w. Der Gartenbau wird im allgemeinen als Ackerbau betrachtet, nur die Kunst- und Handelsgärtnerei gilt als Gewerbebetrieb und ist gewerbesteuerpflichtig. Wer Vieh mästet, um es zu verkaufen, oder um mit der Milch zu handeln, und dabei das Futter nicht vom eigenen Grund und Boden nimmt, kann nicht behaupten, daß er Viehzucht als landwirtschaftliches Gewerbe betreibe; er ist ein Vieh- oder Milchhändler und ist gewerbesteuerpflichtig. Wer die Milch einer Herde, das Obst eines Gartens, den Fischfang in einem Teiche pachtet, wird dementsprechend als Milch-, Obst- und Fischhändler angesehen und ist ebenfalls gewerbesteuerpflichtig.

Als die Eisenbahnen aufkamen, wurde ihnen vom Staate eine besondere „Eisenbahnabgabe" auferlegt; dafür waren sie von der Gewerbesteuer befreit Heute wird die Eisenbahnabgabe nur noch sehr selten bezahlt. Denn fast alle Bahnen befinden sich in den Händen des Staates selbst. Die Eisenbahnen sind aber in jedem Falle gewerbesteuerfrei. Der Betrieb einer Pferdebahn hingegen ist ebenso ein Gewerbe, wie jedes Fuhr- und Speditionsgeschäft. „Kleinbahnen", wie sie seit einigen Jahren sehr viel gebaut werden, werden zwar mit Dampf betrieben, aber doch so wie Pferdebahnen behandelt und zur Gewerbesteuer herangezogen.

Zwischen den gewerbesteuerpflichtigen und gewerbesteuerfreien Betrieben stehen einige in der Mitte. Dieselben sind augenblicklich noch gewerbesteuerfrei, solange die Gewerbesteuer eine staatliche Steuer ist. Aber vom 1. April 1895 an, wo die Gewerbesteuer eine Kommunalsteuer wird, werden sie der Gewerbesteuer unterliegen. Solche Betriebe sind: die landwirtschaftlichen Branntweinbrennereien, der Bergbau, die Ausbeutung von Torfstichen, von Sand-, Kies-, Mergel- und Thongruben, von Stein-, Schiefer- und Kreidebrüchen u. s. w. Auch der preußische Staat, wenn er ein Gewerbe betreibt (z. B. in Berlin die Seehandlung oder die Porzellan-Manufaktur), zahlt an sich selbst keine Gewerbesteuer; an die Kommunen wird er sie zahlen müssen. Die Reichsbank darf der preußische Staat kraft Reichsgesetzes zu keiner staatlichen Gewerbesteuer heranziehen. Den Kommunen verbietet es das Reichsgesetz nicht. Diese werden die Reichsbank zur Gewerbesteuer heranziehen können und zwar nicht bloß in Berlin, sondern überall, wo es eine größere oder kleinere Reichsbankstelle giebt. Das Reich selbst hat auch vielfach Gewerbebetriebe, z. B. die Gewehrfabriken in Spandau. Hierüber wird aber noch ein besonderes Gesetz ergehen; bis dahin können derartige Gewerbebetriebe des Reiches zur Gewerbesteuer nicht veranlagt werden. — In der Steuerfreiheit der Eisenbahnen ändert sich nichts.

3. Was bedeuten „Steuerklassen" und „Steuergesellschaften"?

Die Einteilung und Einschätzung der Steuerpflichtigen ist bei der Gewerbesteuer ganz anders als bei allen andern Steuern. Es giebt hier nur vier Gewerbesteuer-Klassen. Zur Klasse I gehören die Betriebe mit einem jährlichen Ertrage von 50000 Mark oder mehr; zur Klasse II die Betriebe mit einem Ertrage von weniger als 50000 Mark abwärts bis 20000 Mark; zur Klasse III die Betriebe mit weniger als 20000 Mark Ertrag abwärts bis zu 4000 Mark; zur Klasse IV die Betriebe mit weniger als 4000 Mark abwärts bis zu 1500 Mark.

Wenn man hierbei aber bloß nach dem Ertrage ginge, so würde es aus dem oben angegebenen Grunde nicht möglich sein, große Betriebe ihrem Umfang entsprechend heranzuziehen. Deswegen wird neben dem Ertrage auch das Anlage- und Betriebskapital als ein Merkmal betrachtet. Wenn jemand eine Million in eine Fabrik steckt und durch den Zufluß von Arbeitern, wie wir oben ausgeführt haben, dem Gemeinwesen so große Kosten verursacht, so kann er nicht einwenden, daß ihm seine Fabrik noch gar keinen Ertrag abwerfe. Er muß in Klasse I steuern. Beträgt das Kapital weniger als eine Million, aber immerhin nicht unter 150000 Mark, so wird der Betrieb zu Klasse II veranlagt, selbst wenn der Ertrag weniger als 20000 Mark sein mag. Ebenso in Klasse III bei einem Kapital unter 150000 Mark abwärts bis 30000 Mark; in Klasse IV bei einem Kapital unter 30000 Mark abwärts bis 3000 Mark.

Ist in einem Veranlagungs-Bezirk die Einschätzung der Gewerbtreibenden in die vier Klassen vollendet, so bilden die Gewerbtreibenden einer Klasse zusammen eine „Steuergesellschaft". Von dieser Steuergesellschaft verlangt der Staat die Gewerbesteuer nach einem Mittelsatze pro Betrieb. Wie die Steuergesellschaft die verlangte Summe aufbringen will, das bleibt ihr überlassen. Sie wählt einen Steuerausschuß, der von einem hierzu ernannten Vorsitzenden berufen wird und alljährlich beschließt, wie die Summe aufgebracht werden soll; der Steuerausschuß erlegt in der Regel jedem Betrieb den Mittelsatz auf, die schwächeren Betriebe aber entlastet er, den stärkeren legt er etwas zu. Wieweit der Steuerausschuß in der Herabminderung und in der Steigerung gehen kann, dafür giebt es im Gesetz gewisse Grenzen.

Ein Beispiel! Im Kreise N. giebt es 57 Gewerbtreibende in Klasse III. In dieser Klasse ist der Mittelsatz 80 Mark. Die Steuergesellschaft muß also aufbringen 57 × 80 = 4560 Mark. Der Steuerausschuß, der aus Gewerbtreibenden des Kreises besteht, die sich ja einander kennen, mustert die Liste und setzt die meisten, 30 an der Zahl, mit dem Mittelsatze an. Bei 19 Betrieben findet er, daß sie offenbar schwächer sind, als alle andern; die kann er ermäßigen, die einen mehr, die andern weniger bis herab auf 32 Mark. Dafür müssen nun die 8 größten Betriebe der Steuergesellschaft desto mehr aufbringen; sie werden gesteigert, der eine mehr, der andere weniger bis hinauf zu 192 Mark. So ergiebt sich die Veranlagung etwa in folgender Art:

2	Betriebe	à	32	Mark	=	64	Mark
1	Betrieb	à	36	„	=	36	„
3	Betriebe	à	40	„	=	120	„
2	„	à	42	„	=	84	„
1	Betrieb	à	45	„	=	45	„
1	„	à	48	„	=	48	„
1	„	à	50	„	=	50	„
2	Betriebe	à	52	„	=	104	„
3	„	à	55	„	=	165	„
1	Betrieb	à	58	„	=	58	„
1	„	à	62	„	=	62	„
1	„	à	70	„	=	70	„
30	Betriebe	à	80	„	=	2400	„
1	Betrieb	à	96	„	=	96	„
1	„	à	115	„	=	115	„
1	„	à	147	„	=	147	„
2	Betriebe	à	168	„	=	336	„
1	Betrieb	à	183	„	=	183	„
1	„	à	165	„	=	185	„
1	„	à	192	„	=	192	„
57	Betriebe			zusammen		4560	Mark

Auf diese Art kommt dieselbe Steuer auf, als wenn man alle Gewerbtreibenden gleichmäßig veranlagte. Die Steuerkasse hat keinen Schaden davon, daß sie die Verteilung den Gewerbtreibenden selbst überläßt. Diese aber haben den Nutzen, daß sie die Steuer so verteilen können, wie sie es für Recht halten.

Der Zweck dieser Einrichtungen ist also: innerhalb der zulässigen Grenze auf vorübergehende oder dauernde Schwäche einzelner Betriebe möglichst Rücksicht zu nehmen. Diese Rücksicht ist aber nicht mehr erforderlich bei den ganz großen Betrieben, die zu Klasse I veranlagt sind. In dieser Klasse giebt es keine Steuergesellschaften. Jeder Gewerbebetrieb zahlt 1 Prozent seines Ertrages und wird nach der Höhe des Ertrages zu einer bestimmten Stufe eingeschätzt.

4. Wie hoch ist die Gewerbesteuer?

Aus dem Vorhergehenden ist zu ersehen, daß es bei der Gewerbesteuer nicht so einfach ist, ihre Höhe mit Bestimmtheit zu nennen, wie bei anderen Steuern. Dem Ermessen des Steuerausschusses ist ja ein ziemlich großer Spielraum gelassen. Doch wird aus dem Vorstehenden die nachfolgende Tabelle verständlich sein.

Klasse	Entweder Ertrag: Mark	Oder Kapital: Mark	Steuersatz höchster: Mark	mittlerer: Mark	niedrigster: Mark
I	50000 und mehr	1 Million und mehr	In Stufen mit etwa 1 Prozent des Ertrages		
II	20000—50000	150000—1 Million	480	300	156
III	4000—20000	30000—150000	192	80	32
IV	1500—4000	3000—30000	36	16	4

Nach dieser Tabelle wird sich jeder Gewerbtreibende zunächst darüber ein richtiges Urteil bilden können, ob man ihn nicht etwa in eine zu hohe Klasse gestellt hat. Außerdem aber kann er auch prüfen, ob man ihn innerhalb der Klasse nicht etwa zu sehr belastet hat. Denn mehr als 1 Prozent des Ertrages soll niemand zahlen; wenn diese Beschränkung nicht wäre, so könnte ja unter Umständen mancher Gewerbtreibende der unteren Klasse schlimmer daran sein, als die der Klasse I. Wenn also jemand mit einem Betriebskapital von 50000 Mark einen Ertrag von 5000 Mark erzielt, zur Klasse III veranlagt ist und zwar mit dem Mittelsatz von 80 Mark, so ist er zwar in die richtige Klasse gesetzt. Gleichwohl ist er zu hoch veranlagt. Denn 1 Prozent seines Ertrages wäre nur 50 Mark, und soweit mindestens hätte der Steuerausschuß ihn unter den Mittelsatz ermäßigen müssen. — Von dieser Beschränkung auf 1 Prozent des Ertrages sind nur solche Betriebe ausgenommen, die garnicht wegen ihres Ertrages, sondern bloß wegen der Höhe ihres Betriebskapitals in eine höhere Klasse gesetzt sind; solange sie in dieser höheren Klasse festgehalten werden dürfen, solange kann auf ihren gar zu geringen Ertrag keine Rücksicht genommen werden.

5. Was ist Ertrag?

Ertrag und Einkommen sind nicht genau dasselbe. Bei Ermittelung des Einkommens werden alle Schuldenzinsen abgezogen. Bei Ermittelung des Ertrages dürfen nach ausdrücklicher Vorschrift des Gesetzes Schuldenzinsen nicht abgezogen werden, weder die Zinsen für Kapitalien, die zur Begründung des Geschäfts, noch für solche, die zu seiner Erweiterung oder zur Anbringung von Verbesserungen aller Art, aufgenommen worden sind, noch für das bare Betriebskapital.

Wenn jemand im Laufe des Jahres Ausgaben für Geschäfts-Erweiterungen und Verbesserungen nicht aus dem Kapital, sondern aus den Jahreseinnahmen bestritten hat, so ist es unzulässig, solche Ausgaben vom Ertrage abzusetzen.

Selbstverständlich sollte es sein, daß Haushaltungskosten bei der Ertragsermittelung nicht abzuziehen sind; doch muß dies stets aufs neue gesagt werden, da manche Gewerbtreibende dies gleichwohl thun.

Da diese Grundsätze der Ertragsermittelung zum Teil von der üblichen kaufmännischen und gewerblichen Buchführung abweichen, so sei hier kurz zusammengestellt, daß der Gewerbtreibende nach Aufstellung seiner Bilanz sich noch drei Fragen vorzulegen hat:

1. Sind die Zinsen für die Geschäftskapitalien abgezogen? — Dann müssen dieselben wiederum zugesetzt werden.

2. Sind Ausgaben für Geschäfts-Erweiterungen und Verbesserungen als Unkosten abgezogen? — Dann müssen auch diese wieder zugesetzt werden.

3. Sind etwa Haushaltungskosten abgezogen, sei es der Haushaltsverbrauch im Ganzen, seien es einzelne Bedürfnisse desselben (z. B. Waren, die die Hausfrau aus dem Laden entnommen hat, freie Wohnung im Geschäftsgebäude o. ä.)? — Alles dies müßte wiederum zugesetzt werden.

Wenn eine Person mehrere Gewerbebetriebe hat, z. B. ein Schlächtermeister eine Restauration, ein Mühlenbesitzer ein kaufmännisches Geschäft betreibt, so könnten sie wohl auf den Gedanken kommen, daß jeder Betrieb für sich veranlagt werden müßte. Dann hätten sie den Vorteil, daß jeder einzelne Betrieb in eine verhältnismäßig niedere Klasse käme. Allein das Gesetz entscheidet die Frage anders. Wenn mehrere Gewerbebetriebe sich in der Hand einer Person befinden, so sind sie alle zusammen als ein einheitlicher Betrieb nach der Höhe des Gesamtertrages oder des Gesamtkapitals zu veranlagen. — Wenn ein Gewerbe auf den Namen des Mannes, ein anderes auf den Namen der Frau betrieben wird, so sind gleichwohl beide einheitlich zu berechnen; es müßte denn sein, daß die Frau wirklich von ihrem Manne getrennt lebt.

5. Zu welchen Angaben ist der Gewerbtreibende verpflichtet?

Eine eigentliche Selbsteinschätzung findet bei der Gewerbesteuer nicht statt. Aber gewisse Fragen hat jeder Gewerbtreibende zu beantworten.

Zu Anfang jeden Jahres wird in jeder Gemeinde den Gewerbtreibenden ein Fragebogen zugeschickt oder öffentlich bekannt gemacht. In den Fragebogen hat jeder einzutragen, welches Gewerbe er betreibt, wo sich seine Betriebsstätten befinden, wieviel Arbeiter, Gehülfen, Commis u. s. w. er beschäftigt, ob er Maschinen in seinem Betriebe verwendet, wieviele, welcher Art u. s. w. In dem Fragebogen ist die Frist benannt, binnen welcher die Antwort erfolgen muß.

Wo die Steuerbehörde es für nötig findet, kann sie in besonderer brieflicher Zusendung einem Gewerbtreibenden noch zwei genauere Fragen vorlegen: 1. ob der Ertrag seines Geschäfts der Klasse I, II, III oder IV entspricht; 2. ob das Betriebskapital der Klasse I, II, III oder IV entspricht. Diese beiden Fragen sind dann nicht etwa nach dem Durchschnitt der letzten Jahre zu beantworten, sondern maßgebend ist ausschließlich das letzte Geschäftsjahr für sich allein. Hat das Geschäftskapital im letzten Jahre geschwankt, so ist die mittlere Höhe zu Grunde zu legen.

Obgleich die Antworten auf diese Fragen weder den Ertrag noch das Betriebskapital genau, sondern nur ganz ungefähr ersehen lassen, so schreibt das Gesetz doch vor, daß die Antworten auf das strengste geheim zu halten sind.

Will die Behörde den Ertrag oder das Betriebskapital genauer wissen, so kann der Gewerbtreibende die genauere Beantwortung ablehnen. Auch die Vorlegung der Geschäftsbücher findet nur statt, wenn der Gewerbtreibende sie vorlegen will. Zur Offenbarung von Geschäftsgeheimnissen kann niemand gezwungen werden. — Gleichwohl wäre es nicht richtig, ohne Grund die Beantwortung von genaueren Fragen zu verweigern. Denn wenn die Behörde die Ermittelung für notwendig hält, so steht es ihr frei, Zeugen und Sachverständige zu vernehmen. Zwar darf sie die eignen Leute des Steuerpflichtigen ohne seine Zustimmung nicht befragen (auch solche nicht, die früher in seinen Diensten waren und jetzt ausgetreten sind). Im übrigen aber ist das Recht des Steuerausschusses, Zeugen und Sachverständige zu vernehmen, unbeschränkt. Ebensowenig wie vor Gericht darf hier jemand willkürlich sein Zeugnis verweigern. Der Steuerausschuß kann die Bekräftigung der Aussage durch den Eid verlangen. Unter Umständen können derartige Ermittelungen viel unangenehmer sein, als die freiwilligen Angaben. Solange daher die Behörde nicht nach Dingen fragt, bei denen die Verweigerung der Antwort durch ernste Gründe geboten ist, sollte jeder Steuerpflichtige daran denken, zur Ermittelung der Wahrheit durch geeignete Auskunft selbst mitzuwirken.

Daß jeder, der einen Gewerbebetrieb neu beginnt, verpflichtet ist, ihn anzumelden, ist allgemein bekannt. Die Meldung bei der Gemeindebehörde gilt gleichzeitig für die Steuerbehörde mit; in Berlin ist jedoch die Gewerbesteuer-Meldung besonders zu adressieren: „An die Direktion für die Verwaltung der direkten Steuern. Berlin, Hinter dem Gießhause 1". — Nach geschehener Meldung findet zunächst eine vorläufige Veranlagung vom nächsten Quartal ab statt.

Wer seinen Gewerbebetrieb einstellt, hat die Abmeldung „An den Vorsitzenden des Gewerbesteuer-Ausschusses" zu adressieren. Vom Beginn des nächsten Quartals an kann die Gewerbesteuer abgestellt werden.

6. Wer kann eine Ermäßigung verlangen?

Kleine Gewerbe mit einem Jahresertrage von weniger als 1500 Mark und einem Betriebskapital von weniger als 3000 Mark sind von der Gewerbesteuer frei. Dies ist jedoch so zu verstehen, daß der Betrieb nur dann frei ist, wenn weder der Ertrag 1500 Mark noch das Geschäftskapital 3000 Mark erreicht. Wer aber in seinem Gewerbe 1500 Mark verdient, wenn auch ganz ohne Geschäftskapital, ist gleichwohl steuerpflichtig. Ebenso ist jeder, der in sein Gewerbe ein Kapital von 3000 Mark gesteckt hat, steuerpflichtig, mag sein Ertrag auch noch so klein sein.

In den Klassen I, II und III befinden sich auch Geschäfte, welche garnicht auf Grund ihres Ertrages, sondern nur auf Grund ihres Kapitals in die höhere Klasse gesetzt sind. Hierbei war doch immerhin die Voraussetzung, daß es sich nur um eine vorübergehende Erscheinung handle. Bei dauerndem bedeutenden Zurückbleiben des Ertrages liegt es aber nicht in der Absicht des Gesetzes, den Gewerbtreibenden nach der Höhe seines unfruchtbaren Kapitals heranzuziehen. Daher wird solchen Gewerbtreibenden der Nachweis gestattet, daß ihr Ertrag zwei Jahre nacheinander bedeutend hinter der Klasse zurückgeblieben sei. Wenn jemand zwei Jahre hindurch in Klasse I nicht bloß nicht 50 000 Mark, sondern noch nicht einmal 30 000 Mark Jahresertrag erzielt hat, so kann er verlangen, daß er nunmehr bloß nach seinem Ertrage ohne Rücksicht auf die Höhe des Kapitals in eine niedrigere Klasse versetzt werde. Ebenso, wenn in Klasse II der Ertrag zwei Jahre hindurch unter 15000 Mark, in Klasse III unter 3000 Mark geblieben ist.

7. Was bedeutet die Schanksteuer („Betriebssteuer")?

Die Schankwirtschaft darf nicht wie andere Gewerbe von jedermann betrieben werden. Man bedarf dazu einer behördlichen Konzession. Diese Konzession wird dazu benutzt, um die Zahl der Schankwirtschaften nicht allzu sehr wachsen zu lassen, weil man davon eine Zunahme des Trunkes befürchtet.

Aus diesen Gründen ist den Schankwirten außer der allgemeinen Gewerbesteuer auch noch eine besondere Schanksteuer auferlegt. Während die allgemeine Gewerbesteuer von einer Person, die mehrere Betriebe hat, einheitlich zu entrichten ist, soll die Schanksteuer für jede Schankstelle, d. h. für jeden Betrieb einzeln entrichtet werden. Darum wird sie in den Gesetzen „Betriebssteuer" genannt; das Volk nennt sie Schanksteuer.

Weil man darauf ausgeht, die Zahl der Schenken nicht allzu sehr wachsen zu lassen, muß die Schanksteuer — im Unterschiede von der allgemeinen Gewerbesteuer — auch von dem kleinsten Gewerbtreibenden bezahlt werden. Befreiungen giebt es hier nicht. Bezahlt der Schankwirt seine Gewerbesteuer zur ersten Klasse, so hat er daneben eine Schanksteuer von 100 Mark, in der zweiten von 50, in der dritten von 25, in der vierten von 15 Mark zu bezahlen. Ist die Wirtschaft so klein, daß der Schankwirt gar keine Gewerbesteuer zahlt, so muß er gleichwohl eine Schanksteuer von 10 Mark entrichten. Wer indes keine ständige Schenke hat, sondern nur ausnahmsweise bei großen Kirchweihfesten oder bei sonstigen Feiertagen, bei Paraden, Manövern u. s. w. ausschenkt, für den kann die Schanksteuer bis auf 5 Mark ermäßigt werden.

Die Schanksteuer wird pro Jahr berechnet und für das ganze Jahr auf einmal bezahlt. Wird im Laufe des Jahres der Betrieb eingestellt, so wird die Steuer nicht zurückerstattet.

Nicht bloß Schankwirte unterliegen der Steuer, sondern auch Gastwirte. Auch ist die Schanksteuer nicht bloß auf geistige Getränke beschränkt. Doch genießen Kaffeeschenken, Theeschenken und überhaupt alle Betriebe, welche nicht geistige Getränke verabfolgen den Vorteil, daß von ihnen die Schanksteuer nur einmal (nicht für jede Betriebsstätte besonders) erhoben wird. — In manchen Gegenden ist es Sitte, daß der Weinbauer eine kurze Zeit hindurch seinen eigenen Most oder Wein verschänkt. Dauert dies nicht länger als drei Monate, so braucht darum ein solcher Weinbauer keine Schanksteuer zu zahlen. — Hingegen ist der Kleinhandel mit Branntwein oder Spiritus stets schanksteuerpflichtig, selbst wenn er gar nicht an Ort und Stelle getrunken, sondern nur zum Nachhausenehmen verkauft wird.

8. Ist die Gewerbesteuer Staats- oder Kommunalsteuer?

Augenblicklich ist die Gewerbesteuer noch eine Staatssteuer. Ob daneben die Kommunen Zuschläge erheben wollen, hängt bei dieser Steuer wie bei jeder anderen vom Beschlusse der Kommunal-Vertretung ab.

Vom 1. April 1895 ab stellt der Staat zwar die Gewerbesteuer-Listen weiter auf, aber als staatliche Steuer erhebt er die Gewerbesteuer nicht mehr. Von da an ist die Gewerbesteuer nur noch eine Gemeindeabgabe. Wie es von da an mit der Gewerbesteuer gehalten wird, ist daher in dem nächsten Abschnitt besprochen. Die Schanksteuer ist vom 1. April 1895 an eine Kreissteuer (Seite 66 bis 68).

VI.

Gemeindeabgaben.

1. Gemeinde-Einkommensteuer.

Die Gemeinde richtet sich bei Erhebung der Einkommensteuer nach dem Staat. Sie legt die staatlichen Listen zu Grunde und fragt sich, wieviel von den Steuerbeträgen sie für ihre Zwecke nötig hat. Erhebt die Gemeinde den ganzen Betrag der staatlichen Einkommensteuer auch für sich, so sagt man, die Gemeinde-Einkommensteuer betrage 100 Prozent (nämlich der Staatssteuer). Erhebt sie nur die Hälfte, so sagt man, sie betrage 50 Prozent, bei Dreiviertel 75 Prozent. Erhebt sie das Anderthalbfache oder Doppelte wie der Staat, so sagt man: Die Gemeinde-Einkommensteuer beträgt 150 Prozent oder 200 Prozent u. s. w. Weiß man, wieviel Prozente der staatlichen Steuer die Gemeinde erhebt, so kann jeder, der die staatliche Veranlagung erhalten hat, sich seine Gemeinde-Einkommensteuer oder, wie man auch sagt, den „Kommunalzuschlag" selbst berechnen.

Bei der staatlichen Einkommensteuer sind alle Einkommen von 900 Mark und darunter frei gelassen. Zu den kommunalen Abgaben sollen aber auch die kleinen Leute etwas beitragen. Jedermann genießt die kommunalen Einrichtungen mit und kann ein weniges dazu hergeben. Beträgt das Einkommen mehr als 660 Mark bis 900 Mark, so soll die Steuer 4 Mark betragen. Ist das Einkommen 420—600 Mark, so soll die Steuer 2 Mark und 40 Pfennig betragen. Für Einkommen von 300—420 Mark ist ein Steuersatz von 1 Mark und 20 Pfennig zugelassen. Geht eine Gemeinde in den Steuern noch tiefer herunter, so darf sie höchstens 40 Pfennig von hundert Mark des Einkommens als Steuer nehmen. — Übrigens können die Gemeinden einen Beschluß darüber fassen, wieweit sie in der Heranziehung der kleinen Leute gehen oder dieselben frei lassen wollen.

Dies ist die gewöhnliche Art der Gemeinde-Einkommensteuer. Für die Regel sind die Gemeinden daran gebunden. Wo besondere Verhältnisse obwalten, kann aber auch in Abweichung davon eine „besondere Gemeinde-Einkommensteuer" eingerichtet werden. Der staatliche Steuertarif legt den großen Einkommen höhere Lasten auf als den kleinen. Während der Millionär von jeden hundert Mark seines Einkommens 4 Mark abgeben muß, geben weniger Vermögende nur 3 vom Hundert, die unteren Klassen nur 2 und noch weniger. Nun ist dies im allgemeinen für die Gemeindefinanzen ganz gut, daß die reichen Leute desto stärker herangezogen werden. Es können aber Fälle eintreten, in denen es für die ganze Bevölkerung unangenehm ist, daran gebunden zu sein. Nehmen wir einmal an, eine Gemeinde, in der es einen kinderlosen Millionär und sonst nur mittlere und kleinere Bürger giebt, will sich eine Bürgerschule einrichten. Sie ist bereit, die Gemeindesteuern dazu zu verdoppeln. Aber sie hat erfahren, daß in diesem Falle der reiche Mann aus dem Orte wegziehen würde. In einem solchen Falle handelt die Gemeinde klug daran, den Steuertarif ein wenig abzuschwächen und statt mit 4 Prozent sich mit 3½ oder 3 Prozent des Millionäreinkommens zu begnügen, ehe daß sie die ganze Steuerkraft dieses Mannes verlöre. Allerdings wenn man den Gemeindevertretungen das Recht gäbe, den Steuertarif eigenmächtig zu ändern, so wäre dies dem größten Mißbrauch ausgesetzt, und der Bedrückung der Armen zu Gunsten der Reichen wäre Thür und Thor geöffnet Darum kann ein solcher Gemeindebeschluß niemals in Kraft treten, wenn er nicht von der Aufsichtsbehörde genehmigt wird. Und die Minister haben dafür zu sorgen, daß diese Genehmigung überall versagt werde, wo nicht wirklich die Interessen der Gesammtbevölkerung für die Einrichtung einer „besonderen" Einkommensteuer sprechen.

Bei der Gelegenheit einer besonderen Einkommensteuer den Spieß etwa umzukehren und die Armen stärker heranzuziehen als die Reichen, ist verboten. Auch sonst sind Beschränkungen für besondere Einkommensteuern vorgeschrieben. Wenn aber eine Gemeinde gegenwärtig bereits eine „besondere Einkommensteuer" besitzt, welche diesen Beschränkungen nicht entspricht und also nach dem Gesetze eigentlich unzulässig ist, so kann gleichwohl ausnahmsweise vom Ministerium die Genehmigung erteilt werden. Wie es heißt, ist die Stadt Altona die einzige Gemeinde, welche hierfür in Betracht kommt.

Vorrechte der Beamten. Während der Beamte sein Gehalt dem Staate gegenüber ebenso versteuern muß, wie jeder andere Bürger, darf die Gemeinde sein Diensteinkommen nur zur Hälfte heranziehen. Auch darf die Gemeindesteuer auf das Diensteinkommen nie mehr als 2 Prozent desselben (d. h. des ganzen) betragen. Wenn also ein Beamter 4000 Mark Gehalt und 300 Mark Wohnungsgeldzuschuß, zusammen ein Diensteinkommen von 4300 Mark bezieht, so muß ihn die Gemeinde so veranlagen, als ob er nur 2150 Mark Diensteinkommen hätte. Erhebt die Gemeinde ihre Einkommensteuer in derselben Höhe wie der Staat, so hat der Beamte 36 Mark Gemeinde-Einkommensteuer zu zahlen. Erhebt die Gemeinde ihre Steuer in doppelter Höhe, so sind es 72 Mark. Wohnt aber der Beamte in einer Gemeinde, in welcher der dreifache Satz der staatlichen Einkommensteuer erhoben wird, so würde er 108 Mark zu zahlen haben. Dazu ist er nicht verpflichtet, sondern nur zu 2 Prozent seines Diensteinkommens, d. h. zu 86 Mark. — Ein Diensteinkommen unter 1500 Mark darf höchstens mit 1½ Prozent, eines unter 750 Mark höchstens mit 1 Prozent herangezogen werden.

Zum Diensteinkommen gehören nicht bloß Gehalt und Wohnungsgeld, sondern auch dienstliche Nebeneinnahmen, z. B. die Gebühren, welche ein Kreisphysikus für amtliche Atteste bezieht, die Kollegiengelder der Professoren u. a. m. Hat ein Beamter daneben noch Privateinkommen (z. B. von eigenem Vermögen), so muß er dasselbe voll versteuern.

Als Beamte gelten nicht bloß die Reichs- und Staatsbeamten, sondern auch die Gemeinde-, Kreis- und Provinzialbeamten, welche als „mittelbare Staatsbeamte" bezeichnet werden können. Der pensionierte Beamte genießt für seine Pension dieselben Vergünstigungen. Beträgt die Pension eines Beamten oder sein Wartegeld nicht mehr als 750 Mark, so darf es zu Gemeindeabgaben gar nicht herangezogen werden. — Geistliche und Elementarlehrer genießen das Privileg, daß ihr Diensteinkommen zu Gemeindeabgaben überhaupt nicht herangezogen werden darf.

Offiziere genießen nicht bloß dasselbe Privileg, wie die letztgenannten, daß sie von ihrem Gehalt keine Gemeindeabgaben zahlen, sondern nehmen auch für ihr Privateinkommen eine besondere Stellung ein. Dasselbe wird zwar zu Gemeindesteuern herangezogen, hängt aber nicht von der schwankenden Höhe der „Kommunalzuschläge" ab, sondern trägt stets den Betrag der Staatssteuer als Gemeindesteuer („100 Prozent"). Nur wenn ein Offizier ein Grundstück besitzt, oder wenn er Inhaber eines Gewerbebetriebes ist (z. B. wenn er eine Fabrik geerbt hat, die für seine Rechnung weiter betrieben wird), dann muß er das daraus fließende Einkommen so wie jeder andere versteuern.

Was die Witwen und Waisen aller dieser Personen an Pensionen beziehen, ist immer frei.

2. Mietssteuer.

In früheren Zeiten war es in großen Städten, wo die Menschen einander wenig kennen, schwer, das Einkommen zu ermitteln und man suchte nach anderen Merkmalen, um zu unterscheiden, wer reich und wer arm sei. Ein solches Merkmal war die Wohnung. Wer eine große und feine Wohnung hatte, war vermutlich ein wohlhabender Mann; wer für Wohnung weniger ausgab, konnte meistens auch für weniger wohlhabend gelten. Daher führten jene Städte Steuern nach der Höhe des Mietsertrages, „Mietssteuern", ein. — Jetzt, nachdem eine allgemeine Einkommensteuer mit Selbsteinschätzung durchgeführt ist, und die Behörde das wirkliche Einkommen eines jeden kennt, ist jener Grund für die Mietssteuer fortgefallen. Auch erhebt man gegen sie den Einwand, daß sie die allerreichsten Leute, die mehr einnehmen als sie überhaupt ausgeben können, verhältnismäßig am schwächsten belaste. Die Städte, welche die Mietssteuer haben, wollen gleichwohl die Einnahme nicht aus der Hand geben und haben schon manche Ermäßigungen eingeführt, bloß um die Mietssteuer halten zu können.

Das Kommunalabgaben-Gesetz hat die Mietssteuer nicht gebilligt und nicht unbedingt verworfen, sondern einen Mittelweg eingeschlagen. Daß eine Mietssteuer in einer Gemeinde neu eingeführt werde, wird verboten. Wo die Mietssteuer aber besteht, da kann das Ministerium die Fortdauer derselben genehmigen, wenn sie so eingerichtet ist, daß die ärmeren Klassen der Bevölkerung nicht etwa stärker belastet werden, als die reicheren. Wenn es der Stadt nicht gelingt, bis zum 1. April 1898 die Genehmigung des Ministeriums zu erlangen, so fällt die Mietssteuer fort.

Gegenwärtig besteht die Mietssteuer in Berlin, Danzig, Frankfurt a. M. Halle, Emden und einigen kleineren Städten. Wie sie sich hier nach dem neuen Gesetz stellen wird, läßt sich noch nicht absehen. In Berlin galt im Jahre 1893 folgender Tarif:

Wohnungen	bis	200	Mark	frei	
„	über	200—400	„	2	Prozent
„	„	400—600	„	3	„
„	„	600—800	„	4	„
„	„	800—1000	„	5	„
„	„	1000	„	$6^2/_3$	„

Dabei kann das, was der Mieter für Treppenreinigung, für Benutzung der Wasserleitung, Flurbeleuchtung u. s. w. zahlt, die sogenannten „Abgaben", abgezogen werden (doch nie mehr als 8 Prozent der Miete).

Wo die Mietssteuer fortbesteht, da wird sie bei Verteilung der Lasten zur Einkommensteuer mitgerechnet. Dementsprechend hat also in Berlin ein Beamter auch die Mietssteuer nur vom halben Betrage zu zahlen. Miets- und Einkommensteuer zusammengenommen dürfen nie mehr als den zulässigen Prozentsatz betragen. (Siehe Seite 60.) Doch wird angenommen, daß ein Beamter nicht mehr als ein Fünftel seines Diensteinkommens auf die Wohnung verwendet. Beträgt seine Wohnungsmiete mehr, so bestreitet er dies aus seinem Privatvermögen; und dieses muß er ja wie jeder andere Bürger versteuern.

Hat ein Beamter eine Dienstwohnung, so wird dieselbe nach ihrem Mietswert geschätzt. Nur Reichsbeamte (aber nicht Staats- und andere Beamte) genießen das besondere Vorrecht, daß die Mietssteuer auf ihre Dienstwohnung nie mehr als 15 Prozent ihres baren Gehalts betragen darf.

3. Gemeinde-Grundsteuer.

Die alte preußische Staats-Grundsteuer kennen wir bereits. Sowie die Grundstücke im Jahre 1861 eingeschätzt wurden, so stehen sie noch heute in den Listen. Jahr für Jahr „veranlagt" der Staat die Steuer weiter in denselben Beträgen, wie er es bisher gethan hat. Aber um die Erhebung kümmert er sich nicht mehr; die Grundsteuer ist vom 1. April 1895 ab nur noch eine Gemeindeabgabe.

Da alle Grundstücke, die mit Häusern besetzt sind, keine Grundsteuer zahlen, so kommt die Grundsteuer für Großstädte, in denen sich Haus an Haus reiht, nur wenig in Betracht. Hingegen für die Dörfer ist die Grundsteuer die hauptsächlichste Abgabe. Auch für Kleinstädte ist sie wichtig. Übrigens giebt es noch heute manche größere Stadt, die, wie z. B. Danzig, weite unbebaute Flächen in ihrem Weichbilde hat.

Jede Gemeinde besitzt ihren Grundsteuer-Kataster seit mehr als 30 Jahren. Wenn sie will, kann sie einfach nach diesem Kataster die Grundsteuer erheben. Braucht sie nicht so viel, wie diese Hebung ergeben würde, nun so kann sie jedem Grundbesitzer die Hälfte oder auch ein Viertel erlassen. Braucht sie mehr, so kann sie jedem dementsprechend mehr auferlegen.

Das wird in manchen Gemeinden ganz gut gehen. Denn wenn auch der Ertrag der Grundstücke seit der Veranlagung im Jahre 1861 sich stark geändert hat, so ist die Änderung innerhalb der Gemeinde manchmal ganz gleichmäßig gewesen, sodaß vielleicht alle Grundstücke heute das Doppelte des Grundsteuer-Reinertrages bringen. Ob man nun sie alle neu veranlagt, und dann den einfachen Betrag der Grundsteuer erhebt, oder ob man die alte Veranlagung bestehen läßt und bei allen das Doppelte erhebt, das kommt auf ein und dasselbe hinaus.

Aber nicht in allen Gemeinden liegen die Verhältnisse so. Nehmen wir z. B. ein Dorf in der Provinz Sachsen, in welchem vor 30 oder 40 Jahren Getreide gebaut wurde, auf gutem Boden Weizen und Roggen, auf schlechterem Hafer und Kartoffeln. Inzwischen ist der Rübenbau ins Land gekommen. Auf dem fetten Boden werden Zuckerrüben gebaut, die an die benachbarte Fabrik zu hohen Preisen verkauft werden. Ihr Ertrag hat sich verdoppelt und verdreifacht. Der Hafer- und Kartoffelboden aber bringt heute nicht mehr als früher, ja zuweilen noch weniger. Wenn man hier nach dem alten staatlichen Kataster die kommunale Grundsteuer erhebt, so kommen gerade die Besitzer am besten fort, die in den letzten Jahrzehnten am meisten gewonnen haben. Ähnlich ist es in manchen Gegenden der Provinzen Posen, Westpreußen, Schlesien, Hannover u. a. In solchen Fällen ist es dringend notwendig, eine neue gänzlich veränderte Grundsteuer einzuführen.

Beschließt die Gemeinde, den staatlichen Kataster fallen zu lassen und eine „besondere Grundsteuer" einzuführen, so hat sie freie Hand, in welcher Weise sie das thun will. Es wird Gemeinden geben, in denen sich klar und deutlich einige wenige Klassen von Grundstücken unterscheiden lassen. Eine solche Gemeinde kann vielleicht sieben Klassen einrichten, der mittleren

2 Mark Grundsteuer pro Hektar auferlegen, den besseren Bodenklassen 3, 4 und 5 Mark, den geringeren 1 1/2, 1 und 1/2 Mark. — Sind einfache Unterscheidungen nicht möglich, so kann die Gemeinde auch jedes Grundstück daraufhin schätzen, wieviel es einbringen würde, wenn der Besitzer es verpachtete; die Gemeinde kann auf diese Art eine Grundsteuer nach Pachtwert einrichten. — Man hat jetzt aber auch andere Mittel, um auf leichte Weise den wirklichen Reinertrag genauer festzustellen. Von der Selbsteinschätzung her kennt man das Einkommen namentlich der wohlhabenderen Grundbesitzer ganz genau. Da man die Hypothekenzinsen, die sie zu zahlen haben, ebenfalls kennt, so weiß man, wie hoch der Ertrag des Grundstücks in Durchschnitt der drei letzten Jahre gewesen ist. In dieser Weise kann die Gemeinde eine Grundsteuer nach dem durchschnittlichen Reinertrag der drei letzten Jahre erheben; wenn sie will, kann sie auch den Reinertrag des letzten Jahres allein zu Grunde legen. — Sobald die Vermögenssteuer da ist, wird man sich ein Urteil darüber bilden müssen, um wieviel das einzelne Grundstück zur Vermögenssteuer heranzuziehen ist. Daran hat die Gemeinde einen Anhalt, um eine Grundsteuer nach dem Bodenwert einzurichten. Übrigens ist keine Gemeinde genötigt, sich an eine dieser Schätzungsweisen zu binden. Sie kann z. B. eine Grundsteuer nach Bodenklassen einrichten, innerhalb jeder Klasse aber noch Unterscheidungen nach dem Reinertrage machen. Kurzum bei Einführung einer „besonderen Grundsteuer" haben die Gemeinde-Vertretungen freie Hand.

Befreiungen von der Grundsteuer finden, sobald dieselbe ausschließlich Gemeindeabgabe wird, nicht mehr in demselben Maße wie früher statt. Wir haben bereits erwähnt, daß bisher der Staat für seine eigenen Grundstücke an sich selbst keine Grundsteuer zahlte. An die Gemeinden wird er dieselben zahlen müssen und zwar ohne Rücksicht darauf, ob es bisher schon üblich gewesen ist oder nicht. Sämtliche Domänen und Forsten des Staates werden also zum 1. April 1895 von dem Staate selbst zur Grundsteuer veranlagt werden, damit die Grundsteuer den Gemeinden zur Verfügung stehe. Nur solche staatlichen Grundstücke, die wirklich zu Verwaltungs- oder öffentlichen Zwecken gebraucht werden, wie z. B. Festungsglacis, bleiben auch fernerhin von der Grundsteuer verschont. Ebenso wird es mit Grundstücken von Kirchengemeinden u. s. w. gehalten. Ihre Grundsteuerfreiheit gegenüber den Gemeinden bleibt nur bestehen, wenn das Grundstück wirklich zu Zwecken der Kirche verwendet wird (wie z. B. ein Begräbnisplatz), aber nicht, wenn die Kirche sich das Grundstück bloß hält, um es zu verpachten und die Pacht einzunehmen. Die Universität Greifswald besitzt in der Umgegend der Stadt und weit darüber hinaus eine ganze Reihe von Gütern; dieselben müssen den Gemeinden, in deren Bezirk sie liegen, Grundsteuer zahlen. Wenn die Universität aber eines ihrer Grundstücke dazu benutzt, um für Unterrichtszwecke einen botanischen Garten anzulegen, so ist dasselbe grundsteuerfrei. Daß die Gemeinden auf öffentliche Anlagen wie die Schienenwege der Eisenbahnen, Schiffskanäle, Deichanlagen keine Grundsteuer legen dürfen, braucht kaum ausdrücklich gesagt zu werden; auch die im öffentlichen Interesse unterhaltenen Anlagen der Ent- und Bewässerungsverbände bleiben frei. — Die Dienstgrundstücke der Beamten u. s. w. werden mit deren Dienstwohnungen zusammen bei der Gebäudesteuer besprochen.

4. Gemeinde-Gebäudesteuer.

Die Gebäudesteuer wird vom 1. April 1895 an ebenso wie die Grundsteuer vom Staat in den Listen geführt, aber nicht erhoben. Doch ist die Gebäudesteuer nicht unveränderlich, sondern wird alle 15 Jahre neu eingeschätzt. Da gerade um die Zeit, wo das neue Kommunalabgaben-Gesetz in Kraft tritt, eine solche neue Einschätzung der Gebäudesteuer stattfinden soll, so wird die Neueinschätzung meistens den Verhältnissen ziemlich entsprechen und die Gemeinden werden einstweilen nach der staatlichen Gebäudesteuer-Rolle die kommunale Gebäudesteuer erheben. Freilich überall wird dies nicht der Fall sein. Und an vielen Orten, wo es der Fall ist, wird es nicht lange dauern. Bei der staatlichen Veranlagung der Gebäudesteuer wird der Ertrag ermittelt nach dem Mietswerte der letzten 10 Jahre. Wenn in einer aufblühenden Stadt, namentlich in einer Großstadt, die Mieten schnell in die Höhe gehen und in den verschiedenen Stadtteilen verschieden wachsen, so hat auch hier die Gemeinde das Recht, von der staatlichen Veranlagung sich unabhängig zu machen und eine „besondere Gebäudesteuer" einzuführen, wie wir dies oben bei der Grundsteuer gesehen haben.

Eine solche „besondere Gebäudesteuer" ist z. B. die gegenwärtige Haussteuer in Berlin. Nach den Mietsverträgen wird alljährlich festgestellt, wie viel jedes Gebäude im verflossenen Jahre gebracht hat. Davon sind $2^2/_9$ Prozent als Haussteuer zu entrichten. Dadurch daß die Veranlagung nicht alle 15 Jahre, sondern alljährlich erfolgt, gelangt jede Steigerung der Mieten sofort zur Versteuerung durch den Besitzer. Vom 1. April 1895 ab hat die Stadt Berlin die Wahl, ob sie die Haussteuer beibehalten oder einfach die staatliche Gebäudesteuer erheben oder eine noch andersartige Gebäudesteuer einführen will.

Zwischen Grund- und Gebäudesteuer in der Mitte stehen die Bauplätze an neu angelegten Straßen. Da sie kein Gebäude tragen, so unterliegen sie der Grundsteuer. Da sie aber gerade durch die Anlage der Straße bebauungsfähig geworden sind, so wäre es eine Ungerechtigkeit gegen die andern Steuerzahler, aus deren Mitteln die Straße erbaut ist, wenn man diese Plätze wie unbebauten Grund und Boden veranlagen wollte. Deswegen können die Gemeinden bei der Ausschreibung einer Grund- und Gebäudesteuer die besondere Heranziehung von Bauplätzen vorschreiben. Doch muß die Gemeinde hierüber eine vollständige Steuerordnung beschließen und der vorgesetzten Behörde zur Genehmigung einreichen.

Daß es gewisse Befreiungen von der Gebäudesteuer giebt, daß die Berliner nicht das königliche Schloß oder die Marienburger die Marienburg veranlagen dürfen, daß die Kirchen der Christen, die Synagogen der Juden nicht als steuerpflichtige Gebäude betrachtet werden u. a. m., ist allgemein bekannt. Was das neue Gesetz hierin geändert hat, ist unbedeutend. Zu den Armen-, Waisen- und Krankenhäusern, die schon bisher keine Gebäudesteuer zahlten, sind jetzt noch die Mägdehäuser dazugekommen. Dienstwohnungen der Beamten waren früher gebäudesteuerfrei. Das hört jetzt auf. Das wird für sehr viele Kommunen eine kleine Vermehrung ihrer Gebäudesteuer bedeuten. Nur die Dienstwohnungen von Geistlichen, Kirchendienern und Volksschullehrern behalten die Steuerfreiheit da, wo sie sie bisher genossen haben. Was von den Dienstwohnungen gesagt ist, gilt auch von Dienstgrundstücken. Wenn z. B. zu einer königlichen Försterei ein Acker für den Förster gehörte, so hört seine Steuerfreiheit unter allen Umständen auf. Jedoch der Acker, der zur Pfarre gehört und das Schulland des Lehrers bleiben steuerfrei, wo sie bisher steuerfrei gewesen sind.

Wenn ein Haus neu erbaut wird, so bleibt es nur bis zum Ende des Steuerjahres steuerfrei. Vom Anfang des nächsten Steuerjahres an (1. April) wird es zur Gebäudesteuer veranlagt. Auch dies ist eine Änderung; bisher genoß der Neubau noch zwei weitere volle Jahre Steuerfreiheit. Was von Neubauten gesagt ist, gilt auch von Gebäuden, an denen ein Stock aufgesetzt oder sonst eine bedeutende Verbesserung vorgenommen ist.

5. Gemeinde-Gewerbesteuer.

Auch die Gewerbesteuer wird vom Staate veranlagt, aber nicht mehr von ihm erhoben, sondern nur noch von den Gemeinden. Auch hier können die Gemeinden beschließen, ob sie die Gewerbesteuer in der Höhe, wie der Staat sie veranlagt hat, als Kommunalabgabe erheben wollen oder weniger oder mehr. Ganz wie bei der Grund- und Gebäudesteuer.

Will die Gemeinde eine „besondere Gewerbesteuer" einführen, so steht ihr auch dies frei. Während die staatliche Veranlagung sowohl den Ertrag als das Geschäftskapital berücksichtigt, kann die Gemeinde, wenn sie will, die Gewerbesteuer bloß nach dem Ertrage oder bloß nach dem Geschäftskapital veranlagen. Während der Staat unter Geschäftskapital sowohl das Anlage- als auch das Betriebskapital versteht, kann die Gemeinde eine Gewerbesteuer bloß nach dem Anlagekapital einrichten. Sie kann auch beliebige andere Maßstäbe zu Grunde legen. Wenn z. B. in einer Gegend fast als einziges Gewerbe die Weberei betrieben wird, so kann es für die Gemeinde das einfachste sein, zu bestimmen: von jedem Webestuhl werden 3 Mark erhoben; oder: von jedem Handstuhl 3 Mark, von jedem Dampfstuhl ein bestimmter Satz pro Pferdekraft.

Die Gewerbtreibenden klagen über eine allgemeine Härte der Gewerbesteuer im Vergleich zur Grundsteuer. Während der Landwirt von seinen landwirtschaftlichen Gebäuden keine Grundsteuer zu zahlen braucht, muß der Fabrikant von seiner Fabrik, der Spediteur von seinem Speicher u. s. w. die Gebäudesteuer zahlen. Dies trifft namentlich solche Gewerbe, die auf einen großen Raum angewiesen sind. Welchen Raum braucht ein Tischler für seine Hobelbänke im Vergleich zu dem kleinen Comptoir des Großkaufmannes! — Diese Ungleichmäßigkeiten hat das neue Gesetz, da es die drei Steuern im Großen und Ganzen bestehen läßt, wie sie sind, nicht geändert. Aber es soll wenigstens dafür gesorgt werden, daß die Ungleichmäßigkeiten nicht noch weiter steigen, wenn etwa eine Gemeinde die Gebäudesteuer noch gar erhöht oder auf gewerbliche Räume eine Mietssteuer legt. In solchen Fällen kann die Gemeindevertretung mit Genehmigung der Behörde die Gewerbesteuersätze ganz verschieden abstufen zu Gunsten solcher Gewerbe, die schon von der erhöhten Gebäudesteuer oder von der Mietssteuer besonders stark getroffen sind.

Die Hausiersteuer darf nicht als Kommunalabgabe eingeführt werden. Sie bleibt als bloße Staatssteuer bestehen. Indes erhebt die Gemeinde nach wie vor von einem Wanderlager eine „**Wanderlagersteuer**“. Dieselbe wird pro Woche erhoben und zwar beträgt dieselbe in größeren Städten (mit mehr als 50000 Einwohnern) 50 Mark, in kleineren Städten 40 Mark. In den allerkleinsten Städten (von 2000 Einwohnern und noch weniger), sowie auf dem Lande beträgt die Steuer 30 Mark, fließt hier aber nicht in die Gemeindekasse, sondern in die Kreiskasse.

Mit der Einrichtung der **Schanksteuer** hat der Staat die besondere Absicht einer Beschränkung der Schankstätten verbunden. Indem er die Schanksteuer mit der eigentlichen Gewerbesteuer zusammen aus den Händen gab, hat er die Ausführung dieser Absicht sich gleichwohl sichern wollen.

Zunächst ist es hier nicht wie bei anderen Steuern in das Belieben der Gemeinden gestellt, ob sie die Steuer erheben wollen oder nicht. Sie müssen die Steuern in der Höhe erheben, wie sie vom Staate veranlagt ist. Selbst wenn eine Gemeinde eine besondere Schanksteuer nach anderen Grundsätzen einführen würde, so müßte ihr Gesamtbetrag doch mindestens jene Höhe erreichen.

Nicht überall auf dem Lande giebt es Gemeinden mit Gemeindeabgaben. In den „selbständigen Gutsbezirken“ übt der Gutsherr alle Rechte und trägt alle Lasten; Kommunalabgaben giebt es in den Gutsbezirken gar nicht. Darum ist die Schanksteuer zu einer Kreissteuer erklärt worden.

Erhoben wird also vom 1. April 1895 ab die Schanksteuer überall von den Gemeinden oder Gutsvorstehern. Dieselben führen sie indessen an die Kreiskassen ab. Nur ausgekreiste Städte behalten die Schanksteuer in ihren Kassen. Die Veranlagung besorgt für den ganzen Kreis der Landrat, in einer ausgekreisten Stadt der Magistrat, in Berlin die Königliche Verwaltung der direkten Steuern.

6. In welcher Gemeinde zahle ich Gemeindesteuer?

Von der Grundsteuer, Gebäudesteuer, Gewerbesteuer kann niemals zweifelhaft sein, wo sie zu bezahlen ist: jeder Acker steuert da, wo er liegt; jedes Haus da, wo es steht; jedes Gewerbe da, wo es betrieben wird, — mag der Besitzer wohnen, wo er wolle.

Allein Grundbesitz, Hausbesitz und Gewerbebetrieb gewähren auch ein Einkommen. Und dieses Einkommen unterliegt (ganz abgesehen von der Grund-, Gebäude- und Gewerbesteuer) wie jedes andere Einkommen auch der Einkommensteuer. Wenn der Besitzer nicht im Orte wohnt, wo soll er die Gemeinde-Einkommensteuer zahlen: an die Gemeinde in der er wohnt, oder an die Gemeinde, in der sich Acker, Haus, Gewerbe befinden? Das Gesetz entscheidet zu Gunsten der letzteren Gemeinde. Jede Gemeinde zieht also das Einkommen aus Grundbesitz, Hausbesitz, Gewerbebetrieb ortsfremder Personen so heran, als ob die letzteren für diesen Teil ihres Einkommens persönlich da wären. Solche Grundbesitzer und Gewerbtreibende nannte man in der Ortsgemeinde, der sie als Fremde angehörten, in alten Zeiten „Ausmärker"; heute nennt man sie mit einem lateinischen Namen „Forensen".

Wer also an dem einen Orte wohnt und an einem anderen Grundbesitz oder Gewerbebetrieb hat, wird an dem letzteren Ort mit seinem Einkommen aus Grundbesitz oder Gewerbebetrieb als „Forense" zur Einkommensteuer herangezogen. Nur den Rest seines Einkommens versteuert er an seinem Wohnort. Doch kann der Wohnort stets ein volles Viertel des Einkommens zur Steuer heranziehen und die anderen Gemeinden müssen dementsprechend nachlassen.

Es kommt vor, daß jemand mehrere Wohnsitze gleichzeitig besitzt, z. B. ein Schloß auf dem Lande und ein Haus in der Stadt, welche er beide abwechselnd bewohnt. In einem solchen Falle müssen sich die beiden Wohnsitzgemeinden in das Einkommmen teilen. Jede kann nur die Hälfte veranlagen. Kann jemand nachweisen, daß er an dem einen Wohnsitz während des letzten Jahres sich gar nicht aufgehalten hat, oder nur ganz vorübergehend, so hat diese Gemeinde für das nächste Jahr keinen Anspruch. Umgekehrt wenn jemand in einer Sommerfrische oder sonst an einem Orte, an dem er keinen ständigen Wohnsitz hat, sich länger als drei Monate aufgehalten hat, so kann auch diese Gemeinde ihn teilweise zur Steuer heranziehen.

Ein Beispiel! Der Kaufmann Hugo Zweig in Berlin ist daselbst Inhaber einer Kohlenhandlung engros und Direktor der Aktiengesellschaft für Theerfabrikation. Außerdem besitzt er Privatvermögen. Er hat eine Sommerwohnung in Steglitz. Daselbst lebt seine Familie vom 1. April bis 1. September. Er reitet allabendlich hinaus, um morgens in die Stadt zurückzukehren, dort in seiner Wohnung abzusteigen und dann seine Geschäfte zu erledigen.

Hugo Zweig hat während des Sommers gleichzeitig zwei Wohnsitze gehabt. Wie verteilt sich seine Einkommensteuer?

Die Einnahmen aus dem Kohlengeschäft betragen	10000 Mark
das Gehalt als Direktor der Theerfabrikations-Gesellschaft	8000 „
die Einnahmen aus Kapitalvermögen	4000 „
zusammen	22000 Mark.

Von diesen Einnahmen gehören die 10000 Mark als Einkommen aus Gewerbebetrieb nur nach Berlin; Steglitz hat an ihnen gar keinen Anteil. Zur Teilung gelangen nur die übrigen 12000 Mark. Von diesen nimmt wiederum die 7 Wintermonate mit 7000 Mark Berlin ganz für sich; nur die 5 Sommermonate mit 5000 Mark werden geteilt, so daß die Hälfte mit 2500 Mark auf Berlin, die andere Hälfte auf Steglitz entfällt.

Hugo Zweig ist also zur Einkommensteuer heranzuziehen:

in Berlin mit 10000 + 7000 + 2500 =	19500 Mark
in Steglitz mit	2500 „
zusammen	22000 Mark.

Würde nun aber jede Gemeinde danach die Steuer ausschreiben, so würde unser Hugo Zweig in Steglitz nur mit dem Steuersatz herangezogen werden können, den das Gesetz aus Mitleid mit den kleinen Leuten recht niedrig bemessen hat, während dieses kleine Einkommen doch verdient, als Teil eines größeren Einkommens betrachtet zu werden. Deswegen stellt man zuerst die Staatssteuer vom G a n z e n fest, das sind 660 Mark

davon erhält Berlin $\frac{195}{220}$ . . . . = 585 „

und Steglitz $\frac{25}{220}$ . . . . = 75 „

Danach können Berlin und Steglitz ihre Kommunalzuschläge bemessen.

So geschieht den beiden Gemeinden ihr Recht, und der Steuerzahler versteuert im ganzen nicht mehr als sein wirkliches Einkommen.

7. Gebühren und Beiträge.

Wem einzelne Einrichtungen der Gemeinde besonders zu gute kommen, der kann sie auch besonders bezahlen. Wenn jemand ein Haus baut, so kann die Gemeinde für die Genehmigung und Beaufsichtigung des Baues besondere Gebühren verlangen. Ebenso für die Beaufsichtigung von Messen und Märkten von denen, welche dieselben besuchen, endlich für die Beaufsichtigung von Musikaufführungen, Theatervorstellungen, Schaustellungen und Lustbarkeiten aller Art von denen, welche dieselben veranstalten. Andere Aufsichts- oder Verwaltungs-Gebühren darf eine Gemeinde nur erheben, wenn sie schon bisher dazu befugt war. Hingegen Benutzungsgebühren, z. B. Vergütungen für die Benutzung einer städtischen Wasserleitung, Gasanstalt u. s. w., kann jede Gemeinde festsetzen.

Wenn eine Gemeinde eine kostspielige Veranstaltung trifft, z. B. eine Kanalisation oder Wasserleitung einrichtet, so braucht sie nicht zu warten, bis die Einrichtung fertig ist und Benutzungsgebühren erhoben werden. Sie kann Grundbesitzern und Gewerbtreibenden nach dem Maße ihrer Vorteile besondere „Beiträge" zu den Kosten auferlegen. Dann muß die Gemeinde einen ordnungsmäßigen Plan aufstellen, denselben öffentlich auslegen und eine Frist bestimmen, binnen welcher jedermann Einwände erheben kann.

Die Gemeinde soll nicht darauf ausgehen, mehr Gebühren und Beiträge zu erheben, als zur Kostendeckung nötig ist. Nur für Schlachthaus-Gebühren sind Ausnahmen zugelassen.

In Badeorten hat die sogenannte **Kurtaxe** zuweilen Schwierigkeiten gemacht. Eine Steuer für den bloßen Aufenthalt an einem Ort zu nehmen, ist im deutschen Reiche nicht erlaubt. Andrerseits behaupten die Badeorts-Gemeinden, daß sie durch die Einrichtung des Bades, der Promenaden, der Kurhäuser große Ausgaben für die Fremden haben und dieselben in irgend einer Weise heranziehen müßten. Das Gesetz gestattet die Erhebung von Kurtaxen, wenn sie wirklich Vergütungen für die Herstellung derartiger Veranstaltungen sind. Wenn eine Gemeinde aber derartige Veranstaltungen den Fremden nicht zur Verfügung stellt und gleichwohl für den bloßen Aufenthalt eine Steuer unter dem Namen „Kurtaxe" erheben wollte, so wäre dies nach wie vor reichsgesetzwidrig.

8. Indirekte Gemeindeabgaben.

Eine Schlachtsteuer besteht heute im Königreich Preußen noch an sechs Orten: Potsdam, Breslau, Posen, Gnesen, Koblenz-Ehrenbreitstein, Aachen-Burtscheid. Eine vollständige „Mahl- und Schlachtsteuer" kommt nur noch in einigen Orten der Provinzen Hannover und Hessen-Nassau vor. In diesen Gemeinden darf die Steuer weiter bestehen aber nicht erhöht werden.

In allen anderen Gemeinden ist die Mahl- und Schlachtsteuer, d. h. eine Steuer auf Getreide, Mehl, Backwerk und Fleisch, verboten. Ebenso wenig darf auf Kartoffeln, auf Brennholz, Brennkohlen und andere Brennmaterialien eine neue Steuer gelegt werden, wo eine solche nicht etwa schon bisher bestanden hat. Erlaubt ist nur eine Steuer auf Wildpret und Geflügel, da diese Fleischarten nur von Reicheren gegessen werden.

Wenn daher eine Gemeinde eine indirekte Steuer auf Verbrauchsgegenstände einführen will, so wird kaum etwas anderes übrig bleiben, als eine Steuer auf Getränke: Bier, Schnaps, Wein u. s. w. Allein diese Gegenstände sind bereits vom Reich mit Steuern und Zöllen belegt, und die Reichsgesetzgebung gestattet meistens nicht die nochmalige Besteuerung. Auch zahlen die Schankwirte neben ihrer Gewerbesteuer bereits eine besondere Schanksteuer. Es wird daher über diesen Punkt noch ein weiteres Gesetz erwartet.

Soweit die Reichs-Gesetzgebung aber nicht entgegensteht, haben die Gemeinden schon jetzt das Recht, indirekte Steuern auszuschreiben. Namentlich können sie Tanzvergnügungen, musikalische und deklamatorische Vorträge, sowie Lustbarkeiten aller Art mit einer „Lustbarkeitssteuer" belegen. Es ist ihnen auch das ausdrückliche Recht gegeben, die Schaustellungen umherziehender Künstler, z. B. Seiltänzer, Schnellläufer u. s. w. zu besteuern, obgleich sonst der Gewerbebetrieb im Umherziehen von den Gemeinden nicht besteuert werden darf. Wird eine Lustbarkeitssteuer erhoben, so darf aber nicht außerdem noch eine „Gebühr für Beaufsichtigung" erhoben werden.

Die **Hundesteuer** bestand schon bisher in vielen Gemeinden. Aber die Gemeinden hatten in Bezug auf Höhe und Art der Steuer nicht freie Hand, sondern unterlagen in der einen Provinz diesen, in der anderen jenen Beschränkungen. Diese Beschränkungen sind jetzt aufgehoben. Jede Gemeinde kann ihre Hundesteuer regeln wie sie will.

Wenn in einem Kreise eine Kreissteuer auf die Hunde ausgeschrieben ist, so kann darum doch die einzelne Gemeinde auch für sich eine Hundesteuer einrichten.

9. Für Gemeindevorsteher, Stadtverordnete u. s. w.

In Vorstehendem haben wir das zusammengestellt, was über die Kommunalabgaben der B ü r g e r wissen muß, der sie bezahlen soll. Wer aber in der Gemeindeverwaltung thätig ist, muß freilich auch im kleinsten Dorf etwas mehr davon verstehen. Dies findet er alles im Kommunalabgaben-Gesetz, welches in diesem Buche so gedruckt ist, daß das meiste ohne Mühe verständlich sein wird. Einiges freilich ist schwierig und doch für die Gemeindevertreter wichtig zu wissen. Dies wollen wir in folgendem besprechen.

a) Wie wird der Bedarf unter die Steuerarten verteilt?

In den Monaten Januar und Februar wird gewöhnlich in den Gemeindevertretungen der Haushalt für das nächste Rechnungsjahr, das mit dem 1. April beginnt, festgestellt. Je nach den Bedürfnissen der Gemeinde wird dann auch die Summe ermittelt, die durch Steuern aufgebracht werden muß. Es fragt sich nun, in welchem Maße man die einzelnen Steuern heranziehen soll.

Was an Gebühren und Beiträgen, sowie an indirekten Steuern eingehen wird, ist im Staatshaushalt mit einer ungefähren Summe veranschlagt. Nur um den Rest, der durch direkte Steuern aufgebracht werden soll, kann man im Zweifel sein.

Unter den direkten Steuern nehmen die Grund-, Gebäude- und Gewerbesteuer eine besondere Stellung ein. Sie werden erhoben ohne Rücksicht darauf, wer den Grund und Boden besitzt oder das Gewerbe betreibt. Ohne Rücksicht auf die Person sind sie gewissermaßen bloße Sachsteuern oder wie man sagt „Realsteuern". Diese Realsteuern bilden die eine Gruppe der direkten Steuern, die Einkommensteuer für sich allein die andere.

Da Grundbesitz und Gewerbebetrieb von kommunalen Einrichtungen den größten Vorteil haben, so sollen sie in erster Linie zu den Kommunallasten herangezogen werden, d. h. bei der Verteilung des Steuerbedarfs sollen zuerst die Realsteuern und dann erst die Einkommensteuer herangezogen werden. Hierbei spricht man immer von Zuschlägen zu den Realsteuern und zu der Einkommensteuer. Der Unterschied ist aber, daß jenes Zuschläge zu einer bloß veranlagten, dieses Zuschläge zu einer wirklich erhobenen Steuer sind. Wenn eine Gemeinde 100 Prozent Zuschlag zur Grundsteuer erhebt, so zahlt der Grundbesitzer die Steuer nur einmal (an die Gemeinde); wenn aber die Gemeinde 100 Prozent Zuschlag zur Einkommensteuer erhebt, so zahlt der Bürger seine Einkommensteuer doppelt (an Staat und Gemeinde). Dies muß man sich vor Augen halten, wenn man die Bestimmungen über das Verhältnis der beiden Steuergruppen verstehen will.

Diese Bestimmungen unterscheiden verschiedene Fälle:

Kann der Bedarf durch 100 Prozent der Realsteuern gedeckt werden, d. h. durch den Betrag, den Grundbesitzer und Gewerbtreibende eben jetzt vom Staate erlassen bekommen, so braucht die Gemeinde Einkommensteuer-Zuschläge nicht zu erheben, wenn sie nicht will. In Dörfern und kleinen Städten wird man in der That vielfach ohne Gemeinde-Einkommensteuer auskommen können. Will die Gemeinde gleichwohl Einkommensteuer-Zuschläge erheben, so dürfen diese Zuschläge zwar niedriger, aber nicht höher als die Prozente der Realsteuern sein.

Wenn man zur Deckung des Bedarfs von den Realsteuern mehr als 100 Prozent erheben müßte, so ist die Mitbelastung der Einkommensteuer gesetzlich vorgeschrieben. Werden Realsteuern und Einkommnesteuer neben einander erhoben, dann müssen die Prozente der Realsteuern mindestens ebenso hoch wie die der Einkommensteuer sein, höchstens aber um die Hälfte höher. Es kann also die Gemeinde erheben 120 Prozent Realsteuern und 120 Prozent Einkommensteuer oder auch 140 Prozent Realsteuern und 120 Prozent Einkommensteuer, ja auch 180 Prozent Realsteuern und 120 Prozent Einkommensteuer. Auf mehr als 180 Prozent dürfen aber die Realsteuern bei 120 Prozent Einkommensteuer nicht gesteigert werden. Dann müßte vielmehr die Einkommensteuer an der Steigerung teilnehmen. Wenn von den Realsteuern schon 150 Prozent erhoben werden, und die Einkommensteuer-Zuschläge ebenfalls bereits 150 Prozent betragen, so kann von da ab die Gemeindevertretung die Einkommensteuer stärker belasten und auf jedes Prozent Realsteuern 2 Prozent Einkommensteuer berechnen.

Beispiel. In einer kleinen Stadt haben die staatlichen Veranlagungen ergeben:

Grundsteuer	2000 Mark	
Gebäudesteuer	3000 „	
Gewerbesteuer	2000 „	
zusammen Realsteuern		7000 Mark
Einkommensteuer		6000 „

In den Beratungen der Gemeindevertretung über den Haushaltsetat des bevorstehenden Jahres ergiebt sich, daß nach Berücksichtigung der Gebühren und Beiträge, sowie der indirekten Steuern immer noch ein Bedarf von 6500 Mark zu decken bleibt. Wenn hier aus der Mitte der Gemeindevertretung der Antrag käme, daß man den ganzen Bedarf durch die Realsteuern aufbringen solle, so wäre ein solcher Antrag gesetzlich zulässig. Würde der Antrag angenommen, so wäre auszuschreiben:

93 Prozent der Grundsteuer	= 1860 Mark
„ „ „ Gebäudesteuer	= 2790 „
„ „ „ Gewerbesteuer	= 1860 „
zusammen	6510 Mark.

Allein in der Gemeindevertretung wird schwerlich ein solcher Antrag angenommen werden. In der Regel werden die Stadtverordneten geneigt sein, die allgemeine Einkommensteuer ebenfalls heranzuziehen. Sind sie darüber einig, so können sie, wenn sie wollen, immerhin noch schonend gegen die Einkommensteuerpflichtigen sein und etwa beschließen:

72 Prozent Realsteuern	= 5040 Mark
25 „ Einkommensteuer	= 1500 „
zusammen	6540 Mark

oder wenn sie die Einkommensteuer etwas schärfer heranziehen wollen:

65	Prozent	Realsteuern	= 4550	Mark
33	"	Einkommensteuer	= 1980	"
		zusammen	6530	Mark.

Der Bedarf der kleinen Stadt steigt. Es sind im nächsten Jahre 8200 Mark aufzubringen. 100 Prozent der Realsteuern wären nicht imstande die Summe zu decken. Jetzt wäre ein Antrag, alles durch Realsteuern aufzubringen, bereits ungesetzlich. Die Heranziehung der Einkommensteuer ist vorgeschrieben und zwar in gesetzlichem Verhältnis; die Prozente der Realsteuern müssen mindestens ebenso hoch wie die der Einkommensteuer sein; aber höchstens um die Hälfte höher. In dieser Lage kann die Gemeinde die Verteilung etwa auf folgende Arten beschließen:

	$63\frac{1}{2}$	Prozent	Realsteuern	= 4445	Mark
	$63\frac{1}{2}$	"	Einkommensteuer	= 3810	"
			zusammen	8255	Mark
oder:	68	Prozent	Realsteuern	= 4760	Mark
	58	"	Einkommensteuer	= 3480	"
			zusammen	8240	Mark.
oder (höchstens!)	75	Prozent	Realsteuern	= 5250	Mark
	50	"	Einkommensteuer	= 3000	"
			zusammen	8250	Mark.

Steigt nun aber der Bedarf noch weiter auf 20 600 Mark, so könnte, wenn man denselben in einer der vorerwähnten Arten auf Realsteuern und Einkommensteuer verteilte, sich etwa ergeben:

162	Prozent	Realsteuern	= 11 340	Mark
155	"	Einkommensteuer	= 9300	"
		zusammen	20 640	Mark.

Jetzt könnte ein Grundbesitzer in der Stadtverordnetenversammlung den Antrag stellen, daß man nunmehr zur Mehrbelastung der Einkommensteuer übergehen und was über 150 Prozent ist, ungleichmäßig bemessen möge: auf jedes Prozent Realsteuern 2 Prozent Einkommensteuer. Also

bei	151	Prozent	Realsteuern	152	Prozent	Einkommensteuer
"	152	"	"	154	"	"
"	153	"	"	156	"	"
"	154	"	"	158	"	"

u. s. w.

Ein solcher Antrag wäre jetzt gesetzlich zulässig und die Gemeinde könnte demgemäß beschließen, den Bedarf auf folgende Art zu decken:

156	Prozent	Realsteuern	= 10920	Mark
162	"	Einkommensteuer	= 9720	"
		zusammen	20640	Mark.

Solche Steuern aufzuerlegen ist indessen die Gemeindevertretung aus sich allein nicht mehr befugt. Sobald die Einkommensteuer über 100 Prozent betragen würde, muß die Genehmigung der vorgesetzen Behörde eingeholt werden. Das Gleiche müßte auch dann geschehen, wenn etwa die Realsteuern über 200 Prozent betragen würden. Diese Genehmigung wird aber keineswegs immer erteilt werden. Die Behörde wird vielmehr prüfen, ob nicht durch eine anderweitige Regelung der städtischen Finanzen die Erhöhung der Zuschläge beseitigt werden könnte.

Dies sind die gewöhnlichen Arten der Verteilung. Wenn eine Gemeinde besonders große Ausgaben für Straßen und Wege, für Wasserleitung, Kanalisation und dergl. hat, so soll bei der Verteilung von dem Rechte der Mehrbelastung der Realsteuern möglichst Gebrauch gemacht werden (wenn nicht etwa Grundbesitzer und Gewerbtreibende schon ohnedies genügende „Beiträge" oder „Gebühren" für jene Unternehmungen zahlen). Handelt es sich um Unternehmungen, die den Grundbesitzern mehr zu gute kommen als den Gewerbtreibenden, so können die Realsteuern verschiedenartig herangezogen werden, z. B. die Grund- und Gebäudesteuer mit 100 Prozent, die Gewerbesteuer nur mit 75 Prozent (jedoch eine Realsteuer höchstens doppelt so stark als die andere).

Alle solche Berechnungen werden nicht leicht sein. Besonders viel Kopfzerbrechen wird aber die Verteilung der Lasten denjenigen Gemeinden machen, welche „besondere" Grund-, Gebäude- oder Gewerbesteuer eingeführt haben. Wenn diese das Verhältnis der Steuergattungen zu einander in der Gemeindevertretung feststellen wollen, so müssen sie dieses Verhältnis nach den vom Staate veranlagten Grund-, Gebäude- und Gewerbesteuern feststellen, d. h. nach den Steuern, die thatsächlich bloß veranlagt und von niemandem mehr erhoben werden, weder vom Staat noch von diesen Gemeinden.

Mietssteuer von Fabriken, Werkstätten, Comptoirs und sonstigen gewerblichen Räumen werden bei der Verteilung den Gewerbtreibenden auf die Gewerbesteuer angerechnet. Die Betriebssteuer hingegen gelangt nicht zur Anrechnung auf die Gewerbesteuer, die Bauplatzsteuer ebensowenig auf die Grund- oder Gebäudesteuer.

Das Rechnungsjahr der Gemeinden beginnt mit dem 1. April. Der Gemeindebeschluß über die Steuerverteilung sollte immer rechtzeitig vorher gefaßt werden. Sind die Steuern so hoch, daß der Beschluß der Genehmigung bedarf, so muß die Beschlußfassung so früh stattfinden, daß die Genehmigung noch rechtzeitig nachgesucht werden kann, d. h. wohl in der Regel schon im Februar. Allerdings gestattet das Gesetz eine äußerste Nachfrist bis zum 30. Juni. Wenn selbst bis dahin kein gültiger Gemeindebeschluß zu stande kommt, so greift die Aufsichtsbehörde ein. Entweder deckt sie den Bedarf, indem sie die Realsteuern mit 1 1/2 so hohen Prozenten wie die Einkommensteuer belegt, oder sie erläßt eine Verfügung nach denselben Grundsätzen, nach denen die Gemeindebehörde zu beschließen gehabt hätte.

b) Wozu sind „Steuerordnungen“ nötig?

Sind die Gemeindesteuern ordnungsmäßig beschlossen, so können doch noch Streitigkeiten zwischen dem Gemeindevorstande und den Eingesessenen entstehen über die Frage, wie die einzelne Steuer zu veranlagen ist, welche Auskunft der Gemeindevorstand verlangen darf, welche nicht, binnen welcher Frist die Einzelnen verpflichtet sind, etwaige Auskunft zu erteilen, wie die Steuern zu erheben sind u. a. m. Wenn eine Gemeinde diese Fragen ein für allemal regeln will, so erläßt sie eine „Steuerordnung“ (§ 63 und § 64).

Gewisse Dinge **muß** die Gemeinde durch „Steuerordnung“ regeln:

1. die Einführung neuer indirekter Steuern; ebenso wie die Neueinführung wird die Veränderung einer bestehenden Steuer betrachtet (§ 18);

2. Dasselbe gilt von solchen Steuern, die nicht einfach in Prozenten der staatlichen Steuern erhoben werden (§ 23);

3. die Bauplatzsteuer (§ 27, vergl. Seite 65 und 66).

4. Will die Gemeinde, daß die Veranlagung der Realsteuern nicht jährlich, sondern immer auf mehrere Jahre im voraus erfolgen muß, so muß sie zu diesem Zwecke ebenfalls eine „Steuerordnung“ beschließen (§ 64).

c) In welchen Fällen muß der Gemeindevorstand „Genehmigung“ nachsuchen?

In den Gemeindeversammlungen sind nicht alle Klassen der Bevölkerung gleichmäßig vertreten. Hätten diese Versammlungen vollkommen freie Hand, so könnte leicht einmal eine solche Versammlung die ganze Steuerlast auf die Klassen wälzen, die in der Minderheit oder gar nicht vertreten sind. Wollte man andererseits den Gemeindeversammlungen aus diesem Grunde das Recht der Steuerbestimmung nehmen und den Staatsbehörden übertragen, so würde jede freie Selbstbestimmung der Bürger und Bauern aufhören. Darum hat das Gesetz einen Mittelweg eingeschlagen. Es läßt in der Regel den Gemeindevertretungen freie Hand, innerhalb des Gesetzes die Steuern so zu bestimmen, wie es ihnen gut scheint. In gewissen Fällen aber müssen sie die Genehmigung nachsuchen.

Wenn ein Gemeindevorstand es unterläßt, die Genehmigung, die gesetzlich erforderlich ist, nachzusuchen, so ist der Gemeindebeschluß ungültig. Jeder Eingesessene kann die Steuer, die auf Grund eines solchen Beschlusses verlangt wird, einfach verweigern, und die größte Verwirrung würde in die Gemeindesteuern hineinkommen.

Daher ist es von der größten Wichtigkeit, daß jeder Gemeindevorsteher, jeder Stadtverordnete, jeder Dorfälteste damit Bescheid weiß, zu welchen Beschlüssen die Genehmigung nachzusuchen ist, damit sie bei Zeiten daran denken und daran erinnern können, daß die Genehmigung nachgesucht wird.

Die Genehmigung ist erforderlich:

1. bei Errichtung von Steuerordnungen, wo dieselben vorgeschrieben sind.

2. bei Erhebung von mehr als 200 Prozent der Realsteuern (§ 54 letzter Satz und § 55).

3. in Bezug auf die Einkommensteuer in vier Fällen:

wenn eine „besondere Einkommensteuer" errichtet werden soll (§ 37, vergl. Seite 59 und 60);

wenn die Einkommen von 900 Mark und darunter ermäßigt oder freigelassen werden sollen (§ 38);

wenn der Einkommensteuerzuschlag über 100 Prozent erhöht werden soll (§ 55);

wenn die Gemeinde, um Fremden den Zuzug zu erleichtern, diesen eine Befreiung von der Gemeinde-Einkommensteuer oder eine Ermäßigung derselben auf einige Jahre zusichern will (§ 39);

4. Die Mietssteuer, wo sie besteht, darf nur mit Genehmigung fortgesetzt werden (§ 23);

5. bei Zuschlägen zur Betriebssteuer über 100 Prozent (§ 58);

6. bei Abweichungen von den gesetzlichen Vorschriften über die Verteilung des Bedarfs unter die Steuerarten (§§ 55. 56; vergl. Seite 72 bis 75);

7. in Bezug auf Gebühren in drei Fällen:

bei Beaufsichtigungs-Gebühren (Bauten, Märkte, Lustbarkeiten — §§ 6 und 8).

bei Gebühren für Benutzung von Gemeindeanstalten, wenn eine Nötigung zur Benutzung besteht (§ 4, Abs. 3 und § 8).

bei Gebühren, deren Bemessung von den vorgeschriebenen Grundsätzen abweicht (§ 4, vorletzter Abs., und § 8).

8. Überall, wo die Gemeindevertretung glaubt, einzelne Bevölkerungsklassen besonders stärker heranziehen zu dürfen, als andere, muß sie die Genehmigung nachsuchen. Dies ist der Fall:

wenn bei Wasserleitungen, Kanalisationen, Straßenanlagen u. s. w. Beiträge von Grundeigentümern und Gewerbtreibenden ausgeschrieben werden sollen (§ 9);

wenn bei direkten Steuern einzelne Stadtteile oder einzelne Stände stärker belastet werden sollen (§ 20);

wenn bei der Gewerbesteuer einzelne Gewerbe stärker oder schwächer belastet werden sollen, als andere (§ 31, vergl. Seite 67);

wenn die Gemeindevertretung mit einzelnen Personen ein Pauschquantum verabreden will, sei es über indirekte Steuern (§ 13), sei es über Einkommen und Gewerbesteuer (§ 43).

9. Wenn eine Gemeinde Spanndienste auch von Personen verlangen will, welche keinen Grundbesitz in der Gemeinde haben, so bedarf sie auch dazu der Genehmigung (§ 68).

Die Behörde, welche die Genehmigung zu erteilen hat, ist in der Regel für Landgemeinden der Kreisausschuß, für Stadtgemeinden der Bezirksausschuß. In gewissen wichtigen Fällen ist die Zustimmung des Finanzministers und des Ministers des Innern notwendig. Die Gemeindevertretung selbst hat übrigens mit dem Minister direkt dabei nichts zu thun. Es genügt, wenn von der Landgemeinde die Sache an den Landrat, von der Stadtgemeinde an den Regierungspräsidenten berichtet wird. Dieser veranlaßt dann das weitere.

10. Soweit Kurtaxen überhaupt zulässig sind (siehe Seite 70) bedarf die Gemeinde dazu zwar keiner Genehmigung. Aber sie darf die Taxe nur dann zwangsweise eintreiben lassen, wenn der Tarif von der Aufsichtsbehörde festgestellt ist. Darum wird jede Gemeinde gut thun, den Tarif zur Feststellung einzureichen.

d) Was hat ein Gemeindevorstand schon im Jahre 1894 zu thun?

Das Kommunalabgaben-Gesetz tritt zwar erst mit dem 1. April 1895 in Kraft. Damit aber an diesem Tage alles in Ordnung sei, muß ein vorsorglicher Gemeindevorstand sich schon bei Zeiten mit dem neuen Gesetze vertraut machen und sich davon überzeugen, ob die Steuerordnungen, Ortsstatuten, Gemeindebeschlüsse in seinem Orte etwas enthalten, was dem neuen Gesetze zuwider ist. Was sich mit dem neuen Gesetze nicht verträgt, muß geändert werden. Schon vom 1. April 1894 ab sind die Gemeindebehörden befugt, solche notwendigen Abänderungsbeschlüsse zu fassen. Das Jahr 1894 wird in dieser Beziehung manchem Gemeindevorstande viel zu schaffen machen. Denn die Aufsichtsbehörden werden streng darauf halten, daß Steuerordnungen oder Steuergewohnheiten, welche dem neuen Gesetz widersprechen, rechtzeitig abgeändert werden.

Wenn in einer Gemeinde ein solcher Abänderungsbeschluß notwendig ist und die Gemeinde beschließt die Abänderung nicht rechtzeitig, so erläßt die Aufsichtsbehörde eine „Anordnung" darüber, welche Abänderungen beschlossen werden sollen und stellt der Gemeindevertretung eine Frist. Glaubt die Gemeinde, daß ihr Unrecht geschieht, so muß sie binnen 4 Wochen nach Ablauf der Frist die Klage im Verwaltungs-Streitverfahren anstrengen. Landgemeinden klagen bei den Bezirksausschüssen, Stadtgemeinden bei dem Oberverwaltungs-Gericht. Erhält die Gemeinde Recht, so tritt die „Anordnung" außer Kraft. Verliert sie den Prozeß, so kann nunmehr die Aufsichtsbehörde die notwendige neue Ordnung der gesamten Steuerverhältnisse der Gemeinde selbst in die Hand nehmen. Eine Gemeinde, der ihre Freiheit lieb ist, wird also gut thun, bei Zeiten das Notwendige selbst zu beschließen.

Im übrigen bleiben die Steuerordnungen, die in einer Gemeinde gegenwärtig bestehen, so lange in Kraft, bis sie ausdrücklich außer Kraft gesetzt sind, sei es durch Gemeindebeschluß, sei es durch Anordnung der Aufsichtsbehörde. Eine Ausnahme machen nur zwei Steuerarten, welche in einigen wenigen Städten bestehen: die Mietssteuer (Seite 62) und gewisse Arten von Gemeinde-Einkommensteuern (wie die in Altona Seite 60).

VII.

Über Aktien-Gesellschaften, Genossenschaften, Konsum-Anstalten und Handels-Gesellschaften.

Während der Beratung der neuen Steuergesetze war sehr viel davon die Rede, wie es mit der Besteuerung von Aktiengesellschaften, Genossenschaften u. s. w. gehalten werden soll. Es ist so viel hin und her beraten worden, daß jetzt die meisten gar nicht wissen, wie eigentlich die Fragen entschieden worden sind. Aber die Direktoren der großen Aktiengesellschaften, die Vorsteher auch des kleinsten Konsumvereins müssen wissen, welche Pflichten sie gegenüber der Steuerbehörde haben, und jeder Ortsvorsteher muß wissen, welche dieser Vereine er in die Listen einzutragen hat, welche nicht.

In Bezug auf die Grund- und Gebäudesteuer ist die Frage einfach. Die Grundsteuer haftet an dem Boden, die Gebäudesteuer an dem Gebäude, mag es besitzen, wer da wolle. Alle jene Gesellschaften haben also die Grund- und Gebäudesteuer so zu zahlen, wie jeder Grundbesitzer. — Umgekehrt ordnet es das Vermögenssteuer-Gesetz an. Vermögenssteuer sollen nur einzelne Menschen zahlen; Gesellschaften und Vereine aller Art sind davon frei. In der Mitte zwischen diesen beiden Arten steht die Einkommensteuer und die Gewerbesteuer. Hier haben die Gesetze die Frage in Bezug auf verschiedene Gesellschaften verschieden beantwortet. Dazu kommt, daß die Einkommensteuer dieser Gesellschaften für den Staat anders berechnet wird als für die Gemeinde. Hier bleibt nichts übrig, als daß wir die einzelnen Arten dieser Gesellschaften durchgehen und bei jeder sagen, was das Gesetz vorschreibt.

1. **Aktiengesellschaften** sind einkommensteuerpflichtig. Wenn man aber eine Aktiengesellschaft von ihrem ganzen Gewinn besteuern wollte, so würde derselbe doppelt besteuert sein, nämlich bei der Aktiengesellschaft als Jahresgewinn und ein zweites Mal bei den einzelnen Aktionären als empfangene Dividende. Um eine derartige Härte zu mildern, wird daher eine Aktiengesellschaft zur Staats-Einkommensteuer nicht mit ihrem ganzen Gewinn herangezogen, sondern 3½ Prozent des eingezahlten Aktienkapitals wird frei gelassen.

Für eine Aktiengesellschaft ist ebenso wie für einen einzelnen Menschen eine Selbsteinschätzung (Steuererklärung) einzureichen. War die Aktiengesellschaft schon bisher mit einem Einkommen von mehr als 3000 Mark veranlagt, so müssen die Direktoren auf die allgemeine öffentliche Aufforderung hin die Steuererklärung einreichen; war sie bisher noch nicht so hoch veranlagt, so können sie eine besondere Aufforderung abwarten. Außer der Steuererklärung müssen die Direktoren den Geschäftsbericht, den Jahresabschluß, sowie alle Generalversammlungs-Beschlüsse, welche darauf Bezug haben, einreichen.

Für die Gemeinde-Einkommensteuer der Aktiengesellschaften wird zwar die staatliche Veranlagung zu Grunde gelegt. Aber der Abzug von 3 1/2 Prozent des Grundkapitals findet hier nicht statt. Jede Aktiengesellschaft wird also zur Gemeinde-Einkommensteuer mit der gesamten verteilten Dividende herangezogen. Während der Beratung des Kommunalabgaben-Gesetzes war viel davon die Rede, wenigstens den Aktionären einen Teil ihrer Einkommensteuer zu erlassen. Aber von diesen Anträgen ist keiner durchgegangen. Zur Gemeinde-Einkommensteuer muß die Aktiengesellschaft ihren ganzen Gewinn und jeder Aktionär seine Dividende versteuern.

Zur Gewerbesteuer wird die Aktiengesellschaft wie jeder Gewerbtreibende herangezogen. Es kommt ausnahmsweise vor, daß eine Aktiengesellschaft gar kein Gewerbe betreibt. Es sind gemeinnützige Gesellschaften, die sich bloß der Form einer Aktiengesellschaft bedienen. In solchen ausnahmsweisen Fällen, wo kein Gewerbe vorliegt, kann auch keine Gewerbesteuer verlangt werden.

2. **Commanditgesellschaften auf Aktien** werden in allen Punkten genau ebenso wie die gewöhnlichen Aktiengesellschaften behandelt.

3. **Berggewerkschaften** werden ebenfalls wie Aktiengesellschaften behandelt. Als Grundkapital wird bei ihnen angesehen alles, was für den Ankauf des Bergwerks, für Anlage und Erweiterung desselben aufgewendet worden ist. Für die Aufwendungen, welche vor dem 1. April 1892 stattgefunden haben, kann die Gewerkschaft, wenn sie will, statt der buchstäblich genauen Berechnung eine Durchschnittsberechnung eintreten lassen. Für diese Durchschnittsberechnung werden die letzten 4 Geschäftsjahre vor dem neuen Einkommensteuer-Gesetz von 1891 zu Grunde gelegt und der Jahresdurchschnitt mit 20 multipliziert.

Da die besonderen Bergwerksabgaben jetzt aufgehört haben, so hat jede Berggewerkschaft die Gewerbesteuer ebenso zu zahlen, wie jede Aktiengesellschaft.

4. **Eingetragene Genossenschaften** zerfallen in zwei völlig verschiedene Arten. Wenn die Schuhmacher eines Ortes sich zusammenthun, um das Leder, das sie brauchen, gemeinsam billig einzukaufen, so hat eine solche Genossenschaft keinen andern Zweck, als den einzelnen Mitgliedern zu helfen; ein selbständiges Erwerbsunternehmen will sie gar nicht sein. Ein solcher Rohstoff-Verein oder andere Genossenschaften, deren Geschäftsbetrieb über den Kreis ihrer Mitglieder gar nicht hinausgeht, haben kein Vereinseinkommen und zahlen auch keine Einkommensteuer. Wenn aber ein solcher Verein auch Geschäfte mit Nichtmitgliedern macht und an den höheren Preisen, die er

diesen abnimmt, Geld verdient, so ist der Verein ein Gewerbsunternehmen und wird zur Einkommensteuer veranlagt. Einkommensteuerpflichtig sind also solche eingetragene Genossenschaften, deren Geschäftsbetrieb über den Kreis ihrer Mitglieder hinausgeht. Die Schulze-Delitzsch'schen Vorschußvereine, welche Darlehen nur an Mitglieder gewähren, sind einkommensteuerfrei, selbst wenn sie Sparkassengelder auch von Außenstehenden annehmen.

Ist eine Genossenschaft steuerpflichtig, so wird sie ebenso behandelt, wie eine Aktiengesellschaft. Als Grundkapital gilt die Summe der eingezahlten Geschäftsanteile aller Mitglieder.

In Bezug auf die Gewerbesteuer ist die Genossenschaft zwar auch ähnlich wie die Aktiengesellschaft zu behandeln. Allein die Frage, ob ein Gewerbe vorliegt, ist hier viel schwieriger zu entscheiden. Wenn ein Vorschußverein wirklich nur den eigenen Mitgliedern Darlehen gewährt, wenn ein Rohstoff-Verein wirklich nur den eigenen Mitgliedern die Rohstoffe beschafft, so treibt er kein Gewerbe. Allein es müssen dann drei Bedingungen zutreffen:

Erstens: es muß diese Beschränkung in den Statuten ausgesprochen sein;

Zweitens: die Beschränkung muß außerdem auch praktisch inne gehalten werden;

Drittens: der Verein darf keine Gewinnverteilung vornehmen und muß ausdrücklich bestimmen, daß im Falle der Auflösung das Vermögen nicht unter die Mitglieder verteilt werde.

Die dritte Bedingung wird nur in seltenen Fällen zutreffen. Ein Schulze-Delitzsch'scher Vorschußverein wird also in der Regel keine Einkommensteuer aber gleichwohl Gewerbesteuer zu zahlen haben.

5. **Konsumvereine**, die eingetragene Genossenschaften sind, werden als solche behandelt. Da aber bei einem Konsumvereine mit einem offenen Laden sehr schwer zu unterscheiden wäre, ob er nur an Mitglieder verkauft oder nicht, so sagt das Gesetz im allgemeinen, daß Konsumvereine mit offenem Laden immer einkommensteuerpflichtig sein sollen.

Aus demselben Grunde unterliegen Konsumvereine mit offenem Laden auch immer der Gewerbesteuer. Gegen sie ist das Gesetz in einem Punkt besonders streng. Wenn sie nämlich mit geringem Ertrage aber hohem Kapital arbeiten, so können sie nicht, wie andere Gewerbesteuerpflichtige (Seite 55) die Versetzung in eine niedere Klasse beantragen.

6. **Konsumanstalten.** In großen Fabriken kommt es vor, daß für die Bedürfnisse der Arbeiter eine Kantine oder eine sonstige Verkaufsstelle für Waren aller Art gehalten wird. Wenn der Fabrikbesitzer die Waren zum Einkaufspreis liefert, so kann in einer solchen „Konsumanstalt" kein Gewerbebetrieb erblickt werden; verkauft er mit Gewinn, so bildet der Gewinn einen Teil seines allgemeinen Geschäftsgewinnes. In keinem Falle könnte eine solche Konsumanstalt für die Steuerbehörde besonders in Betracht kommen. Anders liegt die Sache aber, wenn die Konsumanstalt einen

offenen Laden unterhält. Wenn jedermann eintreten und kaufen kann, so ist die Konsumanstalt mit offenem Laden ein gewöhnlicher Gewerbebetrieb. Um hier Schiebungen und Verschleierungen zu verhindern, schreibt das Gesetz ausdrücklich vor, daß hier nicht, wie sonst, alle Gewerbebetriebe in der Hand einer Person gemeinsam zur Gewerbesteuer herangezogen werden (Seite 53). Ein Fabrikbesitzer, der eine Konsumanstalt mit offenem Laden unterhält, muß für diese besondere Gewerbesteuer zahlen. Konsumanstalten mit offenem Laden können ebensowenig in eine niedere Klasse versetzt werden, wie Konsumvereine mit offenem Laden. — Ist die Konsumanstalt eine Kantine oder betreibt sie sonst noch Geschäfte, die der Schanksteuer unterliegen, so muß sie auch diese zahlen. Die Betriebssteuer wird bemessen nach der Gewerbesteuer, welche die Konsumanstalt zahlt ohne Rücksicht auf die übrige Gewerbesteuer des Fabrikbesitzers.

Eine besondere Einkommensteuer wird für Konsumanstalten nie erhoben, da der etwaige Gewinn im Einkommen des Unternehmers bereits versteuert ist.

7. **Offene Handelsgesellschaften.** Wenn mehrere Socien unter gemeinsamer Firma ein Geschäft betreiben („Carl Müller & Robert Schulze"), so wird dieses Geschäft zur Gewerbesteuer als ein Gewerbebetrieb veranlagt, ganz ebenso als ob das Geschäft nicht mehrere Chefs, sondern nur einen hätte. Zur Einkommensteuer aber werden nur die einzelnen Chefs herangezogen, nicht das Geschäft im ganzen. Auch bei der Gemeinde-Einkommensteuer wird es so gehalten. Wenn sich an einem Orte ein Geschäft befindet, dessen sämtliche Chefs auswärts wohnen, so wird jeder einzelne von seinem Gewinnanteil an der offenen Handelsgesellschaft zur Gemeinde-Einkommensteuer herangezogen.

8. **Gesellschaften mit beschränkter Haftung.** Seit kurzem ist es zulässig, Handelsgesellschaften so zu gründen, daß alle Teilnehmer nicht mit ihrem ganzen Vermögen, sondern nur mit ihrer Einlage haften. Eine solche „Gesellschaft mit beschränkter Haftung" ist einer Aktiengesellschaft sehr ähnlich. Es war daher fraglich, ob man sie ebenso wie eine Aktiengesellschaft oder wie eine offene Handelsgesellschaft behandeln sollte. Das Gesetz hat in letzterem Sinne entschieden. Eine Gesellschaft mit beschränkter Haftung wird also nur zur Gewerbesteuer veranlagt. Zur Staats-Einkommensteuer aber, wie auch zur Gemeinde-Einkommensteuer können nur die einzelnen Teilnehmer, nicht die Gesellschaft als Ganzes herangezogen werden. Die Gemeinde hat das Recht, die Einkommensteuer, zu welcher die einzelnen Mitglieder veranlagt sind, von der Gesellschaft im ganzen einzuziehen.

VIII.

Anleitung zum Reklamieren in Sachen der Staats-Einkommensteuer.

1. Wer soll reklamieren?

Die Kommission, welche die Steuerveranlagung besorgt, hat nicht die Absicht, einem Bürger Unrecht zu thun. Aber die Mitglieder der Kommission sind Menschen, und Menschen können irren. Darum sind in unserem Staate höhere Behörden bestimmt, welche den Irrtum der niederen wieder gut machen sollen.

Wer also glaubt, daß bei seiner Veranlagung die Kommission sich in einem Irrtum befunden hat, der soll reklamieren.

Die Kommission hat vielleicht geglaubt, daß Du mehr Geldeinnahmen beziehst, als in Wahrheit der Fall ist. Oder sie hat zwar Deine Geldeinnahmen ganz richtig gewußt, aber sie hat übersehen, daß auf ihnen viele Unkosten lasten, oder daß Du nach dem Gesetz berechtigt bist, gewisse Abzüge zu machen. Auch kann es sein, daß die Kommission Dein Einkommen ganz richtig angesetzt hat; aber Du glaubst, daß Du bestimmte besondere Ermäßigungsgründe hast, und daß diese nicht berücksichtigt sind.

2. Wer soll nicht reklamieren?

Manch einer meint, wenn er mehr Steuern bezahlen soll, als bisher, so muß er reklamieren. Dies ist aber eine falsche Ansicht. Bisher waren sehr viele Leute zu niedrig eingeschätzt. Und wenn sie jetzt wahrheitsgemäß eingeschätzt sind, so ist das ganz in Ordnung. Wer also nichts anderes anzuführen weiß, als daß er bisher weniger Steuern bezahlt hat und gerne haben möchte, daß es weiter so bliebe, der mag sich die Mühe sparen, erst eine unnütze Reklamation zu machen.

Bevor man reklamiert, soll man sich überlegen, ob man das, was man behaupten will, auch beweisen kann. Was für Beweise es giebt, das werden wir unten sehen. Wer aber auf keinerlei Art seine Behauptung beweisen kann, wer der Behörde nichts zu bieten vermag, als ein bloßes Stöhnen und Jammern, der kann sich ebenfalls die Mühe sparen. Über kein Ding in der Welt wird so viel gestöhnt und gejammert, als über das Steuerzahlen. Hier ist es sehr schwer, die Gerechten von den Ungerechten zu unterscheiden. Wer der Behörde diese Unterscheidung durch Beweise leicht machen kann, der wird gehört werden; wer nicht, nicht.

Endlich können die Leute, welche zur Selbsteinschätzung verpflichtet waren und doch keine Selbsteinschätzung eingereicht haben, sich von vornherein merken, daß sie das Recht zum Reklamieren verloren haben. Als es Zeit war, zu reden, da haben sie geschwiegen. Und wenn sie jetzt nachträglich mit Beschwerden kommen, so soll man ihre Reden nicht mehr anhören. So bestimmt es das Gesetz. — Es müßte denn sein, daß jemand durch schwere Krankheit oder sonst eine ähnliche Abhaltung verhindert war, seine Selbsteinschätzung einzureichen. Wenn ein solcher zu hoch eingeschätzt ist, so kann er reklamieren; nur muß er gleichzeitig seine Entschuldigungsgründe angeben.

3. Wann soll man reklamieren?

Eine Reklamationsschrift, welche zu spät eingereicht wird, ist ungiltig und darf nicht mehr berücksichtigt werden. Darum ist es sehr wichtig, genau zu wissen, wieviel Zeit man für die Einreichung der Reklamation hat.

Die gesetzliche Frist hierfür beträgt 4 Wochen, das heißt 28 Tage Hast Du z. B. Deine Veranlagung am Montag, den 7. März empfangen, so läuft die Frist ab am Montag, den 4. April, und damit Dein Schreiben rechtzeitig eintrifft, mußt Du es spätestens am Tage vorher auf die Post geben.

Doch ist nicht zu raten, mit der Absendung des Schreibens bis auf die letzte Minute zu warten. Ein ehrlicher Mann, der für seine Reklamation ehrliche Gründe hat, braucht nicht 4 Wochen, um dieselben zu Papier zu bringen. In 8 bis 14 Tagen kann er bequem fertig sein und thut gut, das Schreiben alsbald abzuschicken.

4. Wie bereitet man sich für das Reklamieren vor?

Das erste, was Du thun mußt, sobald Du Deine Veranlagung erhalten hast, ist, die Feder eintauchen und auf das Schriftstück schreiben: erhalten am so und so vielten. Denn wenn erst einige Zeit darüber vergangen ist und Du möchtest wissen, wie lange Du noch für das Reklamieren Zeit hast, so kannst Du dem Schriftstück nicht mehr ansehen, an welchem Tage Du es erhalten hast. — Hast Du die Absicht, zu reklamieren, so mußt

Du Dir sofort ausrechnen, wann die Frist abläuft und es Dir auf Deinen Kalender schreiben, damit Du es nicht vergißt.

Die beste Vorbereitung für das Reklamieren ist dann das Durchgehen der Bücher. Auf Grund derselben mußt Du Dir für Dich selbst eine genaue schriftliche Aufstellung über die Höhe Deines Einkommens machen. Möglicherweise wirst Du auf diese Art einsehen, daß die Kommission Recht hatte, und Du kannst Dir unnötige Mühe sparen. Siehst Du aber auf diese Art, daß die Kommission sich im Irrtum befunden hat, so bist Du erst dann Deiner Sache ganz sicher.

Wer kein Buch führt, ist beim Reklamieren in einer schlimmen Lage. Immerhin kann auch er sich eine schriftliche Aufstellung über sein Einkommen machen und mit Addieren und Subtrahieren sehen, ob ihm denn wirklich Unrecht geschehen ist. Auch kann er sich mit Andern beraten und kann hören, ob vielleicht einige seiner Nachbarn bereit sind, als Vertrauensleute vor der Kommission sich über seine Verhältnisse auszusprechen.

5. Wie faßt man eine Berufungsschrift ab?

Die erste Reklamation gegen die Entscheidung der Veranlagungs-Kommission heißt „Berufung".

Die Berufungsschrift ist an eine hohe Behörde gerichtet und muß auch äußerlich ein anständiges Aussehen haben. Es ist allgemein üblich, für derartige Eingaben nicht ein kleines Stück Papier, sondern einen großen Foliobogen zu nehmen. Derselbe wird der Länge nach in der Mitte gebrochen. Die rechte Hälfte jeder Seite wird beschrieben; auf die linke Hälfte schreibt man nichts als die Adresse der Behörde.

Die Berufungsschrift muß klar und deutlich sagen, wogegen Du Berufung einlegst und welche Veranlagung Du beantragst.

Die Berufungsschrift muß ferner angeben, auf welche Art Du Deine Behauptungen beweisen willst. Hast Du eine vollständige Buchführung und kannst eine Abschrift Deiner letzten Bilanzen beilegen, so ist dies der beste Beweis, den es geben kann. Wenn Du zwar keine kaufmännische Buchführung hast, aber doch wenigstens ein Kassenbuch führst und Dich der Behörde gegenüber erbietest, die Einsicht in das Kassenbuch zu gestatten, so hat auch dies schon einen Wert. — Wer kein Buch führt, aber aus dem Gedächtniß sich eine vollständige Aufstellung über seine Einnahmen machen kann (z. B. ein Beamter mit einigem Nebenverdienst), kann eine solche Aufstellung beifügen. — Wer endlich nichts von alledem beibringen kann (z. B. ein Kleinbauer, der von der Hand in den Mund lebt), der muß sich von vornherein darüber klar sein, daß man seinen Angaben nicht so viel trauen kann, wie denen anderer Leute; immerhin kann auch er seine Verhältnisse beschreiben und dabei möglichst viel genau in Zahlen angeben (z. B. Grund-

und Gebäudesteuer, Feuerkassenwert des Hauses, Anzahl der Viehstücke, Höhe der gezahlten Arbeitslöhne u. s. w.). Auch kann er sich auf das Gutachten ehrbarer Männer, welche seine Verhältnisse kennen, ausdrücklich berufen.

6. Wie adressiert man die Berufungsschrift.

Die Berufungsschrift ist gegen die Entscheidung der Veranlagungs-Kommission gerichtet; sie soll der Berufungs-Kommission vorgelegt werden. Dennoch schreibt das Gesetz vor, daß die Einreichung bei der Veranlagungs-Kommission erfolgen soll.

Das scheint auf den ersten Blick recht wunderbar. Man legt Berufung ein bei der höheren Behörde und soll das Schriftstück der niederen Behörde geben, gegen welche man sich gerade richtet. Aber trotzdem hat diese Anordnung ihren ganz guten Grund. Wenn alle Berufungsschriften bei der Berufungs-Kommission einliefen, so könnte diese ja gar nichts anderes thun, als sie zunächst unter die Veranlagungs-Kommissionen verteilen und nun einmal hören, was diese dazu sagen. Dann müßten die Veranlagungs-Kommissionen ihre Bemerkungen machen und dieselben der Berufungs-Kommission zuschicken. Um also dieses Hin- und Herschreiben zu sparen, hat das Gesetz bestimmt, daß die Berufungsschrift durch Vermittelung der niederen Behörden einzureichen ist. Du hast nicht zu befürchten, daß die niedere Behörde Dein Schriftstück nicht befördern werde. Ähnliche Bestimmungen haben wir in unserm Staate schon seit langer Zeit. Und der Fall, daß ein solches Schriftstück von der niederen Behörde nicht nach oben gegeben wurde, ist noch niemals vorgekommen.

Man adressiert also die Berufungsschrift genau so, wie die Veranlagung unterzeichnet ist, z. B.:

An
die Einkommensteuer-Veranlagungs-Kommission
für den Kreis Nieder-Barnim
Oranienburg.

7. Was macht man, wenn man die Berufungsschrift nicht abfassen kann?

Wer sich nicht im Stande fühlt, ein Schriftstück ordentlich abzufassen, der kann seine Berufung auch mündlich anbringen. Er muß sich erkundigen, wer der Vorsitzende der Veranlagungs-Kommission ist, wann und wo derselbe seine Sprechstunde hält. In der Regel wird es der Landrat sein, und es wird ein Weg in die Kreisstadt sich nicht vermeiden lassen. Desto mehr muß jeder, der seine Berufung auf diese Art anbringen will, darauf bedacht sein, es frühzeitig zu thun. In letzter Minute können leicht allerhand Hindernisse kommen.

8. Was macht man, wenn man mit der Berufungsschrift abgewiesen wird?

Wenn Du mit Deiner Reklamation im Recht warst, so wird Dir in der Regel auch Recht gegeben werden. Hast Du aber bei der Berufungs-Kommission Unrecht bekommen, so mußt Du nicht wild werden und um Dich schlagen, sondern Dir zunächst die Gründe durchlesen, welche die Berufungs-Kommission für ihre Entscheidung angiebt. Möglicherweise überzeugst Du Dich davon, daß die Entscheidung gerecht ist.

Immerhin ist es möglich, daß auch die Berufungs-Kommission eine falsche Entscheidung getroffen hat. Und für einen solchen Fall hat das Gesetz noch einen weiteren Weg offen gelassen. Dies ist der Weg der Beschwerde beim Oberverwaltungsgericht.

Aber eine Beschwerde an diese höchste Behörde hat nur dann Aussicht auf Erfolg, wenn man klipp und klar eine Gesetzesverletzung oder einen ähnlichen groben Verstoß nachweisen kann. Darum ist jedem, der sich auf diesen letzten Weg begeben will, zu empfehlen, sich zunächst bei einem Rechtsverständigen Rat zu holen.

9. Was macht man, wenn das Einkommen im Laufe des Jahres sich vermindert?

Wer gerecht veranlagt ist, aber im Laufe des Jahres weniger einnimmt, als er gedacht hat, kann darum noch nicht verlangen, daß er weniger Steuer bezahlen solle. Denn wenn jede kleine Änderung im Laufe des Jahres berücksichtigt werden sollte, so hätten die Behörden alle Hände voll zu thun.

Wenn Du aber im Laufe des Jahres eine Einnahmequelle ganz verlierst, z. B. wenn Du Dein Geschäft aufgeben mußt, um in ein anderes als Gehilfe einzutreten, so kannst Du aus diesem Grunde eine andere Einschätzung verlangen. Jedoch auch in diesem Falle nur dann, wenn die Verringerung des gesamten bisherigen Einkommens mehr als ein Viertel beträgt.

Ein Beispiel: Ein Beamter, der bisher ein Gehalt von 2000 Mark bezogen hat, wird pensioniert. Er verliert die bisherige Einnahmequelle seines Gehaltes, und die neue Einnahmequelle, die Pension, beträgt nur 1400 Mark. Er kann verlangen, daß er neu eingeschätzt werde. Aber sein Kollege, der unter genau denselben Verhältnissen gleichzeitig mit ihm pensioniert wird, hat daneben noch ein kleines Kapital, von welchem er jährlich 500 Mark Zinsen hat. Dieser kann nicht verlangen, daß er sofort neu eingeschätzt werde, sondern muß damit bis zum nächsten Jahre warten. Denn wenn auch bei beiden Beamten der „Wegfall einer Einnahmequelle“ vorliegt, so hat doch nur bei dem ersten der Verlust mehr als ein Viertel des Gesamteinkommens betragen, bei dem letzteren nicht.

Auch wenn durch außergewöhnliche Unglücksfälle das Einkommen um mehr als ein Viertel verringert worden ist, kann man sofortige Neueinschätzung verlangen. Aber es müssen dies schon Unglücksfälle sehr außergewöhnlicher Art sein; so z. B. wenn jemandem Haus und Hof niederbrennt, ohne daß er genügend versichert war.

Die Entscheidung über einen derartigen Antrag steht der königlichen Regierung zu. Die Einreichung erfolgt aber ebenfalls bei der Veranlagungs-Kommission.

10. Macht eine abgewiesene Reklamation Kosten?

Von den Behörden, welche wir in Vorstehendem genannt haben, erhebt zwar nur das Oberverwaltungs-Gericht Prozeßkosten, welche der unterliegende Teil zu zahlen hat. Darum darf man aber nicht glauben, daß ungehörige Reklamationen bei der Berufungs-Kommission immer kostenfrei ablaufen. Über jede Behauptung des Reklamanten kann die Berufungs-Kommission Zeugen und Sachverständige vernehmen lassen. Die Kosten solcher Vernehmungen muß der Reklamant tragen, wenn sich herausstellt, daß seine Behauptungen als gänzlich unrichtige anzusehen sind.

Beispiele.

Beispiel eines Reklamanten mit genauer Buchführung.

Hannover, den 1. März 1895.

Durch Verfügung der Veranlagungs-Kommission vom 25. Februar bin ich nach einem Einkommen zwischen 3300 und 3600 Mark zu 70 Mark Einkommensteuer veranlagt. Hiergegen lege ich Berufung ein.

In meiner Steuererklärung habe ich mein steuerpflichtiges Einkommen auf 2868 Mark angegeben. Dieselbe war mit dem Bemerken beanstandet worden, daß ich nach der Größe meiner Wohnung, sowie nach meiner ganzen Lebenshaltung einen erheblich größeren Jahresverbrauch haben müßte. In den darüber gepflogenen mündlichen Verhandlungen habe ich das letztere dadurch erklärt, daß ich in den überaus schlechten beiden letzten Geschäftsjahren meinen Lebensunterhalt in der That zu einem erheblichen Teil aus meinem Kapital habe bestreiten müssen. Nach dem Verlaufe der Verhandlungen nahm ich an, daß die Kommission sich mit dieser Erklärung zufrieden gäbe. Die gleichwohl eingetretene höhere Veranlagung kann ich mir nur durch einen Irrtum über meine Einkommensverhältnisse erklären.

Nach Ausweis meiner Bilanzen betrug mein Geschäftsgewinn

im Jahre 1892	3656	Mark
„ „ 1893	2969	„
„ „ 1894	1979	„
also zusammen in den drei letzten Geschäftsjahren	8604	Mark
Mithin in dreijährigem Durchschnitt	2868	„

Eine Abschrift der drei Bilanzen füge ich bei.

Ich beantrage dem entsprechend:

die Entscheidung der Veranlagungs-Kommission aufzuheben und mich gemäß einem Einkommen von 2868 Mark zu einer Steuer von 52 Mark zu veranlagen.

Karl Theobald Schulze, Kaufmann,
Götheſtraße 8.

An
die Einkommensteuer-Veranlagungs-Kommission
für die Stadt Hannover
in
Hannover.

Beispiel eines Reklamanten ohne Buchführung.

Gorka bei Obornik, den 14. März 1895.

Durch Verfügung der Veranlagungs-Kommission vom 21. Februar bin ich nach einem Einkommen von 1200 bis 1350 Mark zu 12 Mark Einkommensteuer veranlagt. Hiergegen lege ich Berufung ein.

Daß ich aus meiner Wirtschaft eine Einnahme von ungefähr 1200 Mark habe, ist richtig. Ich rechne an Gelderlös aus Getreide, Kleinvieh, Geflügel u. s. w. ungefähr 600 Mark und verbrauche von meinen Wirtschaftserzeugnissen im eigenen Hause ungefähr ebensoviel. Allein hiervon gehen an Unkosten und Auslagen verschiedener Art ungefähr 200 Mark ab. Ich füge hierüber eine genauere Berechnung bei; der hohe Posten von 60 Mark für Ausbesserung meines Gebäudes erklärt sich durch den schlechten Zustand desselben, kann auch von mir durch Vorzeigung der Maurerrechnungen bewiesen werden.

Es bleibt sonach als Reinertrag von meiner Wirtschaft nur 1000 Mark übrig. Da drei meiner Kinder noch unter 14 Jahre alt sind, so bin ich berechtigt, für jedes derselben 50 Mark, also im ganzen 150 Mark abzusetzen. Danach bleibt für meine Veranlagung nur ein Einkommen von 850 Mark übrig, und ein solches ist steuerfrei.

Für die Richtigkeit meiner Behauptungen berufe ich mich auf das Gutachten meiner beiden Nachbarn Franz Pladek und August Meißner. Zu genauerer Beurteilung führe ich ferner an, daß meine Wirtschaft 43 Morgen (ungefähr 10 Hektar) umfaßt und daß ich an Vieh besitze: 1 Pferd, 2 Fohlen, 2 Milchkühe, 2 Stück Jungvieh, 4 Faselschweine und 20 Stück Geflügel.

Auf Grund meiner vorstehenden Ausführungen beantrage ich: meine Veranlagung zur Einkommensteuer aufzuheben.

Adalbert Zerndt, Halbhufner.

An
die Einkommensteuer-Veranlagungs-Kommission
für den Kreis Obornik
in
Obornik.

Berechnung:

Grundsteuer	16,20	Mark
Gebäudesteuer	2,40	"
Feuerkasse	6,20	"
Hypothekenzinsen	27,30	"
Haus-Reparaturen	60,00	"
Einkauf von Saatkorn und Kleinvieh, Arbeitslohn in der Erntezeit, Unterhalt der Geräthe u. a. m. ungefähr . . .	90,00	"
zusammen	202,10	Mark

IX.

Reklamieren gegen andere staatliche Veranlagungen.

Für die Vermögenssteuer bedarf es keiner besonderen Anleitung zum Reklamieren. Die Behörden und die Fristen sind dieselben wie bei der Einkommensteuer. Das ganze Verfahren ist auch dasselbe.

Eine besondere Besprechung ist aber nötig wegen der Grund-, Gebäude- und Gewerbesteuer. Augenblicklich sind dieselben noch Staatssteuern. Aber vom 1. April 1895 ab, wo der Staat diese Steuern zwar noch veranlagt, aber nicht mehr erhebt, wird manch einer denken, daß es auf die staatliche Veranlagung nicht sehr ankomme; man könne warten, bis die Gemeinde sich melde. Dies ist aber nicht richtig. Jeder muß die ihm zugehende staatliche Veranlagung mit demselben Ernste prüfen, als ob der Staat die Steuern auch wirklich erheben wollte. Denn wenn er zu hoch veranlagt ist und geschwiegen hat, so ist es hernach, wenn die Gemeinde ihre Prozente erhebt, zum Reklamieren zu spät.

Grundsteuer. Gegen die Grundsteuer-Veranlagung zu reklamieren wird selten ein Anlaß sein. Der Betrag der vom Staate veranlagten Grundsteuer steht ja für jedes Grundstück ein für allemal fest. Irrtümer können selbstverständlich vorkommen und die Berichtigung derselben kann beantragt werden. Es kann z. B. übersehen sein, daß das Grundstück verkauft und der Verkauf auch rechtzeitig gemeldet ist. Die Grundsteuer kann durch Errichtung von Gebäuden vermindert sein u. a. m. In solchen Fällen muß man binnen dreier Monate nach Auslegung der Hebeliste die Reklamation einreichen. Dieselbe ist an den Kataster-Kontrolleur zu adressieren.

Wenn irrtümliche Veranlagungen bei der Grundsteuer selten sind, so ereignet es sich desto häufiger, daß es im Laufe des Jahres dem Besitzer gar zu schwer wird, die Grundsteuer zu bezahlen.

Wenn eine Überschwemmung stattfindet, die einen großen Teil der Feldfrüchte dahinrafft, so kann die Grundsteuer für dieses Jahr ermäßigt oder auch ganz erlassen werden. Hat die Überschwemmung Schaden auf mehrere Jahre hinaus angerichtet, so kann die Vergünstigung auch gleich auf mehrere Jahre im voraus bewilligt werden. — Glaubt der Besitzer, daß sein Grundstück durch die Überschwemmung nicht nur für mehrere Jahre, sondern dauernd in der Ertragsfähigkeit gemindert ist, so kann er sogar ausnahmsweise beantragen, daß das Grundstück neu abgeschätzt und in eine geringere Klasse versetzt werde. In anderen Fällen als bei Überschwemmungen gewähren die Steuerkassen keinen Erlaß.

Gebäudesteuer. Hier kommen Reklamationen schon viel häufiger vor als bei der Grundsteuer. Namentlich gegenwärtig, wo eine neue Veranlagung der Steuer vorbereitet wird, muß jeder Hausbesitzer mit den Bestimmungen, wie wir sie oben dargelegt haben, sich genau bekannt machen. Sobald er die Veranlagung zugestellt erhält, muß er im stande sein, nachzuprüfen, ob der Durchschnitt der Mieten richtig berechnet ist, ob auf dem Lande das Gebäude in die richtige Klasse gesetzt ist, ob die steuerfreien Gebäude auch wirklich steuerfrei gelassen sind. Er muß andererseits auch seine Pflichten kennen, um erfolglose Reklamationen nicht erst zu versuchen.

Die Reklamation gegen die Gebäudesteuer-Veranlagung ist binnen vier Wochen nach Empfang der Veranlagung einzureichen. Die Entscheidung hat die Königliche Regierung. Zu adressieren ist die Reklamation aber an den Ausführungs-Kommissar für die Gebäudesteuer-Veranlagung.

Wer einen abschlägigen Bescheid erhält, kann sich noch binnen sechs Wochen an den Finanzminister wenden. Der „Rekurs" an den Finanzminister ist an letzteren selbst zu adressieren.

Verschieden von der Reklamation gegen die Gebäudesteuer-Veranlagung ist der Fall, daß es sich nur um eine Unrichtigkeit in der jährlich auszulegenden Heberolle handelt, z. B. wenn darin eine inzwischen mit dem Gebäude vorgegangene Änderung nicht berücksichtigt ist. Einwendungen gegen die Richtigkeit dieser jährlichen Heberollen sind wie bei der Grundsteuer binnen drei Monaten nach der Auslegung beim Kataster-Kontrolleur anzubringen (vgl. das Beispiel Seite 101).

Auch bei der Gebäudesteuer kann es unter Umständen einen nachträglichen Erlaß geben.

Wenn ein Gebäude bis auf den Grund niederbrennt oder durch ein Naturereignis wie eine Überschwemmung vollständig zerstört wird, so wird die Gebäudesteuer vom ersten des nächsten Monats ab erlassen, falls vorher die Anzeige an den Kataster-Kontrolleur erfolgt ist. — Wenn das Gebäude nicht gerade vollständig zerstört, aber doch unbewohnbar gemacht ist, so kommt es darauf an, ob der angerichtete Schaden ein Drittel des Nutzungswertes in dem Steuerjahre beträgt, oder nicht. Ist der Schaden geringer als ein Drittel des Jahresertrages, so wird kein Nachlaß gewährt, ist der Schaden ein Drittel, so wird auch ein Drittel der Steuer erlassen; ist der Schaden größer, so muß auch entsprechend mehr erlassen werden. — Wegen bloßer Mietsausfälle kann noch kein Erlaß an Gebäudesteuer verlangt werden. Wenn aber ein Gebäude volle 12 Monate hindurch unbenutzt geblieben ist, so kann der Eigentümer noch nachträglich die Rückzahlung der gezahlten Gebäudesteuer verlangen.

Über den Erlaß der Gebäudesteuer entscheidet die Königliche Regierung. Das Gesuch ist bei dem Kataster-Kontrolleur einzureichen. Man thut gut, eine Bescheinigung des Ortsvorstehers über den Brand u. s. w. beizulegen, oder sich der Vermittelung des Ortsvorstehers zu bedienen.

Gewerbesteuer. Da diese Steuer vom Staate alljährlich neu veranlagt wird, so kommen hier Reklamationen am häufigsten vor.

Wer glaubt, daß er von dem Steuerausschuß zu hoch veranlagt ist, geht vorerst noch nicht an eine höhere Behörde. Er erhebt vielmehr zunächst „Einspruch" bei dem Steuerausschuß selbst. Die Einreichung muß binnen 4 Wochen seit Empfang der Veranlagung geschehen. Adresse: „An den Gewerbesteuer-Ausschuß" in . . . .

Bleibt der Steuerausschuß bei seiner Ansicht, so kann der Steuerzahler wiederum binnen 4 Wochen bei der Bezirksregierung „Berufung" einlegen. Aber die Berufungsschrift ist zu adressieren: An den Vorsitzenden des Gewerbesteuer-Ausschusses in . . . .

Wer auch bei der Bezirksregierung nichts durchgesetzt hat, dem bleibt nur noch übrig, sich mit einem Rechtsverständigen zu beraten und an das Oberverwaltungs-Gericht zu gehen, wenn er wirklich meint, daß geradezu das Gesetz verletzt ist.

Beispiele.

Beispiel einer Reklamation gegen eine neue Gebäudesteuer-Veranlagung.

Querfurt, den 15. März 1896.

Durch Verfügung vom 5. d. Mts. bin ich für das in meinem Besitz befindliche Haus No. 418 hierselbst zur 40. Stufe der Gebäudesteuer mit 108 Mark veranlagt. Dies entspräche einem Nutzungswerte von 2700 Mark. Gegen diese Veranlagung reklamiere ich.

Der Durchschnitt meiner Einnahmen aus dem Gebäude während der 10 Jahre 1886 bis 1895 hat nur 2485 Mark betragen.

Hiernach wäre ich zur 38. Stufe mit 96 Mark Gebäudesteuer zu veranlagen.

Den genauen Nachweis meiner Mietseinnahmen füge ich in der Anlage bei und beantrage:

mich zur 38. Stufe mit einem Steuersatz von 96 Mark zu veranlagen.

Christian Fellbier, Bäckermeister.

An
den Herrn Ausführungs-Kommissar für die
Gebäudesteuer-Veranlagung

hierselbst.

Beispiel einer Reklamation gegen die alljährliche Hebeliste der Gebäudesteuer.

Cosel, den 25. März 1894.

In der hierorts ausgelegten Hebeliste für die Gebäudesteuer ist das in meinem Besitz befindliche Gebäude N. 273 hierselbst wie bisher mit einem jährlichen Nutzungswerte von 180 Mark in der 13. Steuerstufe mit einer Gebäudesteuer von 7,20 Mark veranlagt.

Es ist richtig, daß der Nutzungswert meines Gebäudes unverändert geblieben ist. Der Tischlermeister Karl Arnoldi, welcher bisher in diesem Hause gewohnt und jetzt das gesamte Haus zu einer Dampftischlerei umgewandelt hat, zahlt hierfür dieselbe Miete wie bisher. Aber infolge dieser Veränderung ist das Gebäude aus der Gattung der Wohnhäuser in die Gattung der gewerblichen Gebäude übergegangen und ist nunmehr nur noch mit dem halben Satze, also mit 3,60 Mark zu besteuern.

Die Umwandlung des Wohnhauses in ein gewerbliches Gebäude habe ich rechtzeitig dem Kataster-Kontrolleur gemeldet und füge die Bescheinigung über die erfolgte Meldung bei.

Ich beantrage

in der Hebeliste meinen Gebäudesteuerbetrag auf 3,60 Mark herabzusetzen.

Adolf Gehrmann, Hausbesitzer.

An
den Herrn Kataster-Kontrolleur für den Kreis Cosel
in
Cosel.

Beispiel einer Reklamation gegen die Gewerbesteuer-Veranlagung.

Stettin, den 24. März 1894.

Durch Verfügung des Gewerbesteuer-Ausschusses v. 10. d. M. bin ich für das Steuerjahr 1894/95 zur Gewerbesteuerklasse III nach dem für diese Klasse geltenden Mittelsatz von 80 Mark veranlagt worden. Gegen diese Entscheidung lege ich hiermit Einspruch ein. Es ist allerdings richtig, daß ich aus meinem Bäckereigewerbe einen Ertrag von mehr als 4000 Mark ziehe und deshalb mit Recht in der Steuerklasse III eingeschätzt bin. Allein der Ertrag hat im verflossenen Jahre 1893 den Satz von 4000 Mark nur unwesentlich überschritten, nämlich nur 4556 Mark betragen. Ich bin bereit, der Steuerbehörde auf Verlangen hierüber nähere Auskunft zu erteilen. Danach durfte ich in keinem Falle zu einer höheren Steuer als der von ein Prozent des Ertrages, abgerundet mit 48 Mark, veranlagt werden. Aber auch dieser Betrag erscheint mir zu hoch. Ich arbeite mit nur wenigem Betriebskapital (durchschnittlich zwischen 4 bis 5000 Mark), bin bereits 68 Jahre alt und gehe in den Erträgen meines Gewerbes seit mehreren Jahren erheblich herunter. Angesichts dieser Umstände bitte ich:

die geschehene Veranlagung aufzuheben und mich nur mit dem Mindestsatz der Klasse III von 32 Mark zu veranlagen.

Gottfried Keller, Bäckermeister,
.... straße No. 4.

An
den Gewerbesteuer-Ausschuß der Klasse III

hier.

X.

Reklamieren gegen Gemeindeabgaben.

Die meisten Gemeindesteuern sind Prozente von Staatssteuern. Meint jemand, daß er falsch veranlagt ist, so hat er sich an den Staat zu wenden.

Geben die Staatsbehörden ihm Recht, wird die staatliche Veranlagung berichtigt, so folgt daraus die Berichtigung der Gemeindesteuer von selbst.

Es kommen aber Fälle vor, in denen jemand vom Staat ganz richtig veranlagt ist, die Gemeindesteuer aber gleichwohl zu hoch angesetzt ist. Wenn z. B. die Gemeinde einen Beamten von seinem vollen Gehalt besteuert hat, so ist die Veranlagung richtig, die Staatsbehörden haben nichts versehen; die Veranlagung der Gemeinde ist aber gleichwohl falsch. -- Ebenso liegt der Fall, wenn eine Gemeindesteuer besteht, die sich nicht an eine Staatssteuer anlehnt, wie z. B. die Mietssteuer. Wo die Gemeinden eine „besondere" Grund-, Gebäude- und Gewerbesteuer oder gar eine „besondere Einkommensteuer" einführen, wird sich der Fall noch häufiger ereignen. Für diese Fälle ist daher eine besondere Reklamation nötig.

Meint jemand in dieser Weise vom Gemeindevorstand ungerecht behandelt zu sein, so muß er binnen 4 Wochen bei dem Gemeindevorstand selbst Einspruch erheben. Wo die Verkündung der Gemeindesteuern nicht durch briefliche Zusendung, sondern durch öffentliche Auslegung der Listen stattfindet, zählt diese Frist von der beendeten Auslegung ab. Es hat sich also jeder darum zu kümmern, wann die Listen ausliegen und sich rechtzeitig zu vergewissern, wie er eingeschätzt ist. Hat weder eine besondere Zusendung, noch eine öffentliche Auslegung der Listen stattgefunden, so beginnt die Frist mit der Aufforderung zur Zahlung der Steuern.

Beharrt der Gemeindevorstand bei seinem Beschluß und der Steuerpflichtige meint noch immer, daß ihm Unrecht geschieht, so kann er binnen zwei Wochen nach Empfang des Beschlusses die Klage im Verwaltungs-Streitverfahren anstrengen. Auf eine solche Klage beginnt ein förmlicher Prozeß, Müller contra Magistrat. Der Prozeß wird verhandelt gegen eine Landgemeinde bei dem Kreisausschuß, gegen eine Stadtgemeinde bei dem Bezirksausschuß. Die Klageschrift ist zu adressieren: „An den Kreisausschuß in . . ." beziehungsweise: „An den Bezirksausschuß in . . . ."

Wer auch von dem Kreisausschuß oder dem Bezirksausschuß abgewiesen ist, der wird gut thun, nicht auf eigene Faust an eine höhere Instanz zu gehen, sondern sich erst mit einem Sachverständigen zu beraten. Denn das Verfahren vor diesen höheren Instanzen ist nicht mehr so einfach, daß es jedem auseinandergesetzt werden könnte.

Ein ganz besonderer Fall liegt vor, wenn mehrere Gemeinden sich um einen Bürger streiten. Hier kann derselbe gar nicht gleich nach seiner Veranlagung Einspruch erheben, weil er manchmal noch gar nicht weiß, daß eine zweite Gemeinde Ansprüche erheben wird. Für ihn läuft daher die Frist von 4 Wochen erst von dem Tage ab, wo er die Forderung der zweiten Gemeinde erfahren hat. Er richtet dann den Antrag auf Festsetzung der Steuern an den Kreisausschuß des Kreises, in welchem die beiden Gemeinden liegen oder, wenn eine Stadt dabei beteiligt ist, an den Bezirksausschuß. Handelt es sich um Dörfer, die in verschiedenen Kreisen liegen, so bestimmt der Regierungspräsident, welcher Kreisausschuß entscheiden soll. Ebenso bestimmt unter mehreren Bezirksausschüssen der Oberpräsident oder, wenn sie in verschiedenen Provinzen liegen, der Minister des Innern. Der Kreisausschuß oder Bezirksausschuß ist verpflichtet, auf den Antrag des Steuerpflichtigen einen Beschluß zu fassen, welcher festsetzt, wieviel auf jede Gemeinde entfällt. Ist der Steuerpflichtige oder eine der Gemeinden mit dem Beschluß nicht einverstanden, so kann jeder Teil binnen 14 Tagen den Antrag auf mündliche Verhandlung stellen und es beginnt dann ein förmlicher Prozeß vor demselben Kreisausschuß oder Bezirksausschuß. Will man von da noch an die höheren Instanzen gehen, so gilt dieselbe Warnung, die oben ausgesprochen ist.

Beispiele.

Beispiel einer Reklamation gegen die Gemeinde-Einkommensteuer, falls die Bekanntmachung der Steuererhebung weder brieflich noch durch Auslegung der Listen stattgefunden hat.

Quedlinburg, den 15. Mai 1895.

Am heutigen Tage wurde mir von dem Steuerboten eine Quittung über Gemeinde-Einkommensteuer für das Vierteljahr April bis Juni im Betrage von Mark 17,50 präsentiert. Dies entspräche einem Jahresbetrage von 70 Mark.

Zur Staats-Einkommensteuer bin ich mit 44 Mark jährlich veranlagt. Nach der Bekanntmachung in den öffentlichen Blättern sollte der Kommunalzuschlag 100 Prozent der Staats-Einkommensteuer betragen. Ich dürfte also zur Gemeinde-Einkommensteuer nur mit 44 Mark jährlich oder 11 Mark vierteljährlich herangezogen werden.

Der Irrtum ist jedenfalls daher entstanden, daß mein Einkommen in der That einer höheren Stufe entspricht. Aus Rücksicht auf die mehrjährige Krankheit meiner Frau und meiner Tochter bin ich aber in der Staats-Einkommensteuer um drei Stufen ermäßigt worden. Diese Ermäßigung muß auch für die Gemeindesteuer gelten.

Ich beantrage daher:

1. mich der staatlichen Veranlagung entsprechend auch zur Gemeinde-Einkommensteuer auf 44 Mark zu ermäßigen;
2. die für das laufende Vierteljahr zu viel gezahlte Steuer von 6,50 Mark mir zurückzuzahlen.

Johann Binder, Tischlermeister,
Marktplatz 3.

An
den Magistrat
hierselbst.

Beispiel einer Reklamation gegen die Gemeinde-Einkommensteuer seitens eines Steuerpflichtigen, welchem die Veranlagung durch besondere Mitteilung eröffnet worden ist.

Breslau, den 6. März 1895.

Durch Verfügung des Steuerausschusses vom 2. d. M. bin ich zur Gemeinde-Einkommensteuer mit 45 Mark veranlagt. Hiergegen erhebe ich Einspruch.

Mein Gehalt nebst Wohnungsgeldzuschuß beträgt 3200 Mark. Andere Einnahmequellen habe ich nicht. Zur Staats-Einkommensteuer bin ich meinem Einkommen entsprechend mit 60 Mark Steuer veranlagt. Der Kommunalzuschlag beträgt in diesem Jahre 150 Prozent der Staats-Einkommensteuer. Der Steuer-Ausschuß hat diesen Kommunalzuschlag auf die Hälfte meiner Staats-Einkommensteuer gelegt. Diese Berechnung ist aber irrig. Das Vorrecht der Beamten besteht nicht darin, daß die halbe *Staatssteuer*, sondern darin, daß das halbe *Diensteinkommen* der Veranlagung zu Grunde gelegt wird. Die Hälfte meines Diensteinkommens beträgt 1600 Mark. Dem entspricht eine Staatssteuer von 21 Mark. Darauf ein Kommunalzuschlag von 150 Prozent ergiebt 31,50 Mark.

Dementsprechend beantrage ich:

die Entscheidung des Steuerausschusses aufzuheben und mich zur Gemeinde-Einkommensteuer mit 31,50 Mark zu veranlagen.

Robert Kreidesand, Gerichtssekretär,
Gartenstraße 87, Quergebäude III.

An
den Magistrat

hierselbst.

Beispiel einer Reklamation wegen Doppelbesteuerung.

Breslau, den 5. Mai 1895.

Die Magistrate zu Breslau und zu Canth haben beide die in ihren Gemeinden ausgeschriebenen Zuschläge zur Staats-Einkommensteuer nach meinem vollen Einkommen von 8000 Mark von mir eingefordert und zwar:

der Magistrat zu Breslau am 27. April d. J. durch Präsentieren einer Steuerquittung über 53 Mark Quartalssteuer, entsprechend dem Zuschlage von 100 Prozent;

der Magistrat zu Canth am 3. d. M. durch Präsentieren einer Steuerquittung über 39,75 Mark entsprechend dem Zuschlage von 75 Prozent.

Beide Veranlagungen sind mir erst durch Präsentieren der Steuerquittung bekannt gemacht worden.

Ich beantrage:

über die Verteilung meines steuerpflichtigen Einkommens unter die Gemeinden Breslau und Canth Beschluß zu fassen.

Alfred Hünerbein, Fabrikbesitzer,
Tauenzienstraße 3.

An

den Bezirksausschuß

zu

Breslau.

Beispiel einer gleichen Reklamation, falls die streitenden Gemeinden in verschiedenen Provinzen liegen.

Berlin, 8. Mai 1895.

Euere Excellenz!

Die Stadtgemeinde Berlin, in welcher ich wohne, und die Stadtgemeinde Steglitz, in der ich eine Villa besitze, haben beide mein volles Einkommen von 22000 Mark zu der von ihnen ausgeschriebenen Gemeinde-Einkommensteuer veranlagt. Bekannt geworden ist mir dies erst durch die Einforderung der Steuern seitens der Stadt Berlin, welche am 5. d. M. geschehen ist.

Ich trage darauf an:

über die Verteilung meines Einkommens unter die Gemeinden Berlin und Steglitz Beschluß zu fassen.

Da die streitenden Gemeinden nicht derselben Provinz angehören, bitte ich Euere Excellenz:

den zur Entscheidung zuständigen Bezirksausschuß zu bestimmen und das vorliegende Gesuch an denselben abzugeben.

Hugo Zweig, Kaufmann,
Friedrichstraße 78.

An
Seine Excellenz den Herrn Minister des Innern
zu
Berlin.

XI.

Die Steuergesetze im Wortlaut.

☞ Über die Art, wie man die folgenden Gesetze lesen soll, siehe die Vorbemerkung an der Spitze des Buches.

1.

Einkommensteuer-Gesetz.

Vom 24. Juni 1891.

Wir Wilhelm, von Gottes Gnaden König von Preußen ꝛc. verordnen, mit Zustimmung beider Häuser des Landtags Unserer Monarchie, für den Umfang derselben, mit Ausschluß der Hohenzollernschen Lande und der Insel Helgoland, was folgt:

I. Steuerpflicht.

1. Subjektive Steuerpflicht.

§ 1. Einkommensteuerpflichtig sind:

1) die Preußischen Staatsangehörigen, mit Ausnahme derjenigen,

a) welche, ohne in Preußen einen Wohnsitz (§ 1 Absatz 2 des Reichsgesetzes wegen Beseitigung der Doppelbesteuerung vom 13. Mai 1870, Bundes-Gesetzblatt Seite 119) zu haben, in einem anderen Bundesstaate oder in einem Deutschen Schutzgebiete wohnen oder sich aufhalten;

b) welche neben einem Wohnsitz in Preußen in einem anderen Bundesstaate oder in einem Deutschen Schutzgebiete ihren dienstlichen Wohnsitz (§ 2 Absatz 3 a. a. O.) haben;

c) welche, ohne in Preußen einen Wohnsitz zu haben, seit mehr als zwei Jahren sich im Auslande dauernd aufhalten.

Auf Reichs- und Staatsbeamte, welche im Auslande ihren dienstlichen Wohnsitz haben und dort zu entsprechenden direkten Staatssteuern nicht herangezogen werden, findet die Ausnahme unter c keine Anwendung;

Anmerkungen.

Zu § 1 und § 2. Die genauen Bestimmungen über preußische Unterthanen in anderen deutschen Staaten (und umgekehrt) sollen verhindern, daß etwa ein und dasselbe Einkommen von zwei Staaten gleichzeitig zur Steuer herangezogen würde. Nach dem Reichsgesetz über „Beseitigung der Doppelbesteuerung" darf ein Deutscher zu direkten Staatssteuern nur von dem Staate herangezogen werden, in welchem er seinen wirklichen Wohnsitz hat. Hat ein Deutscher nirgends im Deutschen Reiche einen wirklichen Wohnsitz, so ist sein jedesmaliger Aufenthaltsort maßgebend. Hat ein Deutscher zwei Wohnsitze, einen in seinem Heimatsstaate und einen in einem anderen Staate, so wird er in seinem Heimatsstaate besteuert. Zum Beispiel! Ein Kaufmann, preußischer Unterthan, welcher bisher in Magdeburg gewohnt hat, giebt hier Geschäft und Wohnsitz auf und siedelt nach Leipzig über. Obgleich derselbe sein preußisches Bürgerrecht beibehalten hat, kann er doch in Preußen nicht mehr zur Einkommensteuer herangezogen werden, weil er in Preußen keinen Wohnsitz hat. Ist er aber nicht vollständig nach Leipzig übergesiedelt, sondern hat in Magdeburg noch außerdem einen festen Wohnsitz behalten, so unterliegt er der preußischen Einkommensteuer. Umgekehrt: Ein sächsischer Unterthan, welcher bisher in Leipzig gewohnt hat, aber hier seinen Wohnsitz aufgiebt und nach Magdeburg übersiedelt, ist in Preußen steuerpflichtig, auch wenn er sächsischer Unterthan bleibt. Hat derselbe aber in Leipzig

2) diejenigen Angehörigen anderer Bundesstaaten,
   a) welche, ohne in ihrem Heimatsstaate einen Wohnsitz zu haben, in Preußen wohnen oder, ohne im Deutschen Reiche einen Wohnsitz zu haben, sich in Preußen aufhalten;
   b) welche in Preußen ihren dienstlichen Wohnsitz (§ 2 Absatz 3 a. a. O.) haben;
3) diejenigen Ausländer, welche in Preußen einen Wohnsitz haben, oder sich daselbst des Erwerbes wegen oder länger als ein Jahr aufhalten;
4) Aktiengesellschaften, Kommanditgesellschaften auf Aktien und Berggewerkschaften, welche in Preußen einen Sitz haben, sowie diejenigen eingetragenen Genossenschaften, deren Geschäftsbetrieb über den Kreis ihrer Mitglieder hinausgeht;
5) Konsumvereine mit offenem Laden, sofern dieselben die Rechte juristischer Personen haben.

§ 2. Ohne Rücksicht auf Staatsangehörigkeit, Wohnsitz oder Aufenthalt unterliegen der Einkommensteuer alle Personen mit dem Einkommen
   a) aus den von der Preußischen Staatskasse gezahlten Besoldungen, Pensionen und Wartegeldern;
   b) aus Preußischem Grundbesitz und aus Preußischen Gewerbe- oder Handelsanlagen oder sonstigen gewerblichen Betriebsstätten.

Die Bestimmung zu b findet auch auf Aktiengesellschaften, Kommanditgesellschaften auf Aktien, Berggewerkschaften und die im § 1 Nr. 4 und 5 bezeichneten eingetragenen Genossenschaften Anwendung.

§ 3. Von der Einkommensteuer sind befreit:
1) die Mitglieder des Königlichen Hauses und des Hohenzollernschen Fürstenhauses;
2) die Mitglieder des vormaligen Hannoverschen Königshauses, des vormaligen Kurhessischen und des vormaligen Herzoglich Nassauischen Fürstenhauses;
3) die bei dem Kaiser und Könige beglaubigten Vertreter fremder Mächte und die Bevollmächtigten anderer Bundesstaaten zum Bundesrate, die ihnen zugewiesenen Beamten, sowie die in ihren und ihrer Beamten Diensten stehenden Personen, soweit sie Ausländer sind;
4) diejenigen Personen, denen sonst nach völkerrechtlichen Grundsätzen oder nach besonderen, mit anderen Staaten getroffenen Vereinbarungen ein Anspruch auf Befreiung von der Einkommensteuer zukommt.

Die Befreiungen zu Nr. 3 und 4 erstrecken sich nicht auf das nach § 2 steuerpflichtige Einkommen und bleiben in denjenigen Fällen ausgeschlossen, in welchen in den betreffenden Staaten Gegenseitigkeit nicht gewährt wird.

§ 4. Die Häupter und Mitglieder der Familien vormals unmittelbarer Deutscher Reichsstände, welchen das Recht der Befreiung von ordentlichen Personalsteuern zusteht, werden zu der Einkommensteuer von dem Zeitpunkte ab herangezogen, in welchem durch besonderes Gesetz die Entschädigung für die aufzuhebende Befreiung von der Einkommensteuer geregelt sein wird.

Anmerkungen.

noch einen festen Wohnsitz behalten, so ist er in Preußen steuerfrei.

Bei Reichs- und Staatsbeamten kommt es jedoch weder auf Heimatsstaat noch auf Wohnung an. Für sie gilt der „dienstliche Wohnsitz", wie ihn ihre vorgesetzte Behörde bestimmt. Außerdem gilt für Gehälter, Pensionen und Wartegelder die Regel, daß sie nur bei dem Staate versteuert werden, von welchem man das Geld bezieht.

Von allen obigen Unterscheidungen unabhängig ist das Einkommen aus Grundbesitz und Gewerbebetrieb. Der Staat, in welchem der Grundbesitz liegt oder das Gewerbe betrieben wird, besteuert denselben.

Ein preußischer Unterthan, welcher seinen Wohnsitz in Preußen aufgiebt und ganz ins Ausland geht (z. B. nach Frankreich), kann als preußischer Unterthan zunächst noch zur Steuer herangezogen werden; hat er sich aber bereits mehr als zwei Jahre im Auslande aufgehalten, und ist dieser Aufenthalt als ein dauernder anzusehen, so ist er von da an frei. —

Über Personen, welche mehrere Wohnsitze in Preußen selbst haben, siehe § 20.

Zu § 1, Nr. 4 und 5. Ausführliche Erklärung siehe Seite 79—84.

Zu § 4. Das angekündigte Gesetz ist am 18. Juli 1892 erschienen. Danach ist die Steuerfreiheit dieser Familien aufgehoben.

2. Objektive Steuerpflicht.

A. Allgemeine Grundsätze.

§ 5. Die Steuerpflicht beginnt mit einem Einkommen von mehr als 900 Mark.

§ 6. Von der Besteuerung sind ausgeschlossen:

1) das Einkommen aus den in anderen Deutschen Bundesstaaten oder in einem Deutschen Schutzgebiete belegenen Grundstücken, den daselbst betriebenen Gewerben, sowie aus Besoldungen, Pensionen und Wartegeldern, welche Deutsche Militärpersonen und Zivilbeamte, sowie deren Hinterbliebene aus der Kasse eines anderen Bundesstaates beziehen (§ 4 des Gesetzes vom 13. Mai 1870, Bundes-Gesetzblatt Seite 119);
2) das Einkommen der nach § 1 Nr. 3 steuerpflichtigen Ausländer aus ausländischem Grundbesitz oder Gewerbebetrieb, sofern dieselben nicht des Erwerbes wegen in Preußen einen Wohnsitz haben oder sich daselbst aufhalten;
3) das Militäreinkommen der Personen des Unteroffizier- und Gemeinenstandes, sowie während der Zugehörigkeit zu einem in der Kriegsformation befindlichen Teile des Heeres oder der Marine das Militäreinkommen aller Angehörigen des aktiven Heeres und der aktiven Marine;
4) der das persönliche pensionsberechtigende Gehalt übersteigende Teil des dienstlichen Einkommens derjenigen Staats- und Reichsbeamten und Offiziere, welche ihren dienstlichen Wohnsitz im Auslande haben. Sofern dieselben im Auslande zu entsprechenden direkten Staatssteuern herangezogen werden, bleibt auch das persönliche pensionsberechtigende Gehalt frei;
5) die auf Grund gesetzlicher Vorschrift den Kriegsinvaliden gewährten Pensionserhöhungen und Verstümmelungs-Zulagen, sowie die mit Kriegsdekorationen verbundenen Ehrensolde.

§ 7. Als Einkommen gelten die gesamten Jahreseinkünfte der Steuerpflichtigen in Geld und Geldeswert aus:

1) Kapitalvermögen,
2) Grundvermögen, Pachtungen und Mieten, einschließlich des Mietswertes der Wohnung im eigenen Hause,
3) Handel und Gewerbe einschließlich des Bergbaues,
4) Gewinn bringender Beschäftigung, sowie aus Rechten auf periodische Hebungen und Vorteile irgend welcher Art, soweit diese Einkünfte nicht schon unter Nr. 1 bis 3 begriffen sind.

§ 8. Außerordentliche Einnahmen aus Erbschaften, Schenkungen, Lebensversicherungen, aus dem nicht gewerbsmäßig oder zu Spekulationszwecken unternommenen Verkauf von Grundstücken und ähnliche Erwerbungen gelten nicht als steuerpflichtiges

Anmerkungen.

Zu § 6, Nr. 1. Ein Beispiel! Ein Berliner Kaufmann, welcher eine Fabrik in Chemnitz (Königreich Sachsen) besitzt, zahlt für dieselbe in Preußen nicht Einkommensteuer. Ein pensionierter sächsischer Beamter, welcher sich nach Görlitz (Provinz Schlesien) zurückgezogen hat, kann für seine Pension zur preußischen Einkommensteuer ebenfalls nicht herangezogen werden. (Vgl. oben.)

Zu § 6, Nr. 3. Zu den Unteroffizieren gehören auch die Feldwebel und die Wachtmeister.

Zu § 6, Nr. 5. „Pensionserhöhungen", aber nicht die Pension selbst.

Zu § 7. „und Geldeswert", z. B. freie Wohnung, freie Kost, Getreideverbrauch aus der eigenen Landwirtschaft. (Siehe Seite 7.)

Einkommen, sondern als Vermehrung des Stammvermögens und kommen ebenso wie Verminderungen des Stammvermögens nur insofern in Betracht, als die Erträge des letzteren dadurch vermehrt oder vermindert werden.

§ 9. I. Von dem Einkommen (§ 7) sind in Abzug zu bringen:

1) die zur Erwerbung, Sicherung und Erhaltung des Einkommens verwendeten Ausgaben, einschließlich auch der unter den Kommunalabgaben begriffenen Deichlasten;
2) die von den Steuerpflichtigen zu zahlenden Schuldenzinsen und Renten, soweit dieselben nicht auf Einnahmequellen haften, welche bei der Veranlagung außer Betracht zu lassen sind (§ 6 Nr. 1 und 2).
   Erstreckt sich die Besteuerung lediglich auf das im § 2 bezeichnete Einkommen, so sind nur die Zinsen solcher Schulden abzugsfähig, welche auf den inländischen Einkommensquellen haften oder für deren Erwerb aufgenommen sind;
3) die auf besonderen Rechtstiteln beruhenden dauernden Lasten;
4) die von dem Grundeigentume, dem Bergbau und dem Gewerbebetriebe zu entrichtenden direkten Staatssteuern, sowie solche indirekte Abgaben, welche zu den Geschäftsunkosten zu rechnen sind;
5) die regelmäßigen jährlichen Absetzungen für Abnutzung von Gebäuden, Maschinen, Betriebsgerätschaften u. s. w., soweit solche nicht bereits unter den Betriebs-Ausgaben verrechnet sind;
6) die von den Steuerpflichtigen gesetz- oder vertragsmäßig zu entrichtenden Beiträge zu Kranken-, Unfall-, Alters- und Invaliden-Versicherungs-, Witwen-, Waisen- und Pensionskassen;
7) Versicherungsprämien, welche für Versicherung des Steuerpflichtigen auf den Todes- oder Lebensfall gezahlt werden, soweit dieselben den Betrag von 600 Mark jährlich nicht übersteigen.

II. Nicht abzugsfähig sind dagegen insbesondere:

1) Verwendungen zur Verbesserung und Vermehrung des Vermögens, zu Geschäftserweiterungen, Kapitalanlagen oder Kapitalabtragungen, welche nicht lediglich als durch eine gute Wirtschaft gebotene und aus den Betriebseinnahmen zu deckende Ausgaben anzusehen sind,
2) die zur Bestreitung des Haushalts der Steuerpflichtigen und zum Unterhalte ihrer Angehörigen gemachten Ausgaben, einschließlich des Geldwertes der zu diesen Zwecken verbrauchten Erzeugnisse und Waren des eigenen landwirtschaftlichen oder gewerblichen Betriebes.

Anmerkungen.

Zu § 8. Ein Beispiel! Ein Bauer besitzt ein väterliches Gut, welches ehemals für 25 000 Mark gekauft worden ist. Er verkauft dasselbe und bekommt dafür 45 000 Mark. Der Mehrbetrag von 20 000 Mark ist eine Vermehrung seines Vermögens, aber doch kein „Einkommen". — Ein Spekulant hingegen, der ein Grundstück billig einzukaufen sucht in der Absicht, es teurer zu verkaufen und daran Geld zu verdienen, hat an seinem Gewinn ein Einkommen und muß denselben versteuern.

Zu § 9, I. 1) „Die zur Erwerbung u. s. w. des Einkommens verwendeten Ausgaben", d. h. die Geschäftsunkosten.

2) „Schulden z i n s e n", aber nicht Schuldenabzahlungen.

3) „Dauernde Lasten" z. B. Altenteile.

4) Staats-Grundsteuer, Staats-Gebäudesteuer, Staats-Gewerbesteuer können abgezogen werden, die Staats-Einkommensteuer nicht. Vgl. Seite 10, Anmerkung.

Zu § 9, II. Der Unterschied zwischen Unkosten und Geschäftserweiterung u. s. w. wird am besten an einem Beispiele klar. Wenn ein Hausbesitzer sein Haus neu anstreichen läßt, so sind dies für ihn Unkosten, die er von seiner Einnahme abziehen kann. Setzt er aber seinem Hause einen neuen Stock auf, so darf er die Kosten von der Jahreseinnahme nicht absetzen; denn dies ist für einen Wohnungsvermieter eine „Geschäftserweiterung" (oder für jemanden, der sein Haus selbst bewohnt, eine Kapitalanlage).

Kapitalabtragungen, d. h. Bezahlung von Schulden.

Im übrigen ist dieser ganze Paragraph ausführlich erläutert: Seite 8—14.

§ 10. Feststehende Einnahmen sind nach ihrem Betrage für das Steuerjahr, ihrem Betrage nach unbestimmte oder schwankende Einnahmen, sowie das steuerpflichtige Einkommen der Aktiengesellschaften u. s. w. (§ 16), nach dem Durchschnitte der drei der Veranlagung unmittelbar vorangegangenen Jahre, jedoch bei der nach diesem Gesetze stattfindenden erstmaligen Veranlagung nach dem Durchschnitte zweier Jahre zu berechnen.

Wenn Einnahmen der letztgedachten Art noch nicht so lange bestehen, so sind sie nach dem Durchschnitte des Zeitraumes ihres Bestehens, nötigenfalls nach dem mutmaßlichen Jahresertrage in Ansatz zu bringen.

Die gleichen Grundsätze gelten für die Berechnung der abzugsfähigen Ausgaben.

§ 11. Behufs der Steuerveranlagung ist dem Einkommen des Haushaltungs-Vorstandes das Einkommen der Angehörigen der Haushaltung zuzurechnen.

Personen, welche mit Gehalt oder Lohn zu Dienstleistungen angenommen sind, sowie Kostgänger, Untermieter und Schlafstellenmieter werden nicht zu den Angehörigen einer Haushaltung gezählt.

Selbständig zu veranlagen sind:

1) Ehefrauen, wenn sie dauernd von dem Ehemanne getrennt leben;
2) Kinder und andere Angehörige der Haushaltung, wenn sie ein der Verfügung des Haushaltungs-Vorstandes nicht unterliegendes Einkommen aus eigenem Erwerb — mit Ausschluß der Beihülfe in dem Geschäft des Haushaltungs-Vorstandes — oder aus anderen Quellen beziehen.

Auf die lediglich nach § 2 dieses Gesetzes zu veranlagenden Steuerpflichtigen finden vorstehende Bestimmungen keine Anwendung.

B. Besondere Vorschriften.

a) Einkommen aus Kapitalvermögen.

§ 12. Als Einkommen aus Kapitalvermögen gelten: Zinsen, Renten und geldwerte Vorteile aus Kapitalforderungen jeder Art, soweit solche Bezüge nicht bei Landwirtschaft-, Handel- und Gewerbetreibenden behufs Ausmittelung des steuerpflichtigen Einkommens aus Grundvermögen, Pachtungen, Handel oder Gewerbe (§§ 13, 14) als Teile des Geschäftsertrages in Rechnung zu bringen sind.

Mit dieser Maßgabe gelten als Einkommen aus Kapitalvermögen insbesondere:

a) Zinsen aus Anleihen und sonstigen verzinslichen Kapitalforderungen sowie aus verzinslich gewordenen Zins- und anderen Ausständen;
b) Dividenden und Zinsen, Ausbeuten und sonstige Gewinnanteile von Aktien-Gesellschaften, Kommandit-Gesellschaften auf Aktien, Gewerkschaften, Erwerbs- und Wirtschafts-Genossenschaften, und von einer stillen Gesellschaft (Artikel 250 ff. des Handels-Gesetzbuchs);
c) Zinsen, welche in unverzinslichen Kapitalforderungen, bei denen ein höheres als das ursprünglich gegebene Kapital zurückgewährt wird, einbegriffen sind;
d) vereinnahmte Gewinne aus der zu Spekulations-Zwecken unternommenen Veräußerung von Wertpapieren, Forderungen, Renten u. s. w., abzüglich etwaiger Verluste bei derartigen Geschäften.

Anmerkungen.

Zu § 10. Siehe Seite 5 bis 7. | Zu § 11. Siehe Seite 7 bis 8.

b) Einkommen aus Grundvermögen.

§ 13. Das Einkommen aus Grundvermögen umfaßt die Erträge sämtlicher Grundstücke, welche dem Steuerpflichtigen eigentümlich gehören, oder aus denen ihm infolge von Berechtigungen irgend welcher Art ein Einkommen zufließt.

Von Grundstücken, welche verpachtet oder vermietet sind, ist der Pacht- oder Mietszins, einerseits unter Hinzurechnung der dem Pächter beziehungsweise Mieter obliegenden Natural- und sonstigen Nebenleistungen sowie der dem Verpächter beziehungsweise Vermieter vorbehaltenen Nutzungen, andererseits unter Abrechnung der dem letzteren verbliebenen abzugsfähigen Lasten, als Einkommen zu berechnen.

Für nicht vermietete, sondern von dem Eigentümer beziehungsweise Nutznießer selbst bewohnte oder sonst benutzte Gebäude ist das Einkommen nach dem Mietswerte zu bemessen; außer Ansatz bleibt der Mietswert solcher von dem Eigentümer beziehungsweise Nutznießer zu seinem landwirtschaftlichen oder gewerblichen Betriebe benutzten Gebäude oder Gebäudeteile, deren Nutzungswert in dem Einkommen aus Landwirtschafts- oder Gewerbebetrieb enthalten ist.

Bei Schätzung des Einkommens aus nicht verpachteten Besitzungen ist der durch die eigene Bewirtschaftuug erzielte Reinertrag zu Grunde zu legen. Die Veranlagung solcher Betriebe, bei welchen die Erträgnisse der Substanz des Bodens entnommen werden, sowie die Veranlagung ländlicher Fabrikationszweige erfolgen nach den Grundsätzen des § 14, soweit diese Betriebe und Fabrikationszweige nicht bei der Ertragsermittelung des Hauptbetriebes, zu welchem sie gehören, berücksichtigt werden.

Der Gewinn beim pachtweisen Betriebe der Landwirtschaft ist in gleicher Weise zu veranschlagen, wie beim Betriebe auf eigenen Grundstücken, unter Hinzurechnung des Mietswerts der mitverpachteten Wohnung.

Der Pachtzins einschließlich des Werts der etwa dem Pächter obliegenden Natural- und sonstigen Nebenleistungen ist davon in Abzug zu bringen.

c) Einkommen aus Handel und Gewerbe einschließlich des Bergbaues.

§ 14. Das Einkommen aus Handel und Gewerbe einschließlich des Bergbaues besteht in dem in Gemäßheit der allgemeinen Grundsätze (§§ 6 bis 11) ermittelten Geschäftsgewinne. Mit dieser Maßgabe ist der Reingewinn aus dem Handel und Gewerbebetriebe nach den Grundsätzen zu berechnen, wie solche für die Inventur und Bilanz durch das Allgemeine Deutsche Handels-Gesetzbuch vorgeschrieben sind und sonst dem Gebrauche eines ordentlichen Kaufmannes entsprechen. Insbesondere gilt dieses einerseits von dem Zuwachs des Anlagekapitals und andererseits von den regelmäßigen jährlichen Abschreibungen, welche einer angemessenen Berücksichtigung der Wertverminderung entsprechen.

Im übrigen gilt für die Berechnung und Schätzung des Einkommens aus Gewerbe und Handel folgendes:

1) Die Zinsen des im Handels- oder Gewerbebetrieb angelegten eigenen Kapitals des Steuerpflichtigen sind als Teile des Geschäftsgewinnes zu betrachten.

2) Der von einer nicht nach § 1 Nr. 4 und 5 steuerpflichtigen Erwerbsgesellschaft erzielte Geschäftsgewinn ist den einzelnen Teilhabern nach Maßgabe ihres Anteils anzurechnen.

3) Der Gewinn aus den zu Spekulationszwecken abgeschlossenen Geschäften, abzüglich etwaiger Verluste bei derartigen Geschäften, und aus der Beteiligung an derartigen Geschäften ist auch bei solchen Steuerpflichtigen, welche nicht zu den Handel- und Gewerbetreibenden gehören, nach den für das Einkommen aus Handel und Gewerbe maßgebenden Grundsätzen zu berechnen.

d) Einkommen aus Gewinn bringender Beschäftigung und aus Rechten auf periodische Hebungen u. s. w.

§ 15. Das Einkommen aus Gewinn bringender Beschäftigung, sowie aus Rechten auf periodische Hebungen und Vorteile irgend welcher Art umfaßt insbesondere den Verdienst der Arbeiter, Dienstboten und Gewerbegehülfen, die Besoldung der Militärpersonen und Beamten jeder Art, ferner den Gewinn aus schriftstellerischer, künstlerischer, wissenschaftlicher, unterrichtender oder erziehender Thätigkeit, sowie Wartegelder, Pensionen und sonstige fortlaufende Einnahmen, welche nicht als Jahresrenten eines beweglichen oder unbeweglichen Vermögens anzusehen sind, endlich solche Rentenbezüge, welche an die Person des Empfangsberechtigten geknüpft sind.

Das Einkommen aus Dienstwohnungen ist nach dem ortsüblichen Mietswerte, jedoch nicht höher als mit fünfzehn vom Hundert des baren Gehalts des Berechtigten in Ansatz zu bringen. Soweit Dienstwohnungen vermietet sind, ist der Mietszins nach Maßgabe der Bestimmungen im § 13 Absatz 2 anzurechnen.

Bei Militärpersonen, Reichsbeamten, unmittelbaren und mittelbaren Staatsbeamten, Geistlichen und Lehrern an öffentlichen Unterrichtsanstalten ist der zur Bestreitung des Dienstaufwandes bestimmte Teil des Diensteinkommens außer Ansatz zu lassen.

e) Einkommen der Aktiengesellschaften ꝛc.

§ 16. Als steuerpflichtiges Einkommen der im § 1 Nr. 4 und 5 bezeichneten Steuerpflichtigen gelten unbeschadet der Vorschrift im § 6 Nr. 1 die Überschüsse, welche als Aktienzinsen oder Dividenden, gleichviel unter welcher Benennung, unter die Mitglieder verteilt werden, und zwar

unter Hinzurechnung der zur Tilgung der Schulden oder des Grundkapitals, zur Verbesserung oder Geschäftserweiterung, sowie zur Bildung von Reservefonds — soweit solche nicht bei den Versicherungs-Gesellschaften zur Rücklage für die Versicherungssummen bestimmt sind — verwendeten Beträge,

jedoch nach Abzug von 3½ Prozent des eingezahlten Aktienkapitals. An Stelle des letzteren tritt bei eingetragenen Genossenschaften die Summe der eingezahlten Geschäftsanteile der Mitglieder, bei Berg-Gewerkschaften das aus dem Erwerbspreise und den Kosten der Anlage und Einrichtung beziehungsweise Erweiterung des Bergwerks sich zusammensetzende Grundkapital oder, soweit diese Kosten vor dem 1. April 1892 aufgewendet sind, nach Wahl der Pflichtigen der zwanzigfache Betrag der im Durchschnitt der letzten vier Jahre vor dem Inkrafttreten dieses Gesetzes verteilten Ausbeute.

Im Falle des § 2b gilt als steuerpflichtiges Einkommen derjenige Teil der vorbezeichneten Überschüsse, welcher auf den Geschäftsbetrieb in Preußen beziehungsweise auf das Einkommen aus Preußischem Grundbesitz entfällt.

Der Kommunalbesteuerung ist das ermittelte Einkommen ohne den Abzug von 3½ Prozent zu Grunde zu legen.

Anmerkungen.

Zu § 16. Der Grund dieser Berechnung ist auf Seite 81 bis 82 auseinandergesetzt.

II. Steuersätze.

1. Steuertarif.

§ 17. Die Einkommensteuer beträgt jährlich bei einem Einkommen

von mehr als: Mark	bis einschließlich: Mark	Mark	von mehr als: Mark	bis einschließlich: Mark	Mark
900	1050	6	3900	4200	92
1050	1200	9	4200	4500	104
1200	1350	12	4500	5000	118
1350	1500	16	5000	5500	132
1500	1650	21	5500	6000	146
1650	1800	26	6000	6500	160
1800	2100	31	6500	7000	176
2100	2400	36	7000	7500	192
2400	2700	44	7500	8000	212
2700	3000	52	8000	8500	232
3000	3300	60	8500	9000	252
3300	3600	70	9000	9500	276
3600	3900	80	9500	10 500	300

Anmerkungen.

Zu § 17. Die Steuersätze für Einkommen über 10 500 Mark gestalten sich danach wie folgt:

Einkommen von mehr als Mark	bis Mark	Steuer Mark	Einkommen von mehr als Mark	bis Mark	Steuer Mark
10 500	11 500	330	50 000	52 000	1760
11 500	12 500	360	52 000	54 000	1840
12 500	13 500	390	54 000	56 000	1920
13 500	14 500	420	56 000	58 000	2000
14 500	15 500	450	58 000	60 000	2080
15 500	16 500	480	60 000	62 000	2160
16 500	17 500	510	62 000	64 000	2240
17 500	18 500	540	64 000	66 000	2320
18 500	19 500	570	66 000	68 000	2400
19 500	20 500	600	68 000	70 000	2480
20 500	21 500	630	70 000	72 000	2560
21 500	22 500	660	72 000	74 000	2640
22 500	23 500	690	74 000	76 000	2720
23 500	24 500	720	76 000	78 000	2800
24 500	25 500	750	78 000	80 000	2900
25 500	26 500	780	80 000	82 000	3000
26 500	27 500	810	82 000	84 000	3100
27 500	28 500	840	84 000	86 000	3200
28 500	29 500	870	86 000	88 000	3300
29 500	30 500	900	88 000	90 000	3400
30 500	32 000	960	90 000	92 000	3500
32 000	34 000	1040	92 000	94 000	3600
34 000	36 000	1120	94 000	96 000	3700
36 000	38 000	1200	96 000	98 000	3800
38 000	40 000	1280	98 000	100 000	3900
40 000	42 000	1360	100 000	105 000	4000
42 000	44 000	1440	105 000	110 000	4200
44 000	46 000	1520	110 000	115 000	4400
46 000	48 000	1600	115 000	120 000	4600
48 000	50 000	1680	120 000	125 000	4800

und so weiter.

Sie steigt bei höheren Einkommen

von mehr als Mark	bis einschließlich Mark	in Stufen von Mark	um je Mark
10 500	30 500	1000	30
30 500	32 000	1500	60
32 000	78 000	2000	80
78 000	100 000	2000	100

Bei Einkommen von mehr als 100 000 Mark bis einschließlich 105 000 Mark beträgt die Steuer 4000 Mark und steigt bei höheren Einkommen in Stufen von 5000 Mark um je 200 Mark.

2. Ermäßigung der Steuersätze.

§ 18. Für jedes, nicht nach § 11 selbständig zu veranlagende Familienmitglied unter 14 Jahren wird von dem steuerpflichtigen Einkommen des Haushaltungs-Vorstandes, sofern dasselbe den Betrag von 3000 nicht übersteigt, der Betrag von 50 Mark in Abzug gebracht, mit der Maßgabe, daß bei Vorhandensein von drei oder mehr Familienmitgliedern dieser Art auf jeden Fall eine Ermäßigung um eine Stufe stattfindet.

§ 19. Bei der Veranlagung ist es gestattet, besondere, die Leistungsfähigkeit der Steuerpflichtigen wesentlich beeinträchtigende wirtschaftliche Verhältnisse in der Art zu berücksichtigen, daß bei einem steuerpflichtigen Einkommen von nicht mehr als 9500 Mark eine Ermäßigung der im § 17 vorgeschriebenen Steuersätze um höchstens drei Stufen gewährt wird.

Als Verhältnisse dieser Art kommen lediglich außergewöhnliche Belastungen durch Unterhalt und Erziehung der Kinder, Verpflichtung zum Unterhalte mittelloser Angehöriger, andauernde Krankheit, Verschuldung und besondere Unglücksfälle in Betracht.

III. Veranlagung.

1. Ort der Veranlagung.

§ 20. Die Veranlagung erfolgt in der Regel an dem Orte, wo der Steuerpflichtige zur Zeit der Aufnahme des Personenstandes (§ 21) seinen Wohnsitz oder in Ermangelung eines solchen seinen Aufenthalt hat.

Im Falle eines mehrfachen Wohnsitzes steht dem Steuerpflichtigen die Wahl des Ortes der Veranlagung zu. Hat er von diesem Wahlrecht keinen Gebrauch gemacht, und ist die Veranlagung an mehreren Orten erfolgt, so gilt nur die Veranlagung an demjenigen Orte, an welchem die Einschätzung zu dem höchsten Steuerbetrage stattgefunden hat.

Preußische Staatsangehörige, welche im Inlande weder Wohnsitz noch Aufenthalt haben, sind an dem letzten Orte ihres Wohnsitzes oder Aufenthaltes in Preußen zu veranlagen.

Anmerkungen.

Zu § 18 und § 19. Siehe Seite 15 bis 16.

Die Veranlagung der im § 1 Nr. 4 und 5 bezeichneten Gesellschaften und Genossenschaften erfolgt an dem Orte, wo dieselben in Preußen ihren Sitz haben.

Die Veranlagung der im § 2 bezeichneten Steuerpflichtigen geschieht an dem Orte, wo der Grundbesitz, beziehungsweise die gewerbliche oder Handelsanlage oder die Betriebsstätte liegt, oder der bei der Steuerverwaltung etwa bestellte Vertreter seinen Wohnsitz hat, oder wo sich der Sitz der Kasse befindet, von welcher die Besoldungen, Pensionen oder Wartegelder ausgezahlt werden.

Die bezüglich des Veranlagungsortes weiter erforderlichen Anordnungen erläßt der Finanzminister.

2. Vorbereitung der Veranlagung.

§ 21. Vor Beginn des Veranlagungs-Geschäftes hat jeder Gemeinde-(Guts-)vorstand eine vollständige Nachweisung aller in dem Gemeinde-(Guts-)bezirke vorhandenen, in diesem Gesetze als steuerpflichtig bezeichneten Personen, Gesellschaften und Genossenschaften, sowie der nach § 2 die Steuerpflicht bedingenden Grundbesitzungen und gewerblichen Unternehmungen aufzunehmen.

§ 22. Jeder Besitzer eines bewohnten Grundstückes oder dessen Vertreter ist verpflichtet, der mit der Aufnahme des Personenstandes betrauten Behörde die auf dem Grundstücke vorhandenen Personen mit Namen, Berufs- oder Erwerbsart anzugeben.

Die Haushaltungs-Vorstände haben den Hausbesitzern oder deren Vertretern die erforderliche Auskunft über die zu ihrem Hausstande gehörigen Personen einschließlich der Unter- und Schlafstellen-Mieter zu erteilen.

§ 23. Jeder Gemeinde(Guts-)vorstand hat über die Besitz-, Vermögens- und sonstigen Einkommens-Verhältnisse der Steuerpflichtigen des Gemeinde-(Guts-) bezirkes, sowie über etwaige besondere, die Leistungsfähigkeit derselben bedingende wirtschaftliche Verhältnisse (§§ 18, 19) möglichst vollständige Nachrichten einzuziehen, überhaupt alle Merkmale, welche ein Urteil über die Besteuerung zu begründen vermögen, zu sammeln.

Auf Grund der von ihm angestellten Ermittelungen hat der Gemeinde-(Guts-)vorstand das mutmaßliche Einkommen der Steuerpflichtigen, getrennt nach den verschiedenen Einnahmequellen (§ 7), in eine Einkommens-Nachweisung einzutragen.

Die auf den Gemeinde-(Guts-)vorstand selbst bezüglichen Eintragungen sind von den seitens der Regierungen hierfür bestimmten Personen zu bewirken.

3. Steuererklärungen.

§ 24. Jeder bereits mit einem Einkommen von mehr als 3000 Mark zur Einkommensteuer veranlagte Steuerpflichtige ist auf die jährlich durch öffentliche Bekanntmachung ergehende Aufforderung zur Abgabe einer Steuererklärung verpflichtet. Letztere ist innerhalb der auf mindestens vierzehn Tage zu bemessenden Frist nach den vom Finanzminister vorgeschriebenen, kostenlos zu verabfolgenden Formularen, bei dem Vorsitzenden der Veranlagungs-Kommission (§ 34) schriftlich oder zu Protokoll, unter der Versicherung abzugeben, daß die Angaben nach bestem Wissen und Gewissen gemacht sind.

Anmerkungen.

Zu § 22. „Auskunft über die Personen.“ Zu einer weiter gehenden Auskunft über Einkommensverhältnisse u. s. w. ist in diesem Vorbereitungsstadium noch niemand verpflichtet. Wenn das vorgelegte Formular derartige Fragen enthält, so braucht dieselben niemand zu beantworten. Eine derartige Verpflichtung tritt erst später bei der wirklichen Selbsteinschätzung ein.

Zu § 24 bis § 26. Siehe Seite 3 bis 20.

Aktiengesellschaften, Kommandit=Gesellschaften auf Aktien, Berggewerkschaften und eingetragene Genossenschaften sind außerdem verpflichtet, ihre Geschäftsberichte und Jahresabschlüsse sowie die darauf bezüglichen Beschlüsse der Generalversammlungen nach den näheren Bestimmungen des Finanzministers alljährlich dem Vorsitzenden der Veranlagungs=Kommission einzureichen.

§ 25. Andere Steuerpflichtige sind zur Abgabe einer Steuererklärung verpflichtet, sobald eine besondere Aufforderung des Vorsitzenden der Veranlagungs=Kommission (§§ 34, 35) an sie ergeht. Sie sind, falls letzteres nicht geschieht, auf ihr Verlangen zur Abgabe einer Steuererklärung innerhalb der im § 24 bestimmten Frist zuzulassen.

§ 26. 1) In der Steuererklärung ist der Gesamtbetrag des Einkommens (§ 10) getrennt nach den im § 7 vorgesehenen Einkommensquellen anzugeben.

2) Das Einkommen von dem außerhalb des Veranlagungsbezirkes belegenen Grundbesitze oder Gewerbebetriebe ist besonders aufzuführen.

3) Schuldenzinsen, Lasten u. s. w., deren Abzug beansprucht wird, sind anzugeben.

§ 27. Dem Steuerpflichtigen soll auf seinen Antrag, soweit es sich um nur durch Schätzung zu ermittelndes Einkommen handelt, gestattet werden, in die Steuererklärung statt der ziffermäßigen Angabe des Einkommens diejenigen Nachweisungen aufzunehmen, deren die Veranlagungs=Kommission zur Schätzung derselben bedarf.

§ 28. Die Aufforderungen zur Abgabe der Steuererklärung müssen den Hinweis auf die im § 30 angedrohten Rechtsnachteile, sowie auf die Strafbestimmungen des § 66 enthalten.

§ 29. Die Steuererklärungen sind für Personen, welche unter väterlicher Gewalt, Pflegschaft oder Vormundschaft stehen, sowie für die im § 1 Nr. 4 und 5 bezeichneten Steuerpflichtigen von deren Vertretern, für Ehefrauen, sofern sie nicht selbständig veranlagt sind, von deren Ehemännern abzugeben.

Für Personen, welche abwesend oder sonst verhindert sind, die Steuererklärungen selbst abzugeben, können solche durch Bevollmächtigte erfolgen.

Die Erfüllung der Steuer=Erklärungspflicht seitens Eines von mehreren Vertretern befreit die übrigen Verpflichteten von ihrer Verbindlichkeit.

§ 30. Wer die ihm obliegende Steuererklärung nicht innerhalb der vorgeschriebenen Frist abgiebt, verliert die gesetzlichen Rechtsmittel gegen seine Ein=

Anmerkungen.

Zu § 27. Siehe Seite 17 bis 18. „Soweit es sich um nur durch Schätzung zu ermittelndes Einkommen handelt", also z. B. um Bezüge in Getreide und Lebensmitteln aller Art. Wer ein derartiges Einkommen nicht schätzen kann, kann verlangen, für diesen Teil von der Selbsteinschätzung befreit zu werden. Aber die Behörde macht dann von ihrem Rechte, genaue bis ins einzelne gehende Nachweisungen zu verlangen, ernstlichen Gebrauch. — Im allgemeinen wird jeder im Stande sein, auch ein derartiges Einkommen richtig zu schätzen; und es ist niemandem zu raten, ohne Not von diesem Paragraphen Gebrauch zu machen.

Zu § 30. Der Sinn des Paragraphen ist der folgende: Wer die Selbsteinschätzung in der vorgeschriebenen Frist nicht einreicht, wird von der Behörde eingeschätzt und verliert das Recht, dagegen zu reklamieren. Wenn die Behörde will, so kann sie aber dem Säumigen eine nochmalige Mahnung zugehen lassen, die Selbsteinschätzung binnen vier Wochen einzureichen. Bleibt auch diese Mahnung unbefolgt, so verhängt die Behörde als zweite Strafe einen Steuerzuschlag von 25 Prozent. — Wer gänzlich unverschuldet die Steuererklärung unterlassen mußte, kann ausdrücklich die „Wiedereinsetzung in den vorigen Stand" verlangen.

schätzung für das betreffende Steuerjahr, insofern nicht Umstände dargethan werden, welche die Versäumnis entschuldbar machen.

Wer die Steuererklärung, zu deren Einreichung er gesetzlich verpflichtet ist, nicht längstens innerhalb 4 Wochen nach einer nochmaligen an ihn zu richtenden besonderen Aufforderung, welche auch nach geschehener Veranlagung ergehen kann, abgiebt, hat neben der veranlagten Steuer einen Zuschlag von 25 Prozent zu derselben zu zahlen und außerdem die durch seine Unterlassung dem Staate entzogene Steuer zu entrichten.

Die Festsetzung des mit der veranlagten Steuer zu entrichtenden Zuschlages von 25 Prozent steht der Regierung zu, gegen deren Entscheidung nur die Beschwerde an den Finanzminister zulässig ist.

4. Organe, Bezirke und Verfahren der Veranlagung.

§ 31. Der Veranlagung der Steuerpflichtigen geht eine Voreinschätzung durch besondere Kommissionen voraus.

Die Voreinschätzungs=Kommissionen bestehen aus dem Gemeindevorstande als Vorsitzenden und aus einer von der Regierung zu bestimmenden Anzahl von Mitgliedern, welche unter möglichster Berücksichtigung der verschiedenen Arten des Einkommens teils von der Regierung ernannt, teils von der Gemeinde=Versammlung beziehungsweise Gemeinde=Vertretung gewählt werden. Die Zahl der ernannten Mitglieder einschließlich des Vorsitzenden muß hinter der Zahl der gewählten Mitglieder zurückbleiben. Die Regierung kann von der Ernennung von Mitgliedern absehen.

Gemeinden und selbständige Gutsbezirke können nach Anhörung der Beteiligten im Einvernehmen mit dem Bezirksausschusse durch die Regierung und, falls ein Einvernehmen beider Behörden nicht erreicht wird, durch den Oberpräsidenten mit benachbarten Gemeinden zu einem Voreinschätzungs=Bezirke vereinigt werden.

Wo Landgemeinden oder Gutsbezirke nach Maßgabe der Landgemeinde=Ordnung für die sieben östlichen Provinzen zum Zwecke der gemeinsamen Wahrnehmung einzelner zu ihrem Wirkungskreise gehöriger Kommunal=Angelegenheiten zu besonderen Verbänden vereinigt sind oder vereinigt werden, können dieselben zu einem Voreinschätzungs=Bezirke verbunden werden.

Für jeden solchen Bezirk (Absatz 3 und 4) wird nur eine Voreinschätzungs=Kommission gebildet, deren Vorsitz der von der Regierung zu bestimmende Gemeinde= oder Gutsvorsteher, Bürgermeister, Amtmann oder Amtsvorsteher zu übernehmen hat.

Die Zahl der zu wählenden Mitglieder einer solchen Voreinschätzungs=Kommission wird auf die einzelnen Gemeinden und Gutsbezirke nach Verhältnis der Einwohnerzahl mit der Maßgabe verteilt, daß mindestens ein Mitglied auf jede Gemeinde und jeden Gutsbezirk entfällt.

Für Gutsbezirke treten die Vorsteher beziehungsweise deren Stellvertreter oder die von ihnen zu ernennenden Einwohner des Voreinschätzungs=Bezirkes als Mitglieder in die Kommission ein.

§ 32. Die Voreinschätzungs=Kommission unterwirft die gemäß §§ 21, 23 von dem Gemeinde=(Guts=)vorsteher aufgestellten Nachweisungen einer genauen Prüfung und trägt die für die einzelnen Steuerpflichtigen ermittelten Einkommensbeträge bis zu 3000 Mark, sowie die von ihr für diese vorzuschlagenden Steuersätze in die Nachweisungen ein.

§ 33. Behufs Veranlagung der Steuerpflichtigen bildet jeder Kreis einen Veranlagungsbezirk. Der Regierung steht die Befugnis zu, innerhalb desselben Kreises die Bildung mehrerer Veranlagungsbezirke anzuordnen.

§ 34. Für jeden Veranlagungsbezirk ist unter dem Vorsitze des Landrats oder eines von der Regierung zu ernennenden Kommissars eine Veranlagungs=Kommission zu bilden, deren Mitglieder teils von der Regierung ernannt, teils von der Kreisvertretung und in den Stadtkreisen von der Gemeinde=

vertretung aus den Einwohnern des Veranlagungsbezirks, unter möglichster Berücksichtigung der verschiedenen Arten des Einkommens, **auf die Dauer von sechs Jahren gewählt werden.**

Die Zahl der ernannten und der gewählten Mitglieder wird für die einzelnen Veranlagungsbezirke mit Rücksicht auf deren Größe und auf die Einkommens-Verhältnisse der Einwohner von der Regierung in der Art bestimmt, daß die Zahl der ernannten Mitglieder einschließlich des Vorsitzenden die Hälfte der gewählten Mitglieder nicht überschreitet.

Alle drei Jahre scheidet je die Hälfte der ernannten und der gewählten Mitglieder, und zwar bei ungerader Zahl das erste Mal die größere Hälfte aus und wird durch neue Ernennungen beziehungsweise Wahlen ersetzt. Die das erste Mal Ausscheidenden werden durch das Loos bestimmt; die Ausscheidenden können wieder ernannt beziehungsweise gewählt werden.

§ 35. Der Vorsitzende der Veranlagungs-Kommission, welcher zugleich die Interessen des Staates vertritt, hat innerhalb seines Veranlagungs-Bezirks die Geschäftsführung der Vorsitzenden der Voreinschätzungs-Kommissionen zu beaufsichtigen und das Veranlagungs-Geschäft zu leiten. Er ist dafür verantwortlich, daß die gesammte Veranlagung in seinem Bezirke nach den bestehenden Vorschriften zur Ausführung gelangt.

Der Vorsitzende hat insbesondere die Personenstands- und Einkommens-Nachweisungen (§§ 21, 23) zu prüfen, die öffentlichen Bekanntmachungen wegen Abgabe der Steuererklärungen zu erlassen (§ 24) und diejenigen nicht bereits mit einem Einkommen von mehr als 3000 Mark veranlagten Steuerpflichtigen, bei welchen ein diesen Betrag übersteigendes Einkommen anzunehmen ist, zur Abgabe beziehungsweise Erneuerung der Steuererklärung besonders aufzufordern. Die sämtlichen eingegangenen Steuererklärungen sind von ihm zu prüfen.

Zum Zwecke der richtigen Veranlagung der Steuerpflichtigen, insbesondere behufs Prüfung der Steuererklärungen, hat der Vorsitzende über die Besitz-, Vermögens- und Einkommens-Verhältnisse der Steuerpflichtigen möglichst vollständige Nachrichten einzuziehen.

Hierbei kann er sich nach seinem Ermessen der Mitwirkung der Gemeinde-(Guts-)vorstände und der Verwaltungsbehörden bedienen, welche seinen Aufforderungen Folge zu leisten schuldig sind. Er ist befugt, die Voreinschätzungs-Kommissionen zu einer besonderen Äußerung über die Besitz-, Vermögens- und Einkommens-Verhältnisse einzelner Steuerpflichtiger zu veranlassen.

Der Vorsitzende kann den Steuerpflichtigen auf Antrag oder von Amts wegen Gelegenheit zur persönlichen Verhandlung über die für die Veranlagung erheblichen Thatsachen und Verhältnisse gewähren.

Sämtliche Staats- und Kommunal-Behörden haben die Einsicht aller die Einkommens-Verhältnisse der Steuerpflichtigen betreffenden Bücher, Akten, Urkunden u. s. w. zu gestatten und auf Ersuchen Abschriften aus denselben zu erteilen, sofern nicht besondere gesetzliche Bestimmungen oder dienstliche Rücksichten entgegenstehen. Die Einsicht der Bücher, Akten u. s. w. der Sparkassen ist nicht gestattet.

§ 36. Der Vorsitzende der Veranlagungs-Kommission hat die von der Voreinschätzungs-Kommission vorgeschlagenen Steuersätze (§ 32) zu prüfen und, soweit dieselben nicht von ihm beanstandet werden, festzusetzen.

In betreff derjenigen Steuerpflichtigen, bezüglich welcher ein Vorschlag der Voreinschätzungs-Kommission nicht vorliegt, oder der Vorschlag von ihm beanstandet wird, hat er die Verhandlungen der Veranlagungs-Kommission zur Beschlußfassung vorzulegen und zu diesem Behufe das nach seinem Ermessen für jeden Steuerpflichtigen zutreffende Einkommen, getrennt nach den verschiedenen Quellen, in die Einkommens-Nachweisung einzutragen und den nach Vorschrift dieses Gesetzes zu entrichtenden Steuersatz vorzuschlagen.

§ 37. Dem Vorsitzenden der Veranlagungs-Kommission können zur Bearbeitung der Einkommensteuersachen von der Regierung Hilfsbeamte zugeordnet werden. Dieselben können an den Kommissionssitzungen als Stellvertreter des Vorsitzenden oder mit beratender Stimme teilnehmen; ihre sonstigen Rechte und Pflichten werden nach den hierüber von dem Finanzminister zu erlassenden allgemeinen Anweisungen von der Regierung festgesetzt.

§ 38. Die Veranlagungs-Kommission unterwirft die eingegangenen Steuererklärungen sowie die Personenstands- und Einkommens-Nachweisungen einer

---

Anmerkungen.

Zu § 38. In dem hier besprochenen Ermittelungsverfahren können an den Steuerpflichtigen viel genauere Fragen gestellt werden. Aber es liegt im eigenen Interesse des ehrlichen Steuerzahlers, daß er der Behörde die Auskunft giebt, welche dieselbe für erforderlich hält. Beantwortet der Steuerpflichtige die an ihn gestellten Fragen nicht genügend, so geht das Ermittelungsverfahren ohne ihn seinen Gang, die Behörde vernimmt Zeugen und Sachverständige aller Art und setzt den Steuersatz fest, wie er ihr gut scheint.

Zeugen und Sachverständige, welche die Behörde heranzieht, können ihre Aussage nicht verweigern; es sei denn, daß sie Gründe haben, welche auch vor Gericht gelten würden, wie z. B. nahe Verwandtschaft. Daß der Bruder gegen den Bruder u. s. w. aussage, kann nicht verlangt werden.

genauen Prüfung. Hierbei hat sie das Recht, von den nach § 35, Absatz 4, 5 und 6 dem Vorsitzenden zustehenden Hilfsmitteln auch ihrerseits Gebrauch zu machen.

Wird eine Steuererklärung durch die Veranlagungs-Kommission oder den Vorsitzenden beanstandet, so ist dem Steuerpflichtigen hiervon unter Mitteilung der Gründe mit der Aufforderung Kenntnis zu geben, sich binnen einer Frist von zwei Wochen, welche vom Vorsitzenden im Bedürfnisfalle auf vier Wochen verlängert werden kann, über dieselben oder bestimmte an ihn gestellte Fragen zu erklären. Unterläßt dies der Steuerpflichtige, oder werden die Bedenken gegen die Richtigkeit der Steuererklärung durch die Erläuterung oder Ergänzung seitens desselben nicht behoben, so ist die Veranlagungs-Kommission befugt, die Vernehmung von Zeugen und Sachverständigen und sonstige, zur Feststellung der Thatsachen erforderliche Erhebungen zu veranlassen. Die zu vernehmenden Personen dürfen die Auskunftserteilung nur unter den Voraussetzungen ablehnen, welche nach der Zivilprozeß-Ordnung zur Ablehnung eines Zeugnisses beziehungsweise Gutachtens berechtigen.

Bleiben trotzdem die Zweifel an der Richtigkeit der Steuererklärung bestehen, so ist die Kommission bei Schätzung des Einkommens an die Angaben des Steuerpflichtigen nicht gebunden.

Die Kommission setzt den nach ihrem Ermessen zutreffenden Steuersatz auf Grund der stattgehabten Ermittelungen fest.

§ 39. Das Ergebnis der Veranlagung hat der Vorsitzende der Veranlagungs-Kommission jedem Steuerpflichtigen mittels einer, zugleich eine Belehrung über das Rechtsmittel der Berufung enthaltenden Zuschrift bekannt zu machen.

5. Rechtsmittel.

a) Berufung.

§ 40. Gegen das Ergebnis der Veranlagung steht sowohl dem Steuerpflichtigen als auch dem Vorsitzenden der Veranlagungs-Kommission das Rechtsmittel der Berufung an die Berufungs-Kommission zu.

Die Berufung ist seitens des Vorsitzenden der Veranlagungs-Kommission bei dem Vorsitzenden der Berufungs-Kommission, seitens der Steuerpflichtigen bei dem Vorsitzenden der Veranlagungs-Kommission binnen einer Ausschlußfrist von vier Wochen einzulegen, welche für den Vorsitzenden der letzteren vom Tage des angefochtenen Beschlusses, für den Steuerpflichtigen von dem auf die Zustellung der Benachrichtigung (§ 39) folgenden Tage ab läuft.

§ 41. Für jeden Regierungsbezirk wird unter dem Vorsitze eines vom dem Finanzminister zu ernennenden Regierungskommissars eine Berufungs-Kommission gebildet, deren Mitglieder teils von der Regierung ernannt, teils von dem Provinzial-Ausschusse aus den Einwohnern des Regierungsbezirks, unter möglichster Berücksichtigung der verschiedenen Arten des Einkommens, auf die Dauer von sechs Jahren gewählt werden.

Die Mitglieder der für die Haupt- und Residenzstadt Berlin zu bildenden Berufungs-Kommission werden teils von dem Finanzminister ernannt, teils von dem Magistrat und der Stadtverordneten-Versammlung in gemeinschaftlicher Sitzung unter dem Vorsitz des Bürgermeisters gewählt.

Die Zahl der Mitglieder der Berufungs-Kommission wird für jeden Bezirk von dem Finanzminister nach Maßgabe der Vorschrift im § 34 Absatz 2 festgesetzt. Die Bestimmungen im § 34 Absatz 3 finden entsprechende Anwendung.

Anmerkungen.

Zu § 40 bis § 44. Vgl. Seite 87 bis 94. Wer die vierwöchentliche Frist gänzlich ohne Verschulden versäumt hat, kann ausdrücklich die „Wiedereinsetzung in den vorigen Stand“ verlangen.

§ 42. Der Vorsitzende der Berufungs-Kommission ist in Bezug auf die richtige Feststellung der Steuer der Vertreter der Staatsinteressen für seinen Bezirk. Ihm liegt die obere Leitung des gesamten Veranlagungs-Geschäftes im Bezirke ob. Er hat die gleichmäßige Anwendung der Veranlagungs-Grundsätze zu überwachen, die Geschäftsführung der Vorsitzenden der Veranlagungs-Kommissionen zu beaufsichtigen und für die rechtzeitige Vollendung des Veranlagungs-Geschäftes zu sorgen.

§ 43. Die Berufungs-Kommission entscheidet über alle gegen das Verfahren und die Entscheidungen der Veranlagungs-Kommissionen angebrachten Beschwerden und Berufungen.

Behufs Prüfung der Berufungen können die Berufungs-Kommissionen und deren Vorsitzender eine genaue Feststellung der Vermögens- und Einkommens-Verhältnisse der Steuerpflichtigen veranlassen. Dabei sind sie befugt, von den zu diesem Zweck den Veranlagungs-Kommissionen und deren Vorsitzenden zustehenden Hilfsmitteln (§ 35 Absatz 4, 5 und 6, § 38) Gebrauch zu machen.

Die Berufungs-Kommission und deren Vorsitzender können ferner die eidliche Bekräftigung des Zeugnisses oder Gutachtens der vernommenen Zeugen beziehungsweise Sachverständigen vor dem zuständigen Amtsgericht erfordern.

Die Berufungs-Kommission hat die Personenstands- und Einkommens-Nachweisungen sorgfältig zu prüfen; die von ihr gezogenen Erinnerungen sind bei der Veranlagung für das nächste Steuerjahr zu beachten.

b) Beschwerde.

§ 44. Gegen die Entscheidung der Berufungs-Kommission steht sowohl den Steuerpflichtigen, als auch dem Vorsitzenden der Berufungs-Kommission die Beschwerde an das Oberverwaltungs-Gericht zu. Die Beschwerde ist innerhalb der im § 40 bestimmten Frist, seitens des Vorsitzenden der Berufungs-Kommission bei dem Oberverwaltungs-Gericht, seitens der Steuerpflichtigen bei dem Vorsitzenden der Berufungs-Kommission anzubringen und kann nur darauf gestützt werden:

1) daß die angefochtene Entscheidung auf der Nichtanwendung oder auf der unrichtigen Anwendung des bestehenden Rechts, insbesondere auch der von den Behörden innerhalb ihrer Zuständigkeit erlassenen Verordnung beruhe;
2) daß das Verfahren an wesentlichen Mängeln leide.

In der Beschwerde ist anzugeben, worin die behauptete Nichtanwendung oder unrichtige Anwendung des bestehenden Rechts, oder worin die behaupteten Mängel des Verfahrens gefunden werden.

§ 45. Der Vorsitzende der Berufungs-Kommission überreicht die bei ihm eingegangene Beschwerde des Steuerpflichtigen mit seiner Gegenerklärung, soweit er solche für erforderlich erachtet, dem Oberverwaltungs-Gericht. Die Beschwerde des Vorsitzenden der Berufungs-Kommission wird dem Steuerpflichtigen zur schriftlichen Gegenerklärung innerhalb einer bestimmten, von einer bis zu vier Wochen zu bemessenden Frist zugefertigt.

§ 46. Das Oberverwaltungs-Gericht erläßt seine Entscheidung in nicht öffentlicher Sitzung, der Regel nach ohne vorherige mündliche Anhörung des Steuerpflichtigen.

Es kann jedoch dem Steuerpflichtigen von Amts wegen oder auf Antrag Gelegenheit zur persönlichen Verhandlung über den Gegenstand der Beschwerde gewähren.

Bei seiner Entscheidung ist es an diejenigen Gründe nicht gebunden, welche zur Rechtfertigung der gestellten Anträge geltend gemacht worden sind.

§ 47. Erachtet das Oberverwaltungs-Gericht die Beschwerde für begründet, so kann es die Angelegenheit zur anderweiten Entscheidung an die Berufungs-Kommission zurückgeben oder selbst die Steuerfestsetzung berichtigen. Im ersteren Falle sind die von dem Gerichtshofe über die Auslegung und Anwendung der gesetzlichen Vorschriften gegebenen Weisungen zu befolgen.

§ 48. Über Beschwerden, welche das Verfahren des Vorsitzenden der Berufungs-Kommission aus Anlaß der nach § 44 eingereichten Beschwerden betreffen, beschließt das Oberverwaltungs-Gericht.

§ 49. Im übrigen finden auf das Verfahren zum Zwecke der Entscheidung über die Beschwerden (§ 44) die über das Verwaltungs-Streitverfahren auf Klagen vor dem Oberverwaltungs-Gerichte bestehenden gesetzlichen Bestimmungen, insbesondere diejenigen des Gesetzes über die allgemeine Landesverwaltung vom 30. Juli 1883 (Gesetz-Sammlung, Seite 195), des Gesetzes, betreffend die Verfassung der Verwaltungs-Gerichte u. s. w., vom $\frac{\text{3. Juli 1875}}{\text{2. August 1880}}$ (Gesetz-Sammlung 1880 Seite 328) und des Gesetzes zur Abänderung des § 29 des letzteren vom 27. Mai 1888 (Gesetz-Sammlung Seite 226) mit der Maßgabe sinngemäße Anwendung, daß die Erhebung eines Pauschquantums auch dann stattfindet, wenn die Entscheidung ohne vorgängige mündliche Verhandlung erfolgt ist, und daß ein Anspruch auf Ersatz der Anwaltsgebühren nicht stattfindet.

6. Geschäftsordnung der Kommissionen.

§ 50. Für sämtliche Vorsitzende und Mitglieder der Voreinschätzungs-, Veranlagungs- und Berufungs-Kommissionen sind Stellvertreter in gleicher Weise wie die Vorsitzenden oder Mitglieder zu ernennen beziehungsweise zu wählen. Die Bestimmungen im § 34 Absatz 3 finden auf die Stellvertreter entsprechende Anwendung.

Wegen Annahme und Ablehnung der nach den Vorschriften dieses Gesetzes stattfindenden Ernennungen und Wahlen finden die Bestimmungen des §§ 8, 25 der Kreisordnung vom 13. Dezember 1872 (Gesetz-Sammlung Seite 661) sinngemäße Anwendung.

Als Mitglieder der Kommissionen sind, abgesehen von den durch die bezüglichen Bestimmungen vorgeschriebenen besonderen Voraussetzungen, nur solche Personen wählbar, welche das fünfundzwanzigste Lebensjahr vollendet haben und sich im Besitze der bürgerlichen Ehrenrechte befinden.

§ 51. Die Vorsitzenden der Kommissionen haben die letzteren zusammenzuberufen, deren Geschäfte vorzubereiten und zu leiten, sowie die nicht von ihnen durch Einlegung von Rechtsmitteln angefochtenen Kommissionsbeschlüsse auszuführen.

Nach Bedürfnis können zur Erledigung der den Kommissionen obliegenden Geschäfte Unterkommissionen gebildet werden.

Die Kommissionen, beziehungsweise Unterkommissionen fassen ihre Beschlüsse nach Stimmenmehrheit. Dem Vorsitzenden steht volles Stimmrecht zu. Bei Stimmengleichheit entscheidet die Stimme des Vorsitzenden.

So lange über die Einschätzung oder Berufung eines Kommissionsmitgliedes oder seiner Verwandten oder Verschwägerten in auf- und absteigender Linie oder bis zum dritten Grade der Seitenlinien beraten und abgestimmt wird, hat dasselbe abzutreten.

Ergeben sich diese Voraussetzungen hinsichtlich der Person des Vorsitzenden, so hat derselbe die Führung des Vorsitzes einem der Kommissionsmitglieder zu übertragen.

Die Ausfertigung der Kommissionsbeschlüsse und Entscheidungen sind von dem Vorsitzenden zu vollziehen.

§ 52. Die Mitglieder der Kommissionen haben dem Vorsitzenden mittels Handschlages an Eidesstatt zu geloben, daß sie bei den Kommissions-Verhandlungen ohne Ansehen der Person, nach bestem Wissen und Gewissen verfahren und die Verhandlungen sowie die hierbei zu ihrer Kenntnis gelangenden Verhältnisse der Steuerpflichtigen strengstens geheim halten werden.

Das gleiche Gelöbnis haben vor einem von der Regierung zu ernennenden Kommissar diejenigen Vorsitzenden abzulegen, welche nicht schon als Beamte vereidigt sind.

Anmerkungen.

Zu § 50. Ablehnungsgründe sind hauptsächlich: anhaltende Krankheit; Geschäfte, die häufige Abwesenheit vom Wohnorte mit sich bringen; das Alter von 60 Jahren; die Verwaltung eines unmittelbaren Staatsamtes.

Die bei der Steuerveranlagung beteiligten Beamten sind zur Geheimhaltung der Kommissions-Verhandlungen sowie der zu ihrer Kenntnis gelangenden Verhältnisse der Steuerpflichtigen kraft des von ihnen geleisteten Amtseides verpflichtet. Die Steuererklärungen sind unter Verschluß aufzubewahren und dürfen, ebenso wie die Kommissions-Verhandlungen über dieselben, nur zur Kenntnis durch ihren Amtseid zur Geheimhaltung verpflichteter Beamten gelangen.

§ 53. Die von den Vorsitzenden der Kommissionen zu bewirkenden Zustellungen an Steuerpflichtige sind durch einen öffentlichen Beamten unter Bescheinigung der Behändigung auszuführen. Die Post kann um die Bewirkung der Zustellung ersucht werden. In beiden Fällen gilt die Zustellung für vollzogen, auch wenn die Annahme verweigert wird.

Sind Wohnsitz und Aufenthalt eines Steuerpflichtigen unbekannt, so kann die Zustellung an denselben durch Anheftung des zuzustellenden Schriftstückes an der zu Aushängen der Gemeinde des Veranlagungsortes bestimmten Stelle erfolgen. Die Zustellung gilt für vollzogen, wenn seit der Anheftung zwei Wochen verstrichen sind. Auf die Gültigkeit der Zustellung hat es keinen Einfluß, wenn das Schriftstück von dem Orte der Anheftung zu früh entfernt wird.

Die außerhalb Preußens zu bewirkenden Zustellungen können mittels eingeschriebener Briefe erfolgen. Die Zustellung gilt mit der Aufgabe zur Post für vollzogen.

§ 54. Unterläßt der berechtigte Kommunalverband, ungeachtet gehöriger Aufforderung, die Wahl der Kommissions-Mitglieder, oder verweigert eine Kommission die Erledigung der ihr übertragenen Geschäfte, so sind diese für die betreffende Veranlagungsperiode auf Verfügung der Aufsichtsbehörde von dem Vorsitzenden wahrzunehmen. Vor Beginn des nächsten Veranlagungs-Geschäfts hat eine Neuwahl der wählbaren Kommissions-Mitglieder zu erfolgen.

IV. Oberaufsicht.

§ 55. Die oberste Leitung des Veranlagungsgeschäfts im Staate gebührt dem Finanzminister, welcher zugleich über Beschwerden gegen das Verfahren der Berufungs-Kommissionen und der Vorsitzenden derselben, mit Ausnahme der Rechtsmittel (§ 44) zu entscheiden hat.

V. Veränderung der veranlagten Steuer innerhalb des Steuerjahres.

§ 56. Die Veranlagung der Einkommensteuer erfolgt für jedes Rechnungsjahr (Steuerjahr).

§ 57. Die Vermehrung des Einkommens während des laufenden Steuerjahres begründet keine Veränderung in der schon erfolgten Veranlagung. Tritt die Vermehrung infolge eines Erbanfalles ein, so sind die Erben entsprechend der Vermehrung ihres Einkommens anderweit zu veranlagen und zur Entrichtung der Steuer von dem Beginne des auf den Anfall der Erbschaft folgenden Monats ab verpflichtet.

§ 58. Wird nachgewiesen, daß während des laufenden Steuerjahres infolge des Wegfalles einer Einnahmequelle oder infolge außergewöhnlicher Un-

Anmerkungen.

Zu § 56. Das „Rechnungsjahr" des preußischen Staates beginnt mit dem 1. April.

Zu § 58. Die Verminderung des Einkommens um mehr als den vierten Teil giebt nicht immer einen Anspruch auf Ermäßigung mitten im Jahre, sondern nur wenn sie aus einem der beiden hier genannten Gründe eingetreten ist, nämlich entweder infolge des Wegfalles einer Einnahmequelle oder infolge außergewöhnlicher Unglücksfälle. (Siehe Seite 91—92.) Aber ein Kaufmann, dessen Einnahmequellen weiter fließen, nur in geringerem Maße, und der auch von außergewöhnlichen Unglücksfällen nicht betroffen ist, muß die einmal veranlagte Steuer auch in einem schlechten Jahre weiter zahlen, selbst wenn der Rückgang mehr als ein Viertel beträgt. Es müßte denn sein, daß derselbe sich wirtschaftlich so herabgekommen fühlt, daß er die Steuer schon gar nicht mehr aufbringen kann; in diesem Falle könnte er nach § 64 die Niederschlagung beantragen.

glücksfälle das Einkommen eines Steuerpflichtigen um mehr als den vierten Teil vermindert worden ist oder das wegfallende Einkommen anderweit zur Einkommensteuer herangezogen wird (§ 57), so kann vom Beginne des auf den Eintritt der Einkommensverminderung folgenden Monats ab eine dem verbliebenen Einkommen entsprechende Ermäßigung der Einkommensteuer beansprucht werden.

§ 59. Im übrigen tritt innerhalb des Steuerjahres eine Veränderung in den Steuerrollen nur ein entweder infolge von Zugängen, indem Personen durch Zuzug aus anderen Bundesstaaten und aus dem Auslande, durch Austritt aus einer besteuerten Haushaltung, durch Ausscheiden aus dem Militärdienst u. s. w. steuerpflichtig werden, oder infolge von Abgängen, indem bei Steuerpflichtigen die Voraussetzungen, an welche die Steuerpflicht geknüpft ist, erlöschen.

Die Zu- und Abgangstellung erfolgt von dem Beginne des auf den Eintritt beziehungsweise das Erlöschen der Steuerpflicht folgenden Monats ab.

§ 60. Über die Steuerermäßigung (§ 58) hat die Regierung auf den bei dem Vorsitzenden der Veranlagungs-Kommission zu stellenden Antrag zu befinden. Gegen ihre Entscheidung steht dem Steuerpflichtigen binnen einer Ausschlußfrist von vier Wochen die bei der Regierung einzulegende Beschwerde an den Finanzminister offen.

In den Fällen der §§ 57 und 59 trifft der Vorsitzende der Veranlagungs-Kommission die vorläufige Entscheidung über den zu entrichtenden Steuersatz und den Zeitpunkt der Zu- oder Abgangstellung.

Die Feststellung der Abgangslisten, welche in den vom Finanzminister zu bestimmenden Fristen einzureichen sind, steht der Regierung zu. Gegen die Entscheidung der Regierung ist die Beschwerde nach Maßgabe der Bestimmungen im Absatz 1 gestattet.

Die Veranlagung bei Zugangstellungen und Steuererhöhungen erfolgt halbjährlich.

Die Steuerpflichtigen sind nach Maßgabe des § 25 zur Abgabe von Steuererklärungen berechtigt beziehungsweise verpflichtet.

§ 61. Steuerpflichtige, welche im Laufe des Steuerjahres ihren Wohnsitz verändern, haben sich bei dem Gemeinde-(Guts-)vorstande des Abzugsortes ab- und bei dem des Anzugsortes, binnen vierzehn Tagen nach erfolgtem Anzuge, anzumelden und gleichzeitig über ihre erfolgte Veranlagung zur Einkommensteuer auszuweisen.

Insofern die polizeiliche Ab- und Anmeldung nicht bei dem Gemeinde-(Guts-)vorstande, sondern bei einer anderen Behörde stattzufinden hat, vertritt die Ab- beziehungsweise Anmeldung bei der letzteren die Ab- beziehungsweise Anmeldung bei dem Gemeinde-(Guts-)vorstande.

Den Gemeinde-(Guts-)vorständen liegt nach den vom Finanzminister hierüber zu treffenden Anordnungen die Führung der Zu- und Abgangslisten ob.

VI. Steuererhebung.

§ 62. Die veranlagte Steuer ist in vierteljährlichen Beträgen in der ersten Hälfte des zweiten Monats eines jeden Vierteljahres an die von der Steuerbehörde zu bezeichnende Empfangstelle abzuführen.

Es steht dem Steuerpflichtigen frei, die ihm auferlegte Steuer auf mehrere Vierteljahre bis zum ganzen Jahresbetrage im voraus zu zahlen.

§ 63. Die Zahlung der veranlagten Steuer wird durch die Einlegung von Rechtsmitteln nicht aufgehalten, muß vielmehr, mit Vorbehalt späterer Erstattung, in den vorgeschriebenen Fristen erfolgen.

Anmerkungen.

Zu § 62. Die vier vierteljährlichen Zahlzeiten sind: 1. bis 15. Februar, 1. bis 15. März, 1. bis 15. August, 1. bis 15. November.

§ 64. Veranlagte Einkommensteuer-Beträge können in einzelnen Fällen niedergeschlagen werden, wenn deren zwangsweise Beitreibung die Steuerpflichtigen in ihrer wirtschaftlichen Existenz gefährden, oder wenn das Beitreibungs-Verfahren voraussichtlich ohne Erfolg sein würde.

§ 65. Die veranlagte Steuer ist nicht zu erheben:

1) von den Unteroffizieren und Mannschaften des Beurlaubtenstandes, welche mit einem Einkommen von nicht mehr als 3000 Mark veranlagt sind, für diejenigen Monate, in denen sie sich im aktiven Dienste befinden;

2) von dem Diensteinkommen der Reichs- und Staatsbeamten und Offiziere während der Zugehörigkeit derselben zur Besatzung eines zum auswärtigen Dienst bestimmten Schiffes oder Fahrzeuges der Kaiserlichen Marine, und zwar vom ersten desjenigen Monats ab, welcher auf den Monat folgt, in welchem die heimischen Gewässer verlassen werden, bis zum Ablauf des Monats, in welchem die Rückkehr in dieselben erfolgt.

VII. Strafbestimmungen.

§ 66. Wer wissentlich in der Steuererklärung oder bei Beantwortung der von zuständiger Seite an ihn gerichteten Fragen, oder zur Begründung eines Rechtsmittels

a) über sein steuerpflichtiges Einkommen oder über das Einkommen der von ihm zu vertretenden Steuerpflichtigen unrichtige oder unvollständige Angaben macht, welche geeignet sind, zur Verkürzung der Steuer zu führen,

b) steuerpflichtiges Einkommen, welches er nach den Vorschriften dieses Gesetzes anzugeben verpflichtet ist, verschweigt,

wird, wenn eine Verkürzung des Staates stattgefunden hat, mit dem vier- bis zehnfachen Betrage der Verkürzung, anderenfalls mit dem vier- bis zehnfachen Betrage der Jahressteuer, um welche der Staat verkürzt werden sollte, mindestens aber mit einer Geldstrafe von einhundert Mark, bestraft.

An die Stelle dieser Strafe tritt eine Geldstrafe von zwanzig bis einhundert Mark, wenn aus den Umständen zu entnehmen ist, daß die unrichtige oder unvollständige Angabe oder die Verschweigung steuerpflichtigen Einkommens zwar wissentlich, aber nicht in der Absicht der Steuerhinterziehung erfolgt ist.

Derjenige Steuerpflichtige, welcher, bevor eine Anzeige erfolgt oder eine Untersuchung eingeleitet ist, seine Angabe an zuständiger Stelle berichtigt oder ergänzt, beziehungsweise das verschwiegene Einkommen angiebt und die vorenthaltene Steuer in der ihm gesetzten Frist entrichtet, bleibt straffrei.

§ 67. Die Einziehung der hinterzogenen Steuer erfolgt neben und unabhängig von der Strafe.

Die Verbindlichkeit zur Nachzahlung der Steuer verjährt in zehn Jahren und geht auf die Erben, jedoch für diese mit einer Verjährungsfrist von fünf Jahren und nur auf Höhe ihres Erbanteils, über. Die Verjährungsfrist beginnt mit Ablauf des Steuerjahres, in welchem die Hinterziehung begangen wurde.

Die Festsetzung der Nachsteuer steht der Regierung zu, gegen deren Entscheidung nur Beschwerde an den Finanzminister zulässig ist.

§ 68. Wer die in Gemäßheit des § 22 von ihm erforderte Auskunft verweigert oder ohne genügenden Entschuldigungsgrund in der gestellten Frist gar nicht oder unvollständig oder unrichtig erteilt, wird mit einer Geldstrafe bis dreihundert Mark bestraft.

Wer der im § 61 vorgeschriebenen Verpflichtung zur An- und Abmeldung nicht rechtzeitig nachkommt, wird mit Geldstrafe bis zu zwanzig Mark bestraft.

§ 69. Die bei der Steuerveranlagung beteiligten Beamten sowie die Mitglieder der Kommissionen werden, wenn sie die zu ihrer Kenntnis gelangten Erwerbs-, Vermögens- oder Einkommens-Verhältnisse eines Steuerpflichtigen, insbesondere auch den Inhalt einer Steuererklärung oder der darüber gepflogenen Verhandlungen unbefugt offenbaren, mit Geldstrafe bis zu eintausendfünfhundert Mark oder mit Gefängnis bis zu drei Monaten bestraft.

Die Verfolgung findet nur auf Antrag der Regierung oder des betroffenen Steuerpflichtigen statt.

§ 70. Die auf Grund der §§ 66, 68 und 69 festzusetzenden, aber unbeitreiblichen Geldstrafen sind nach Maßgabe der für Übertretungen geltenden Bestimmungen des Strafgesetzbuches für das Deutsche Reich (§§ 28 und 29) in Haft umzuwandeln.

Die Untersuchung und Entscheidung in betreff der in den §§ 66 und 68 bezeichneten strafbaren Handlungen steht dem Gericht zu, wenn nicht der Beschuldigte die von der Regierung vorläufig festgesetzte Geldstrafe nebst den durch das Verfahren gegen ihn entstandenen Kosten binnen einer ihm bekannt gemachten Frist freiwillig zahlt.

Die Regierungen sind ermächtigt, hierbei eine mildere als die im § 66 vorgeschriebene Strafe in Anwendung zu bringen.

Hat der Beschuldigte in Preußen keinen Wohnsitz, so erfolgt das Einschreiten des Gerichts ohne vorläufige Festsetzung der Strafe durch die Regierung. Dasselbe findet statt, wenn die Regierung aus sonstigen Gründen von der vorläufigen Festsetzung der Strafe Abstand zu nehmen erklärt oder der Angeschuldigte hierauf verzichtet.

Die Entscheidung wegen der hinterzogenen Steuer verbleibt in allen Fällen den Verwaltungsbehörden.

In betreff der Zuwiderhandlungen wegen der Verpflichtung zur Geheimhaltung (§ 69) findet nur das gerichtliche Strafverfahren statt.

VIII. Kosten.

§ 71. Die Kosten der Steuerveranlagung und Erhebung fallen der Staatskasse zur Last. Jedoch sind diejenigen Kosten, welche durch die gelegentlich der eingelegten Rechtsmittel erfolgenden Ermittelungen veranlaßt werden, von dem Steuerpflichtigen zu erstatten, wenn sich seine Angaben in wesentlichen Punkten als unrichtig erweisen. Die Festsetzung der zu erstattenden Kosten erfolgt durch die Regierung, gegen deren Entscheidung nach Maßgabe des § 60 Absatz 1 die Beschwerde an den Finanzminister gestattet ist.

§ 72. Die Mitglieder der Kommissionen erhalten Reise- und Tagegelder nach Maßgabe der Verordnung, betreffend die Tagegelder und Reisekosten u. s. w., vom 20. Dezember 1876 (Gesetz-Sammlung 1877 Seite 3).

Die Gebühren für Zeugen und Sachverständige (§ 38) werden nach den in Civilprozessen zur Anwendung kommenden Vorschriften berechnet.

[§ 73. Den Gemeinden (Gutsbezirken) werden als Vergütung für die bei Veranlagung der Steuer ihnen übertragenen Geschäfte zwei Prozent der eingegangenen Steuer gewährt.

Hinsichtlich der örtlichen Erhebung der Steuer verbleibt es bis auf weiteres bei den bestehenden Bestimmungen mit der Maßgabe, daß die bisher zur örtlichen Erhebung der Klassensteuer verpflichteten Gemeinden (Gutsbezirke) die Steuer von Einkommen von nicht mehr als 3000 Mark zu erheben haben.

Diejenigen Gemeinden (Gutsbezirke), welchen die Steuererhebung übertragen ist, erhalten für dieselbe eine Vergütung von zwei Prozent der Isteinnahme der zu erhebenden Steuern.]

Anmerkungen.

Zu § 73. Die Vergütung für die Mitwirkung bei der Veranlagung fällt am 1. April 1895 fort. Die Vergütung für die Erhebung kann durch Königliche Verordnung aufgehoben werden.

IX. Heranziehung zu Kommunalabgaben sowie Regelung des Wahlrechtes.

§ 74. Sind zu den Beiträgen und Lasten, welche kommunale und andere öffentliche (Schul-, Kirchen- u. s. w.) Verbände nach dem Maßstabe der Einkommensteuer aufzubringen beziehungsweise zu verteilen haben, Personen mit Einkommen von nicht mehr als 900 Mark heranzuziehen, so erfolgt deren Veranlagung auf Grund nachstehender fingierter Normalsteuersätze:

bei einem Jahreseinkommen von mehr als	bis einschließlich	Jahressteuer
— Mark	420 Mark	2/5 Prozent des ermittelten steuerpflichtigen Einkommens bis zum Höchstbetrage von 1,20 Mark
420 „	660 „	2,40 Mark
660 „	900 „	4,— „

Die vorbezeichneten Personen können, wenn die Deckung des Bedarfs des betreffenden Verbandes ohne deren Heranziehung gesichert ist, von der Beitragspflicht entbunden oder mit einem geringeren Prozentsatze als das höhere Einkommen herangezogen werden; ihre Freilassung muß erfolgen, sofern sie im Wege der öffentlichen Armenpflege fortlaufende Unterstützung erhalten.

§ 75. Die Veranlagung (§ 74) geschieht durch die Voreinschätzungs-Kommissionen (§ 31) unter Anwendung der Bestimmungen dieses Gesetzes.

Die Beschlüsse der Voreinschätzungs-Kommission unterliegen der Prüfung des Vorsitzenden der Veranlagungs-Kommission; beanstandet derselbe einen Beschluß, so erfolgt die Festsetzung des Steuersatzes durch die Veranlagungs-Kommission.

Die festgesetzte Steuerliste ist vierzehn Tage lang öffentlich auszulegen und der Beginn der Auslegung in ortsüblicher Weise bekannt zu machen.

Gegen die Veranlagung steht dem Steuerpflichtigen binnen einer Ausschlußfrist von vier Wochen nach Ablauf der Auslegungsfrist die Berufung zu, und zwar

a) wenn die Veranlagung durch die Voreinschätzungs-Kommission ohne Beanstandung erfolgt ist, an die Veranlagungs-Kommission,

b) wenn die Festsetzung des Steuersatzes durch die Veranlagungs-Kommission stattgefunden hat, an die Berufungs-Kommission.

§ 76. Für die Feststellung der nach dem Maßstabe der Besteuerung geregelten Wahl-, Stimm- und sonstigen Berechtigungen in den öffentlichen Verbänden (§ 74) treten an die Stelle der bisherigen Klassensteuersätze die in den §§ 17, 74 vorgesehenen entsprechenden Steuersätze, falls aber die Veranlagung in Gemäßheit des § 75 nicht stattgefunden hat, die den betreffenden Klassensteuer-Stufen entsprechenden Einkommensbezüge.

Anmerkungen.

Zu §§ 74 und 75. Da der Staat alle Einkommen von 900 Mark und darunter steuerfrei läßt, so werden die Gemeinden in Verlegenheit sein, nach welchem Maßstabe sie von diesen Personen Gemeindesteuern erheben sollen. Deswegen soll die Behörde, wo es nötig ist, auch Personen mit Einkommen von 900 Mark und darunter einschätzen, so als ob sie Staatssteuern zu bezahlen hätten. Nach diesen „fingierten" Steuersätzen kann dann die Gemeinde ihre Zuschläge erheben. Vergl. Seite 59 und Seite 189 (§ 38).

Zu §§ 76 und 77. Die hauptsächlichsten Bestimmungen dieser Paragraphen sind die folgenden. Für die Ausübung des Gemeindewahlrechts (z. B. im Dreiklassen-System) sind von jetzt ab überall die neuen Steuersätze maßgebend an Stelle der alten. Wo bisher zum Stimmrecht erforderlich war, daß man wenigstens 6 Mark Steuern zahlt, sind jetzt an dessen Stelle nur 4 Mark erforderlich. Wo die Gemeindevertreter nach dem Dreiklassen-System oder ähnlich gewählt werden, kann nach wie vor ein Mindestbetrag von Steuer verlangt werden, doch nicht mehr als höchstens 6 Mark.

Über das Wahlrecht der Personen, welche in keiner Weise zur Einkommensteuer veranlagt sind, ist ein besonderes Gesetz ergangen. Dieselben sind in den Listen so zu berechnen, als ob sie eine Steuer von 3 Mark zahlten.

§ 77. **Soweit nach den bestehenden Bestimmungen** in Stadt- und Landgemeinden das Bürgerrecht beziehungsweise **das Stimm- und Wahlrecht in Gemeindeangelegenheiten an die Bedingung eines jährlichen Klassensteuerbetrages von 6 Mark geknüpft ist, tritt** bis zur anderweitigen gesetzlichen Regelung des Gemeinde-Wahlrechts **an die Stelle des genannten Satzes der Steuersatz von 4 Mark** beziehungsweise ein Einkommen von mehr als 660 bis 900 Mark.

In denjenigen Landesteilen, in welchen für die Gemeindevertreter-Wahlen die Wähler nach Maßgabe der von ihnen zu entrichtenden direkten Steuern in Abteilungen geteilt werden, tritt an Stelle eines 6 Mark Einkommensteuer übersteigenden Steuersatzes, an welchen durch Ortsstatut das Wahlrecht geknüpft wird, der Steuersatz von 6 Mark.

Wo solche Ortsstatuten nach bestehenden Kommunal-Ordnungen zulässig sind, kann das Wahlrecht von einem niedrigeren Steuersatze beziehungsweise von einem Einkommen bis 900 Mark abhängig gemacht werden. Eine Erhöhung ist nicht zulässig.

X. Schlußbestimmungen.

§ 78. Die in diesem Gesetze den Regierungen zugewiesenen Befugnisse und Obliegenheiten werden für die Haupt- und Residenzstadt Berlin von der Direktion für die Verwaltung der direkten Steuern in Berlin wahrgenommen.

§ 79. Die in diesem Gesetze bestimmten Ausschlußfristen sowie die Frist zur Einreichung der Steuererklärungen werden für die in außereuropäischen Ländern und Gewässern Abwesenden auf sechs Monate, für andere außerhalb des Deutschen Reiches Abwesende auf sechs Wochen, für die übrigen Abwesenden auf drei Wochen verlängert.

§ 80. Steuerpflichtige, welche, entgegen den Vorschriften dieses Gesetzes, bei der Veranlagung übergangen, oder steuerfrei oder zu einer ihrem wirklichen Einkommen nicht entsprechenden niedrigeren Steuerstufe veranlagt worden sind, ohne daß eine strafbare Hinterziehung der Steuer stattgefunden hätte (§§ 66, 67), sind zur Entrichtung des der Staatskasse entzogenen Betrages verpflichtet. Die Verpflichtung erstreckt sich auf die drei Steuerjahre zurück, welche dem Steuerjahr, in welchem die Verkürzung festgestellt worden, vorausgegangen sind.

Die Verpflichtung zur Zahlung der Nachsteuer geht auf die Erben, jedoch nur bis zur Höhe ihres Erbteils, über.

Die Veranlagung der Nachsteuer erfolgt einheitlich für den ganzen Zeitraum, auf welchen sich die Verpflichtung erstreckt, nach den Vorschriften dieses Gesetzes.

§ 81. Soweit das gegenwärtige Gesetz abweichende Bestimmungen nicht enthält, finden die Vorschriften des Gesetzes über die Verjährungsfristen bei öffentlichen Abgaben vom 18. Juni 1840 (Gesetzsammlung Seite 140) auf die Einkommensteuer Anwendung.

[§ 82. Übersteigt die Einnahme an Einkommensteuer für das Jahr 1892/93 den Betrag von 80 000 000 Mark und für die folgenden Jahre einen um je 4 Prozent erhöhten Betrag, so werden die Überschüsse nach Maßgabe eines zu erlassenden besonderen Gesetzes zur Durchführung der Beseitigung der Grund- und Gebäudesteuer als Staatssteuer, beziehungsweise der Überweisung derselben an kommunale Verbände verwandt.]

[§ 83. Bis zum Erlasse des im § 82 erwähnten Gesetzes, jedoch längstens bis zum Etatsjahre 1893/94 einschließlich, sind die Überschüsse zu einem besonderen von dem Finanzminister zu verwaltenden Fonds abzuführen, welcher einschließlich seiner Zinsen nach Maßgabe des § 82 zu verwenden ist.]

[§ 84. Ist das im § 82 vorgesehene Gesetz nicht bis zum 1. April 1894 ergangen, so sind die daselbst bezeichneten Überschüsse einschließlich des bis dahin etwa aufgesammelten Fonds nach Maßgabe der folgenden Bestimmungen zum Erlaß eines entsprechenden Betrages an Einkommensteuer zu verwenden:

Anmerkungen.

Zu § 78. Da Berlin zu keinem Regierungsbezirk gehört, so mußte eine besondere Behörde genannt werden.

Zu § 81. Von dem angeführten Gesetze gelten nur noch sehr wenige Bestimmungen, z. B.: daß gestundete Steuern binnen vier Jahren verjähren, wenn keine Mahnung erfolgt ist.

Zu §§ 82 bis 84. Diese Paragraphen sind aufgehoben. An ihrer Stelle gilt jetzt der § 49 des Vermögenssteuer-Gesetzes (Seite 148).

I. Der zum Erlaß zu verwendende Betrag wird durch den Staatshaushalts-Etat festgestellt.

II. Der Erlaß findet in gleichen Monatsraten aller Steuerstufen statt. Insoweit der verfügbare Erlaßbetrag zur Deckung des Ausfalles einer vollen oder einer weiteren vollen Monatsrate der sämtlichen Steuerstufen der für das betreffende Jahr veranlagten Einkommensteuer nicht zureicht, ist der etwa verbleibende Überschuß des Erlaßbetrages zum Erlaß beziehungsweise zum ferneren Erlaß einer Monatsrate derjenigen Steuerstufen, von unten beginnend, zu verwenden, für welche derselbe ausreicht.

Der etwaige Rest des Erlaßbetrages ist demjenigen des nächsten Jahres zuzusetzen.

III. Die Feststellung der Verwendung erfolgt durch den Finanzminister, sobald die Veranlagung für dasselbe Jahr vollzogen ist. Das Ergebnis der Feststellung ist zu veröffentlichen.

IV. Der durch den Erlaß einer Monatsrate der Einkommensteuer oder einzelner Stufen derselben (Nr. II) entstehende Ausfall wird auf ein Zwölftel des aus der jährlichen Veranlagung sich ergebenden Jahressteuer-Betrages unter Abzug von drei Prozent für die im Laufe des Jahres entstehenden Abzüge und Ausfälle bestimmt.

V. Die für die örtliche Erhebung und für die Veranlagung der Einkommensteuer den Gemeinden bewilligten Gebühren (§ 73) sind auch von den unerhoben bleibenden Monatsraten der Einkommensteuer, und zwar von dem nach der Bestimmung unter IV zu berechnenden Betrage derselben aus der Staatskasse zu gewähren.]

§ 85. Der Finanzminister wird mit der Ausführung dieses Gesetzes beauftragt.

Dasselbe kommt zunächst bei der Veranlagung für das Jahr 1892/93 zur Anwendung, jedoch nur gleichzeitig mit dem Gesetze, betreffend die Änderung des Wahlverfahrens.

Kommunalverbände, welche für das Jahr 1892/93 nach Maßgabe der neuen Veranlagung die bestehenden Zuschläge zur Staats-Einkommensteuer herabsetzen, bedürfen hierzu keiner Genehmigung der Aufsichtsbehörden.

Mit dieser Maßgabe und vorbehaltlich der Anwendung auf frühere Fälle treten die auf die Einrichtung und Veranlagung der Klassen- und klassifizierten Einkommensteuer bezüglichen Vorschriften, insbesondere

das Gesetz vom 1. Mai 1851 (Gesetzsammlung Seite 193),
das Gesetz vom 25. Mai 1873 (Gesetzsammlung Seite 213),
das Gesetz vom 2. Januar 1874 (Gesetzsammlung Seite 9),
das Gesetz vom 16. Juni 1875 (Gesetzsammlung Seite 234),
§ 9 Nr. I und § 9 Absatz 3 des Gesetzes vom 23. Juni 1876 (Gesetzsammlung Seite 169),
Artikel III und IV des Gesetzes vom 12. März 1877 (Gesetzsammlung Seite 19), am 1. April 1892 außer Kraft.

Urkundlich unter Unserer Höchsteigenhändigen Unterschrift und beigedrucktem Königlichen Insiegel.

Gegeben Neues Palais zu Potsdam, den 24. Juni 1891.

(L. S.) **Wilhelm.**

v. Caprivi. v. Boetticher. Herrfurth. v. Schelling.
Frhr. v. Berlepsch. Miquel. v. Kaltenborn. v. Heyden.
Gr. v. Zedlitz.

2.

Vermögenssteuer-Gesetz. (X)

„Ergänzungssteuer-Gesetz". Vom 14. Juli 1893.

Wir Wilhelm, von Gottes Gnaden König von Preußen rc. verordnen mit Zustimmung beider Häuser des Landtages Unserer Monarchie für den Umfang derselben, mit Ausschluß der Hohenzollernschen Lande und der Insel Helgoland, was folgt:

§ 1. Vom 1. April 1895 ab wird eine Ergänzungssteuer nach Maßgabe der folgenden Bestimmungen erhoben.

I. Steuerpflicht.

§ 2. Der Ergänzungssteuer unterliegen:

I. die im § 1 des Einkommensteuer-Gesetzes vom 24. Juni 1891 (Gesetz-Sammlung Seite 175) zu Nr. 1 bis 3 bezeichneten physischen Personen nach dem Gesamtwerte ihres steuerbaren Vermögens (§ 4);

II. ohne Rücksicht auf Staatsangehörigkeit, Wohnsitz oder Aufenthalt alle physischen Personen nach dem Werte
  a) ihres Preußischen Grundbesitzes,
  b) ihres dem Betriebe der Land- oder Forstwirtschaft, einschließlich der Viehzucht, des Wein-, Obst- und Gartenbaues, dem Betriebe des Bergbaues oder eines stehenden Gewerbes in Preußen dienenden Anlage- und Betriebskapitals.

§ 3. Befreit von der Ergänzungssteuer sind die gemäß § 3 des Einkommensteuer-Gesetzes zu Nr. 1 bis 4 von der Einkommensteuer befreiten Personen.

Die Befreiungen zu Nr. 3 und 4 daselbst erstrecken sich nicht auf das im § 2 zu II bezeichnete Vermögen und bleiben in denjenigen Fällen ausgeschlossen, in welchen in den betreffenden Staaten Gegenseitigkeit nicht gewährt wird.

Anmerkungen.

Zur Überschrift. Das Gesetz wird gewöhnlich Vermögenssteuer-Gesetz genannt, der amtliche Name ist „Ergänzungssteuer-Gesetz", vergl. Seite 24.

Zu § 2. „Physische Personen", das heißt Menschen von Fleisch und Blut. Eine Aktiengesellschaft, eine Genossenschaft wird vom Recht auch als Person betrachtet, aber sie ist darum nur in juristischer Beziehung eine Person („juristische Person"), aber keine natürliche oder physische Person. Im Unterschiede von der Einkommensteuer unterliegen der Vermögenssteuer nur physische Personen, aber nicht Aktiengesellschaften, Genossenschaften u. s. w.

II. Maßstab der Besteuerung.

1. Steuerbares Vermögen.

§ 4. Der Besteuerung unterliegt das gesamte bewegliche und unbewegliche Vermögen nach Abzug der Schulden (§ 8).

I. Als steuerbares Vermögen im Sinne des Gesetzes gelten insbesondere:

1) Grundstücke (Liegenschaften und Gebäude) nebst allem Zubehör, Bergwerkseigentum, Nießbrauchs- und andere selbständige Rechte und Gerechtigkeiten, welche einen in Geld schätzbaren Wert haben;

2) das dem Betriebe der Land- oder Forstwirtschaft einschließlich der Viehzucht, des Wein-, Obst- und Gartenbaues, dem Betriebe des Bergbaues oder eines Gewerbes dienende Anlage- und Betriebskapital (§ 6);

3) das sonstige Kapitalvermögen (§ 7).

II. Von der Besteuerung sind jedoch ausgeschlossen:

1) die außerhalb Preußens belegenen Grundstücke;

2) das dem Betriebe der Land- und Forstwirtschaft, des Bergbaues oder eines stehenden Gewerbes außerhalb Preußens dienende Anlage- und Betriebskapital.

III. Als steuerbares Vermögen im Sinne dieses Gesetzes gelten nicht:

Möbel, Hausrat und andere bewegliche körperliche Sachen, insofern dieselben nicht als Zubehör eines Grundstücks (I Nr. 1) oder als Bestandteil eines Anlage- und Betriebskapitals (I Nr. 2) anzusehen sind.

§ 5. Behufs der Steuerveranlagung werden hinzugerechnet:

1) die zu einer Fideikommißstiftung (§ 3 des Erbschaftssteuer-Gesetzes in der Fassung vom 24. Mai 1891, Gesetz-Sammlung Seite 78) gehörigen Vermögen oder Vermögensteile dem jeweiligen Fideikommißbesitzer;

2) das zu einer ungeteilten Nachlaßmasse gehörige Vermögen den Erben nach Verhältnis ihres Erbteils;

3) die zum Anlage- und Betriebskapital einer nicht gemäß § 1 Nr. 4, 5 des Einkommensteuer-Gesetzes der Einkommensteuer unterliegenden Er-

Anmerkungen.

Zu § 4, I „selbständige Rechte, welche einen in Geld schätzbaren Wert haben", z. B. das Patentrecht eines Erfinders, das Verlagsrecht eines Schriftstellers. Siehe Seite 26 bis 27.

Zu § 4, III. Haus- und Kücheneinrichtungen sind frei. Wer aber ein Schloß mit zugehöriger Einrichtung besitzt, muß den Wert des Schlosses mit der Einrichtung zusammen versteuern. Ebenso darf von der Geschäftseinrichtung bei der Abschätzung nichts ausgenommen werden, weder Möbel, die etwa dazu gehören, noch irgend etwas anderes.

Zu § 5. Wenn in einer Familie ausgemacht ist, daß das Familiengut jedesmal nur an einen Sohn fällt, der es nicht veräußern darf („Fideikommiß"), so muß derselbe es gleichwohl so versteuern, als ob er freier Eigentümer wäre. Wenn mehrere Geschwister das Gut ihres verstorbenen Vaters gemeinsam verwalten lassen, so ist gleichwohl jedem sein Anteil als Vermögen anzurechnen. Wenn mehrere Teilnehmer ein Geschäft unter gemeinsamer Firma betreiben, so ist jedem sein Anteil am Geschäftskapital als Vermögen anzurechnen. Dies und ähnliches ist fast selbstverständlich; nur der Vorsicht halber ist es ausdrücklich in Nummer 1 bis 3 dieses Paragraphen ausdrücklich gesagt. Wichtig hingegen ist Nummer 4: Das Vermögen von Frau und Kindern muß jeder Familienvater zu seinem Vermögen hinzurechnen. Es macht auch keinen Unterschied, wenn es etwa „vorbehaltenes" Vermögen ist.

werbsgesellschaft gehörigen Werte den einzelnen Teilhabern nach Maßgabe ihres Anteils;

4) dem Haushaltungsvorstande das Vermögen derjenigen Haushaltungsangehörigen, deren Einkommen ihm gemäß § 11 des Einkommensteuer-Gesetzes bei der Veranlagung zur Einkommensteuer hinzuzurechnen ist.

§ 6. Das Anlage- und Betriebskapital (§ 4 I Nr. 2) umfaßt die sämtlichen dem betreffenden Betriebe gewidmeten Gegenstände und Rechte, welche einen in Geld schätzbaren Wert haben.

Bei Steuerpflichtigen, welche außerhalb Preußens einen stehenden Betrieb durch Errichtung von Zweigniederlassungen, Fabrikations-, Ein- oder Verkaufsstätten oder in sonstiger Weise unterhalten, bleibt derjenige Teil des Anlage- und Betriebskapitals, welcher auf den außerhalb Preußens unterhaltenen Betrieb entfällt, außer Ansatz.

§ 7. Das sonstige Kapitalvermögen (§ 4 I Nr. 3) umfaßt:

a) verzinsliche und unverzinsliche, verbriefte und unverbriefte Kapitalforderungen jeder Art einschließlich des Wertes von Aktien oder Anteilscheinen, Kommanditanteilen, Kuxen, Geschäftsguthaben bei Genossenschaften, Geschäftsanteilen und anderen Gesellschaftseinlagen;

b) bares Geld deutscher Währung, fremde Geldsorten, Banknoten und Kassenscheine, mit Ausschluß der aus den laufenden Jahreseinkünften des Steuerpflichtigen (§ 7 des Einkommensteuer-Gesetzes) vorhandenen Bestände, sowie Gold und Silber in Barren,

insoweit die Werte zu a und b nicht als Teile eines Anlage- und Betriebskapitals (§ 6) anzusehen sind;

c) den Kapitalwert der Rechte auf Apanagen, Renten, Leibrenten, Altenteilsbezüge und auf andere periodische geldwerte Hebungen, welche dem Steuerpflichtigen auf seine Lebenszeit oder auf die Lebenszeit eines anderen, auf unbestimmte Zeit oder auf die Dauer von mindestens zehn Jahren entweder vertragsmäßig als Gegenleistung für die Hingabe von Vermögenswerten oder aus letztwilligen Verfügungen oder Familienstiftungen oder vermöge hausgesetzlicher Bestimmung zustehen.

Die Bestimmung zu c findet keine Anwendung auf Ansprüche an Witwen-, Waisen- und Pensionskassen, auf Ansprüche aus einer Kranken- oder Unfall- oder der gesetzlichen Invaliditäts- und Altersversicherung, auf Pensionen, welche mit Rücksicht auf ein früheres Arbeits- oder Dienstverhältnis gezahlt werden, sowie auf Renten, welche in letztwilligen Verfügungen Personen zugewendet sind, die zum Hausstande des Erblassers gehört und in einem Dienstverhältnis zu demselben gestanden haben.

§ 8. Von dem Aktivvermögen sind in Abzug zu bringen:

1) die dinglichen und persönlichen Kapitalschulden des Steuerpflichtigen mit Ausschluß derjenigen Verbindlichkeiten, welche zur Bestreitung der laufenden Haushaltungskosten eingegangen sind (Haushaltungsschulden);

2) der Kapitalwert der vom Steuerpflichtigen oder aus einer Fideikommißstiftung zu entrichtenden Apanagen, Renten, Altenteile und sonstigen perio-

---

Anmerkungen.

Zu § 7. Siehe Seite 24 bis 26.

Zu § 8, Nummer 1. „Die dinglichen und persönlichen Kapitalschulden". Mit anderen Worten: Alle Schulden. Über Haushaltungsschulden siehe Seite 28.

Zu Nummer 2 siehe auch Seite 25.

dischen, geldwerten Leistungen, auf welche die Voraussetzungen im § 7 zu c Absatz 1 zutreffen,

insoweit diese Verbindlichkeiten (Nr. 1 und 2) nicht auf Vermögensteilen haften, welche bei der Veranlagung außer Betracht zu lassen sind (§ 4 II).

Erstreckt sich die Besteuerung lediglich auf die im § 2 II zu a und b bezeichneten Vermögensteile, so sind nur diejenigen Schulden u. s. w. abzugsfähig, welche auf diesen Vermögensteilen haften oder für deren Erwerb aufgenommen sind.

Verbindlichkeiten, welche ungeteilt zugleich auf steuerbaren und nicht steuerbaren Vermögensteilen haften, kommen von dem ersteren nur nach dem Verhältnisse dieses Teiles zu dem Gesamtvermögen in Abzug.

2. Wertbestimmung.

§ 9. Bei Berechnung und Schätzung des steuerbaren Vermögens wird der Bestand und gemeine Wert der einzelnen Teile desselben zur Zeit der Veranlagung (Vermögensanzeige) zu Grunde gelegt, soweit nicht im nachstehenden etwas anderes bestimmt ist.

§ 10. Bei Landwirtschafts- und Gewerbebetrieben, bei denen regelmäßige jährliche Abschlüsse stattfinden, kann bei der Berechnung und Schätzung des steuerbaren Vermögens der Vermögensstand am Schlusse des letzten Wirtschafts- oder Rechnungsjahres zu Grunde gelegt werden.

§ 11. Bei der Veranschlagung des Wertes von Grundstücken, welche dem Betriebe der Land- oder Forstwirtschaft, der Viehzucht, dem Wein-, Obst- oder Gartenbau dienen, sind auch das lebende und tote Wirtschaftsinventar sowie die sonst zum Anlage- und Betriebskapital (§ 6) gehörigen Werte — einschließlich der den gewerblichen Nebenbetrieben dienenden Gegenstände — mit der Maßgabe zu berücksichtigen, daß Mehr- oder Minderwerte des Inventars gegenüber einem wirtschaftlich normalen Bestande in Zu- oder Abrechnung zu bringen sind. Aus den wirtschaftlichen Vorjahren noch vorhandene, zum Verkauf bestimmte Vorräte kommen als selbständige Vermögensstücke in Anrechnung.

Der Wert derjenigen Grundstücke, welche einem bergbaulichen, einem Handels- oder Gewerbebetriebe gewidmet sind, ist bei der Ermittelung des dem betreffenden Betriebe dienenden Anlage- und Betriebskapitals zu berücksichtigen.

§ 12. Bares Geld deutscher Währung, Reichskassenscheine und Reichsbanknoten gelangen mit dem Nennwert, Silber und Gold in Barren, sowie fremde Geldsorten mit dem Verkaufswert in Ansatz.

Im übrigen sind Wertpapiere, wenn dieselben in Deutschland einen Börsenkurs haben, nach diesem, anderenfalls nach ihrem Verkaufswerte zu veranschlagen.

Alle sonstigen Kapitalforderungen und Schulden sind mit dem Nennwert in Ansatz zu bringen, insofern nicht die Voraussetzungen des § 16 Absatz 4 oder andere Umstände vorliegen, welche die Annahme eines von dem Nennwerte abweichenden Verkaufswertes begründen.

§ 13. Behufs Ermittelung des Kapitalwertes von Nießbrauchsrechten, Apanagen, Renten, Leibrenten, Altenteilsbezügen und anderen periodischen

---

Anmerkungen.

Zu § 10. „Der Vermögensstand", d. h. der wirkliche nicht etwa der buchmäßige, siehe Seite 27 bis 28.

Zu § 12. Der letzte Satz will besagen: Ausstehende Forderungen sind in der Regel mit dem vollen Wert einzusetzen; jedoch gelten Forderungen, die nicht einzutreiben und also aufzugeben sind, als wertlos; steht eine sogenannte „faule Forderung" in der Mitte, so kann man einen kleineren oder größeren Abzug machen, je nachdem man die Forderung etwa verkaufen würde.

Zu § 13. Siehe Seite 25.

Nutzungen und Leistungen ist, sofern nicht der im § 5 Nr. 1 vorgesehene Fall vorliegt, der Geldwert der einjährigen Nutzung oder Leistung nach Maßgabe der folgenden Vorschriften zu Grunde zu legen:

I. Bei immerwährenden Nutzungen und Leistungen wird das 25 fache des einjährigen Betrages, bei Nutzungen und Leistungen von unbestimmter Dauer, falls nicht die Vorschriften unter II und III Anwendung finden, oder anderweite die längste Dauer begrenzende Umstände nachgewiesen werden, das 12 1/2 fache des einjährigen Betrages als Kapitalwert angenommen.

II. Ist das Recht auf die Lebenszeit des Berechtigten oder einer anderen Person beschränkt, so bestimmt sich der Kapitalwert nach dem zur Zeit der Veranlagung (Vermögensanzeige) erreichten Lebensalter der Person, bei deren Tode das Recht erlischt, und wird bei einem Lebensalter derselben

von	15	Jahren oder weniger auf das			. .	18	fache
über	15	Jahre bis zu	25	Jahren auf das		17	„
„	25	„ „ „	35	„ „ „		16	„
„	35	„ „ „	45	„ „ „		14	„
„	45	„ „ „	55	„ „ „		12	„
„	55	„ „ „	65	„ „ „		8 1/2	„
„	65	„ „ „	75	„ „ „		5	„
„	75	„ „ „	80	„ „ „		3	„
„	80	„ auf das		. . . . . .		2	„

der einjährigen Nutzung oder Leistung angenommen.

III. Ist die Dauer des Rechts von der Lebenszeit mehrerer Personen dergestalt abhängig, daß beim Tode der zuerst versterbenden die Nutzung oder Leistung erlischt, so ist für die nach der Bestimmung zu II vorzunehmende Wertermittelung das Lebensalter der ältesten Person maßgebend. Wenn das Bezugsrecht bis zum Tode der letztversterbenden Person fortdauert, erfolgt die Berechnung nach dem Lebensalter der jüngsten Person.

IV. Der Kapitalwert der auf bestimmte Zeit eingeschränkten Nutzungen oder Leistungen ist für den Zeitpunkt der Veranlagung (Vermögensanzeige) unter Zugrundelegung eines vierprozentigen Zinsfußes nach der beigefügten Hilfstabelle zu ermitteln. Ist jedoch die Dauer des Rechts noch außerdem durch die Lebenszeit einer oder mehrerer Personen bedingt, so darf der nach den Bestimmungen zu II und III zu berechnende Kapitalwert nicht überschritten werden.

V. Bei Nutzungen oder Leistungen, welche ihrem Betrage oder ihrem Geldwerte nach nicht feststehen, wird der Geldwert des im letzten Leistungsjahre entrichteten Betrages, und wenn eine volle Jahresleistung noch nicht stattgefunden hat, der Geldwert des mutmaßlich für das laufende Jahr zu entrichtenden Betrages zu Grunde gelegt.

§ 14. Vom Kapitalwert unverzinslicher befristeter Forderungen und Schulden werden für die Zeit bis zur Fälligkeit 4 Prozent Jahreszinsen in Abzug gebracht.

§ 15. Noch nicht fällige Ansprüche aus Lebens-, Kapital- und Rentenversicherungen kommen mit zwei Dritteln der Summe der eingezahlten Prämien

Anmerkungen.

Zu **§ 15.** Siehe Seite 26.

oder Kapitalbeiträge, falls aber der Betrag nachgewiesen wird, für welchen die Versicherungsanstalt die Police zurückkaufen würde, mit diesem Rückkaufswerte in Anrechnung.

§ 16. Außer im Falle des § 15 bleiben die von einer noch nicht eingetretenen aufschiebenden Bedingung abhängigen Rechte und Lasten außer Betracht.

Rechte und Lasten, deren Fortdauer von einer noch nicht eingetretenen auflösenden Bedingung abhängt, werden wie unbedingte behandelt.

Die in den Absätzen 1 und 2 enthaltenen Bestimmungen sind gleichmäßig auch auf die von einem Ereignis, welches nur hinsichtlich des Zeitpunktes seines Eintritts ungewiß ist, abhängigen Rechte und Lasten anzuwenden.

Unbeitreibliche Forderungen bleiben außer Ansatz.

3. Besteuerungsgrenze.

§ 17. Zur Ergänzungssteuer werden nicht herangezogen:

1) diejenigen Personen, deren steuerbares Vermögen den Gesamtwert von 6000 Mark nicht übersteigt;
2) diejenigen Personen, deren nach Maßgabe des Einkommensteuer-Gesetzes zu berechnendes Jahreseinkommen den Betrag von 900 Mark nicht übersteigt, insofern der Gesamtwert ihres steuerbaren Vermögens nicht mehr als 20 000 Mark beträgt;
3) weibliche Personen, welche minderjährige Familienangehörige zu unterhalten haben, vaterlose minderjährige Waisen und Erwerbsunfähige, insofern das steuerbare Vermögen der bezeichneten Personen den Betrag von 20 000 Mark und das nach Maßgabe des Einkommensteuer-Gesetzes zu berechnende Jahreseinkommen derselben den Betrag von 1200 Mark nicht übersteigt.

III. Steuersätze.

1. Steuertarif.

§ 18. Die Ergänzungssteuer beträgt bei einem steuerbaren Vermögen von

mehr als Mark	bis einschließlich Mark	jährlich Mark	mehr als Mark	bis einschließlich Mark	jährlich Mark
6 000	8 000	3	28 000	32 000	14
8 000	10 000	4	32 000	36 000	16
10 000	12 000	5	36 000	40 000	18
12 000	14 000	6	40 000	44 000	20
14 000	16 000	7	44 000	48 000	22
16 000	18 000	8	48 000	52 000	24
18 000	20 000	9	52 000	56 000	26
20 000	22 000	10	56 000	60 000	28
22 000	24 000	11	60 000	70 000	30
24 000	28 000	12			

Anmerkungen.

Zu § 17. Siehe Seite 29 bis 31.
Zu § 18. Ein vollständiger Tarif findet sich Seite 29.

und steigt bei höherem Vermögen bis einschließlich 200 000 Mark für jede angefangenen 10 000 Mark um je 5 Mark.

Bei Vermögen von mehr als 200 000 Mark bis einschließlich 220 000 Mark beträgt die Steuer 100 Mark und steigt bei höherem Vermögen für jede angefangenen 20 000 Mark um je 10 Mark.

2. Berücksichtigung besonderer Verhältnisse.

§ 19. Personen, deren Vermögen 32 000 Mark nicht übersteigt, werden, wenn sie nicht zur Einkommensteuer veranlagt sind, mit höchstens drei Mark jährlich, wenn sie zu den ersten vier Stufen derselben veranlagt sind, höchstens mit einem um zwei Mark unter der von ihnen zu zahlenden Einkommensteuer verbleibenden Betrage zur Ergänzungssteuer herangezogen.

Steuerpflichtigen, welchen auf Grund des § 19 des Einkommensteuer-Gesetzes eine Ermäßigung der Einkommensteuer gewährt wird, kann bei der Veranlagung auch eine Ermäßigung der Ergänzungssteuer um höchstens zwei Stufen gewährt werden, sofern das steuerpflichtige Vermögen nicht mehr als 52 000 Mark beträgt.

IV. Veranlagung.

1. Ort und Vorbereitung der Veranlagung.

§ 20. Die Veranlagung erfolgt an demjenigen Orte, an welchem der Steuerpflichtige gemäß § 20 des Einkommensteuer-Gesetzes zur Einkommensteuer zu veranlagen ist oder im Falle seiner Einkommensteuer-Pflicht zu veranlagen sein würde.

Die bezüglich des Veranlagungsortes weiter erforderlichen Anordnungen erläßt der Finanzminister.

§ 21. Die Personenstands-Aufnahme (§ 21 des Einkommensteuer-Gesetzes) bildet zugleich die Grundlage für die Veranlagung der Ergänzungssteuer.

Jeder Gemeinde-(Guts-)Vorstand hat die im § 23 des Einkommensteuer-Gesetzes vorgeschriebenen Ermittelungen auch auf alle diejenigen Merkmale zu erstrecken, welche ein Urteil über den Umfang und Wert des steuerpflichtigen Vermögens begründen können, und das Ergebnis in eine nach näherer Bestimmung des Finanzministers einzurichtende Nachweisung einzutragen.

2. Veranlagungsverfahren.

§ 22. Die Veranlagung der Steuerpflichtigen erfolgt gleichzeitig mit der Veranlagung der Einkommensteuer durch die gemäß §§ 33, 34, 50 des Einkommensteuer-Gesetzes gebildeten Veranlagungs-Kommissionen.

Eine Voreinschätzung durch die Voreinschätzungs-Kommission findet nicht statt.

Anmerkungen.

Zu § 19. Siehe Seite 30 bis 31.

§ 23. Für jeden Veranlagungs-Bezirk wird ein Schätzungsausschuß gebildet, zu welchem gehören:

1) der Vorsitzende der Veranlagungs-Kommission oder der von demselben zu bezeichnende Stellvertreter,

2) mindestens vier Mitglieder, von welchen zwei ständige durch die Regierung ernannt, die übrigen aus der Zahl der gewählten Mitglieder (stellvertretenden Mitglieder) der Veranlagungs-Kommission durch dieselbe abgeordnet werden. Die Zahl der Mitglieder bestimmt der Finanzminister.

Für die ernannten und für die gewählten Mitglieder wird in gleicher Weise die erforderliche Zahl von Stellvertretern ernannt und abgeordnet.

Das Ausscheiden aus der Veranlagungs-Kommission hat für die durch die Kommission abgeordneten Mitglieder und Stellvertreter auch das Ausscheiden aus dem Schätzungsausschusse zur Folge.

§ 24. Der Schätzungsausschuß hat die behufs Veranlagung der Steuerpflichtigen erforderlichen Wertermittelungen vorzunehmen und den Wert der steuerbaren Vermögen, insbesondere die Werte der im Veranlagungs-Bezirke belegenen Grundstücke, sowie die Werte der gewerblichen Anlage- und Betriebskapitalien zu begutachten.

Der Ausschuß erhält zu diesem Zwecke Kenntnis von allen durch den Vorsitzenden der Veranlagungs-Kommission gesammelten Nachrichten (§ 25), den behufs Veranlagung zur Einkommensteuer eingereichten Steuererklärungen, den auf letztere bezüglichen Schriftstücken, sowie dem Ergebnis der Einkommensteuer-Veranlagung, und ist befugt, Auskunftspersonen zu vernehmen oder mit beratender Stimme bei seinen Verhandlungen zuzuziehen.

Die Geschäftsordnung des Schätzungsausschusses wird durch den Finanzminister festgestellt.

§ 25. Der Vorsitzende der Veranlagungs-Kommission, welcher zugleich die Interessen des Staates vertritt, hat das Veranlagungs-Geschäft zu leiten und ist dafür verantwortlich, daß die gesamte Veranlagung in seinem Bezirk nach den bestehenden Vorschriften zur Ausführung gelangt.

Zum Zwecke der richtigen Veranlagung der Steuerpflichtigen hat der Vorsitzende, soweit dies nicht bereits zum Zwecke der Einkommensteuer-Veranlagung (§ 35 Absatz 3 des Einkommensteuer-Gesetzes) geschehen ist, möglichst vollständige Nachrichten einzuziehen, auch die für die Wertbestimmung der steuerbaren Vermögensteile erforderlichen Unterlagen zu beschaffen.

Hierbei kann er sich nach seinem Ermessen der Mitwirkung der Gemeinde-(Guts-)Vorstände bedienen, welche seinen Aufforderungen Folge zu leisten schuldig sind. Er ist befugt, die Voreinschätzungs-Kommissionen (§ 31 des Einkommensteuer-Gesetzes) zu einer besonderen Äußerung über die Vermögensverhältnisse einzelner Steuerpflichtiger zu veranlassen.

Der Vorsitzende kann den Steuerpflichtigen auf Antrag oder von Amts wegen Gelegenheit zur persönlichen Verhandlung über die für die Veranlagung erheblichen Thatsachen und Verhältnisse gewähren.

Sämtliche Staats- und Kommunalbehörden und Beamte, mit Ausnahme der Notare, haben die Einsicht aller die Vermögensverhältnisse der Steuerpflichtigen betreffenden Bücher, Akten, Urkunden u. s. w. zu gestatten und auf Ersuchen Abschriften aus denselben zu erteilen, sofern nicht besondere gesetzliche Bestimmungen oder dienstliche Rücksichten entgegenstehen. Die Einsicht der Bücher, Akten u. s. w. der Sparkassen ist nicht gestattet.

§ 26. Die Steuerpflichtigen sind berechtigt, behufs der Veranlagung dem Vorsitzenden der Veranlagungs-Kommission ihr steuerbares Vermögen anzugeben oder diejenigen thatsächlichen Mitteilungen zu machen, deren die Veranlagungs-Kommission zur Schätzung des Vermögens bedarf (Vermögensanzeige).

Zu Vermögensanzeigen für Personen, welche unter väterlicher Gewalt, Pflegschaft oder Vormundschaft stehen, sind deren gesetzliche Vertreter befugt.

Für Personen, welche abwesend oder sonst verhindert sind, die Vermögensanzeigen selbst abzugeben, können solche durch Bevollmächtigte erfolgen.

Anmerkungen.

Zu § 26 bis 30. Über die „Vermögensanzeige“ siehe Seite 31.

Die Vermögensanzeigen sind unter der Versicherung zu erstatten, daß die Angaben nach bestem Wissen und Gewissen gemacht sind.

Die Fristen und Formen, welche bei den Vermögensanzeigen zu beobachten sind, werden von dem Finanzminister bestimmt. Die erforderlichen Formulare werden kostenlos verabfolgt.

§ 27. Die dem Vorsitzenden zur Bearbeitung der Einkommensteuer-Sachen zugeordneten Hilfsbeamten (§ 37 des Einkommensteuer-Gesetzes) können nach den hierüber vom Finanzminister zu erlassenden allgemeinen Anweisungen auch bei der Bearbeitung der auf die Ergänzungssteuer bezüglichen Angelegenheiten beteiligt werden.

§ 28. Der Vorsitzende der Veranlagungs-Kommission hat nach Einholung des Gutachtens des Schätzungsausschusses das nach seinem Ermessen für jeden Steuerpflichtigen zutreffende Vermögen, getrennt nach den verschiedenen Bestandteilen (§ 4), in die Nachweisung oder Steuerliste einzutragen, den nach Vorschrift dieses Gesetzes zu entrichtenden Steuersatz vorzuschlagen und die Verhandlungen der Veranlagungs-Kommission zur Beschlußfassung vorzulegen.

§ 29. Die Veranlagungs-Kommission unterwirft die Gutachten des Schätzungsausschusses, die eingegangenen Vermögensanzeigen und die Nachweisungen einer genauen Prüfung. Hierbei hat sie das Recht, von den nach § 24 dem Schätzungsausschusse und nach § 25 Absatz 3 bis 5 dem Vorsitzenden zustehenden Hilfsmitteln auch ihrerseits Gebrauch zu machen und sonstige zur Feststellung erheblicher Thatsachen erforderliche Ermittelungen vorzunehmen.

§ 30. Werden die Angaben einer Vermögensanzeige über Größe und Wert steuerbaren Vermögens durch die Veranlagungs-Kommission oder deren Vorsitzenden beanstandet, so ist dem Steuerpflichtigen mitzuteilen, auf welche Vermögensteile oder Werte die Beanstandung sich bezieht. Soweit es sich um thatsächliche Angaben handelt, sind zugleich die Gründe der Beanstandung mitzuteilen.

Mit der Mitteilung ist die Aufforderung zu verbinden, sich binnen einer bestimmten Frist über die beanstandeten Angaben zu erklären.

Erst wenn der Steuerpflichtige dies unterläßt, oder wenn die Bedenken gegen die Richtigkeit der Vermögensanzeige nicht gehoben werden, ist die Kommission bei Schätzung des Vermögens auch an die thatsächlichen Angaben des Steuerpflichtigen nicht gebunden.

§ 31. Die Kommission setzt den nach ihrem Ermessen zutreffenden Steuersatz auf Grund der stattgehabten Ermittelungen fest.

§ 32. Das Ergebnis der Veranlagung hat der Vorsitzende der Veranlagungs-Kommission dem Steuerpflichtigen mittels einer zugleich eine Belehrung über das Rechtsmittel der Berufung enthaltenden Zuschrift bekannt zu machen, welche, sofern auch die Veranlagung zur Einkommensteuer stattgefunden hat, mit der Benachrichtigung über dieselbe (§ 39 des Einkommensteuer-Gesetzes) verbunden werden kann.

3. Rechtsmittel.

a) Berufung.

§ 33. Gegen das Ergebnis der Veranlagung steht sowohl dem Steuerpflichtigen, als auch dem Vorsitzenden der Veranlagungs-Kommission binnen einer Ausschlußfrist von vier Wochen das Rechtsmittel der Berufung an die gemäß §§ 41, 50 des Einkommensteuer-Gesetzes gebildete Berufungskommission zu.

Die Vorschrift im § 40 Absatz 2 des Einkommensteuer-Gesetzes findet sinngemäße Anwendung.

Die Berufung kann mit der etwaigen Berufung gegen die Einkommensteuer-Veranlagung in demselben Schriftsatze angebracht werden.

§ 34. Der Vorsitzende der Berufungs-Kommission hat die ihm im § 42 des Einkommensteuer-Gesetzes zugewiesenen Obliegenheiten und Befugnisse auch mit Bezug auf die Ergänzungssteuer wahrzunehmen.

§ 35. Die Berufungs-Kommission entscheidet über alle gegen das Verfahren und die Entscheidungen der Veranlagungs-Kommissionen und der Schätzungsausschüsse angebrachten Beschwerden und Berufungen.

Behufs Prüfung der Berufungen können die Berufungs-Kommissionen und deren Vorsitzender eine genaue Feststellung der Vermögensverhältnisse des Steuerpflichtigen veranlassen. Dabei sind sie befugt, von den zu diesem Zwecke den Veranlagungs-Kommissionen und deren Vorsitzenden zustehenden Hilfsmitteln (§ 25 Absatz 3 bis 5, § 29) Gebrauch zu machen.

Die Berufungs-Kommission und deren Vorsitzender sind ferner befugt, die Vernehmung von Zeugen und Sachverständigen zu veranlassen, sowie die eidliche Bekräftigung des Zeugnisses oder Gutachtens der vernommenen Zeugen oder Sachverständigen vor dem zuständigen Amtsgericht zu fordern. Die zu vernehmenden Personen dürfen die Auskunftserteilung nur unter den Voraussetzungen ablehnen, welche nach der Civilprozeßordnung zur Ablehnung eines Zeugnisses bezw. Gutachtens berechtigen.

Die Berufungs-Kommission hat die Vermögens-Nachweisungen sorgfältig zu prüfen; die von ihr gezogenen Erinnerungen sind bei der nächsten Veranlagung (§ 37) zu beachten.

Ist gegen die Veranlagung desselben Steuerpflichtigen sowohl wegen der Einkommensteuer als auch wegen der Ergänzungssteuer Berufung eingelegt, so kann der Vorsitzende die Erörterung und Entscheidung der Rechtsmittel in einem Verfahren herbeiführen.

b) Beschwerde.

§ 36. Gegen die Entscheidung der Berufungs-Kommission steht sowohl dem Steuerpflichtigen als auch dem Vorsitzenden der Berufungs-Kommission die Beschwerde an das Oberverwaltungs-Gericht in Gemäßheit der Vorschriften im § 44 des Einkommensteuer-Gesetzes zu.

Die Beschwerde kann mit der etwaigen Beschwerde bezüglich der Einkommensteuer-Veranlagung desselben Pflichtigen in dem nämlichen Schriftsatze angebracht werden.

Ist mit Bezug auf die Veranlagung desselben Pflichtigen sowohl wegen der Einkommensteuer als auch wegen der Ergänzungssteuer Beschwerde eingelegt, so kann das Oberverwaltungs-Gericht diese Rechtsmittel in einem Verfahren erörtern und entscheiden.

Im übrigen finden auf die Beschwerden und auf das Verfahren zum Zwecke der Entscheidung derselben die §§ 44 bis 49 des Einkommensteuer-Gesetzes Anwendung.

V. Veranlagungsperiode und Veränderung der veranlagten Steuer innerhalb derselben.

§ 37. Die Veranlagung der Ergänzungssteuer erfolgt für eine Periode von drei Steuerjahren, zum ersten Male jedoch für die Zeit vom 1. April 1895 bis zum 31. März 1896.

Für die Zeit vom 1. April 1896 bis zum 31. März 1899 erfolgt die Festsetzung der Veranlagungsperiode durch Königliche Verordnung.

Anmerkungen.

Zu § 37. Siehe Seite 32.

§ 38. Tritt im Laufe eines Steuerjahres eine Vermehrung des steuerbaren Vermögens infolge Erb- oder Fideikommiß-Anfalles, Abteilungs- oder Überlassungs-Vertrages zwischen Eltern und Kindern, Schenkung oder Verheiratung ein, so ist der Erwerber entsprechend der Vermehrung seines Vermögens anderweit zur Ergänzungssteuer zu veranlagen und zur Entrichtung derselben von dem Beginne des auf den Vermögenszuwachs folgenden Monats ab verpflichtet.

§ 39. Wird nachgewiesen, daß im Laufe eines Steuerjahres infolge Wegfalles eines Vermögensteiles der Gesammtwert des steuerbaren Vermögens eines Pflichtigen um mehr als den vierten Teil vermindert worden ist, oder daß der wegfallende Teil des Vermögens anderweit zur Ergänzungssteuer herangezogen wird, so kann vom Beginn des auf den Eintritt der Vermögens-Verminderung folgenden Monats ab die Ermäßigung der Ergänzungssteuer auf den dem verbliebenen Vermögen entsprechenden Steuersatz beansprucht werden.

§ 40. Außer in den Fällen der §§ 38, 39 begründet die im Laufe der Veranlagungsperiode eintretende Vermehrung oder Verminderung des Vermögens in seinem Bestande oder Werte keine Veränderung in der schon erfolgten Veranlagung; vielmehr tritt eine Veränderung in den Steuerrollen innerhalb der Veranlagungsperiode nur ein entweder infolge von Zugängen, indem Personen durch Zuzug aus anderen Bundesstaaten oder aus anderen Gründen steuerpflichtig werden, oder infolge von Abgängen, indem bei Steuerpflichtigen die Voraussetzungen, an welche die Steuerpflicht geknüpft ist, erlöschen.

Die Zu- und Abgangsstellung erfolgt von dem Beginn des auf den Eintritt oder das Erlöschen der Steuerpflicht folgenden Monats ab.

§ 41. Wegen des Verfahrens bei den Steuerermäßigungen (§ 39) und bei den Abgangsstellungen finden die Vorschriften § 60 Absatz 1 bis 3 des Einkommensteuer-Gesetzes sinngemäße Anwendung.

In den Fällen der §§ 38, 40 bestimmt an Stelle der Veranlagungs-Kommission der Vorsitzende derselben den zu entrichtenden Steuersatz, sowie den Zeitpunkt der Zugangsstellung. Im übrigen finden wegen des Verfahrens bei der Veranlagung in Zugangsfällen, sowie wegen der Rechtsmittel die Vorschriften §§ 20 bis 36 Anwendung.

Den Gemeinde-(Guts-)Vorständen liegt nach den vom Finanzminister hierüber zu treffenden Anordnungen die Führung der Zu- und Abgangslisten ob.

VI. Steuererhebung.

§ 42. Die Ergänzungssteuer wird gleichzeitig mit der Einkommensteuer erhoben.

Die zur örtlichen Erhebung der Einkommensteuer vom Einkommen von nicht mehr als 3000 Mark verpflichteten Gemeinden (Gutsbezirke) haben auch die Ergänzungssteuer der mit einem Einkommen von nicht mehr als 3000 Mark veranlagten oder einkommensteuerfrei gebliebenen Personen zu erheben und erhalten hierfür, solange nicht der im § 16 Absatz 2 des Gesetzes wegen Aufhebung direkter Staatssteuern vorgesehene Fall eingetreten ist, eine vom Finanzminister festzusetzende Gebühr, welche zwei Prozent der Isteinnahme der erhobenen Ergänzungssteuer nicht übersteigen darf.

Die Vorschriften §§ 62 bis 64 des Einkommensteuer-Gesetzes finden auf die Ergänzungssteuer gleichmäßig Anwendung.

Außer dem Veranlagten haften diejenigen Personen, deren Vermögen demselben bei der Veranlagung gemäß § 5 zugerechnet ist, für den auf daselbe nach dem Verhältnis zum veranlagten Gesamtvermögen entfallenden Teil der veranlagten Ergänzungssteuer solidarisch.

Anmerkungen.

Zu § 42. Absatz II will besagen: Wo die Gemeinden die Einkommensteuer der unteren Stufen (bis 3000 Mark) erheben müssen, müssen sie die Vermögenssteuer derselben Personen ebenfalls erheben. Die Entschädigung dafür wird vom Finanzminister bestimmt, kann aber auch durch königliche Verordnung ganz aufgehoben werden.

VII. Strafbestimmung.

§ 43. Wer in der Absicht der Steuerhinterziehung an zuständiger Stelle über das ihm zuzurechnende steuerbare Vermögen oder über das Vermögen der von ihm zu vertretenden Steuerpflichtigen unrichtige oder unvollständige thatsächliche Angaben macht, wird mit dem zehn- bis fünfundzwanzigfachen Betrage der Jahressteuer, um welche der Staat verkürzt worden ist oder verkürzt werden sollte, mindestens aber mit einer Geldstrafe von hundert Mark bestraft.

Ist eine unrichtige Angabe, welche geeignet ist, eine Verkürzung der Steuer herbeizuführen, zwar wissentlich, aber nicht in der Absicht der Steuerhinterziehung erfolgt, so tritt Geldstrafe von zwanzig bis hundert Mark ein.

Straffrei bleibt, wer seine unrichtige oder unvollständige Angabe, bevor Anzeige erfolgt oder eine Untersuchung eingeleitet ist, an zuständiger Stelle berichtigt oder ergänzt und die vorenthaltene Steuer in der ihm gesetzten Frist entrichtet.

§ 44. Die Einziehung der hinterzogenen Steuer erfolgt neben und unabhängig von der Strafe.

Die Vorschriften § 67 Absatz 2 und 3 des Einkommensteuer-Gesetzes finden sinngemäße Anwendung.

VIII. Schlußbestimmungen.

§ 45. Die Gemeinden (Gutsbezirke) tragen die Kosten für die bei der Veranlagung der Ergänzungssteuer ihnen übertragenen Geschäfte.

Im übrigen fallen die Kosten der Veranlagung und Erhebung der Staatskasse zur Last. Jedoch sind diejenigen Kosten, welche durch die gelegentlich der eingelegten Rechtsmittel erfolgenden Ermittelungen veranlaßt werden, von dem Steuerpflichtigen zu erstatten, wenn sich seine Angaben in wesentlichen Punkten als unrichtig erweisen.

Die Festsetzung der zu erstattenden Kosten erfolgt durch die Regierung, gegen deren Entscheidung dem Steuerpflichtigen binnen einer Ausschlußfrist von vier Wochen die bei der Regierung einzulegende Beschwerde an den Finanzminister offen steht.

Die Mitglieder der Kommissionen und Schätzungsausschüsse erhalten aus der Staatskasse Reisekosten und Tagegelder, deren Sätze im Wege der Königlichen Verordnung gemäß § 12 des Gesetzes, betreffend die Tagegelder und die Reisekosten der Staatsbeamten, vom 24. März 1873, Gesetz-Sammlung Seite 122 (Artikel I der Verordnung vom 15. April 1876, Gesetz-Sammlung Seite 107) bestimmt werden.

Die Gebühren für Zeugen und Sachverständige (§§ 24, 29) werden nach den in Civilprozessen zur Anwendung kommenden Vorschriften berechnet.

§ 46. Die folgenden Bestimmungen des Einkommensteuer-Gesetzes:

- §§ 51 bis 54 (Geschäftsordnung der Kommissionen und Zustellungen),
- § 55 (Oberaufsicht des Finanzministers),
- § 61 Absatz 1 und 2 (Ab- und Anmeldung),
- § 68 Absatz 2 und § 69 (Bestrafung der Zuwiderhandlungen gegen die Melde- und Geheimhaltungs-Pflicht),
- § 70 (Strafumwandlung und Strafverfahren),
- § 78 (Zuständigkeit der Direktion für die Verwaltung der direkten Steuern in Berlin),

---

Anmerkungen.

Zu § 45. Die Entschädigung, welche die Gemeinden für ihre Mühewaltung bei der Veranlagung von Steuern erhalten, fällt mit dem 1. April 1895 auch bei den anderen Steuern fort.

§ 79 (Verlängerung der Ausschlußfristen),
§ 80 (Nachbesteuerung),
§ 81 (Verjährung)

finden sinngemäße Anwendung,

die §§ 52, 69, 80 mit der Maßgabe, daß der Steuererklärung die Vermögensanzeige, dem Einkommen das steuerbare Vermögen im Sinne dieses Gesetzes gleichsteht, daß ferner die Vorschriften § 52 Absatz 1 und § 69 auch auf die Mitglieder des Schätzungsausschusses (§ 23) Anwendung finden.

§ 47. Die Wiedereinsetzung in den vorigen Stand kann beantragen, wer durch Naturereignisse oder andere unabwendbare Zufälle verhindert worden ist, die in dem gegenwärtigen Gesetze oder in dem Einkommensteuer-Gesetze zur Einlegung von Rechtsmitteln vorgeschriebenen Ausschlußfristen einzuhalten. Als unabwendbarer Zufall ist es anzusehen, wenn der Antragsteller von einer Zustellung ohne sein Verschulden keine Kenntnis erlangt hat.

Über den Antrag entscheidet die Kommission oder Behörde, welcher die Entscheidung über das versäumte Rechtsmittel zusteht.

Das versäumte Rechtsmittel ist unter Anführung der Thatsachen, durch welche der Antrag auf Wiedereinsetzung begründet werden soll, sowie der Beweismittel innerhalb zwei Wochen nach dem Ablauf des Tages, mit welchem das Hindernis gehoben ist, nachzuholen.

Nach Ablauf eines Jahres, von dem Ende der versäumten Frist an gerechnet, findet die Nachholung und der Antrag auf Wiedereinsetzung nicht mehr statt.

Die durch Erörterung des Antrages auf Wiedereinsetzung entstehenden baren Auslagen trägt in allen Fällen der Antragsteller.

§ 48. Übersteigt das Veranlagungssoll des Jahres 1895/96 den Betrag von 35 000 000 Mark um mehr als 5 Prozent, so findet in dem Verhältnis des Mehrbetrages zu der genannten Summe eine Herabsetzung der sämtlichen im § 18 bestimmten Steuersätze statt.

Diese Herabsetzung wird in angemessener Abrundung durch Königliche Verordnung festgestellt. Die in der letzteren bestimmten Sätze sind für das Steuerjahr 1895/96 und die folgenden Jahre maßgebend.

In gleicher Weise findet, wenn das Veranlagungssoll des Jahres 1895/96 hinter dem Betrage von 35 000 000 Mark um mehr als 5 Prozent zurückbleibt, eine entsprechende Erhöhung der in § 18 dieses Gesetzes bestimmten Steuersätze statt, insoweit der Ausfall nicht durch einen Mehrertrag der Einkommensteuer für das Jahr 1895/96 über die Summe von 135 000 000 Mark und durch die Zinsen der im § 49 bezeichneten Überschüsse gedeckt wird. Diese Erhöhung wird durch Königliche Verordnung für die Folgezeit wieder außer Kraft gesetzt, wenn das Veranlagungssoll der Ergänzungssteuer den Betrag von 35 000 000 Mark zuzüglich einer Steigerung von 4 Prozent für jedes auf 1895/96 folgende Steuerjahr erreicht.

§ 49. Übersteigt die Einnahme an Einkommensteuer für das Jahr 1892/93 den Betrag von 80 000 000 Mark, und für die folgenden Jahre einen um je 4 Prozent erhöhten Betrag, so sind die Überschüsse und deren Zinsen bis zum Etatsjahre 1894/95 einschließlich zu einem besonderen, von dem Finanzminister zu verwaltenden Fonds abzuführen, soweit darüber nicht durch Gesetz anderweit Verfügung getroffen ist.

Soweit die mit 3½ Prozent zu berechnenden Zinsen dieses Fonds nach dem Bestande vom 1. April 1895 zu dem im § 48 Absatz 3 dieses Gesetzes bezeichneten Zwecke keine Verwendung finden, ist über dieselben zu Beihilfen für Volksschulbauten oder zu anderweiten Beihilfen an unvermögende Schulverbände durch den Staatshaushalts-Etat Bestimmung zu treffen.

Der Fonds selbst ist am 1. April 1895 zu den allgemeinen Staatsfonds zu vereinnahmen.

Die §§ 82—84 des Einkommensteuer-Gesetzes treten mit der Verkündigung dieses Gesetzes außer Kraft.

§ 50. Abgesehen von der Bestimmung im § 48 ist eine Veränderung der Ergänzungs-Steuersätze nur bei gleichzeitiger und verhältnismäßiger Abänderung der Einkommen-Steuersätze zulässig.

§ 51. Bei der Verteilung und Aufbringung öffentlicher Lasten nach dem Maßstabe direkter Staatssteuern kommt die Ergänzungssteuer nicht in Ansatz.

Anmerkungen.

Zu § 48. Die Vermögenssteuer soll nicht mehr als einen bestimmten Betrag einbringen. Ergiebt die Veranlagung mehr, so werden die Tarifsätze um eine Kleinigkeit herabgesetzt. Nötigenfalls werden sie auch um eine Kleinigkeit erhöht. Bis auf den Pfennig genau kann also jeder seine Vermögenssteuer erst einige Zeit nach der Veranlagung erfahren.

Zu § 51. Auf die Vermögenssteuer darf kein Kommunalzuschlag gelegt werden.

§ 52. Dieses Gesetz tritt nur gleichzeitig mit dem Gesetz wegen Aufhebung direkter Staatssteuern in Kraft.

§ 53. Der Finanzminister wird mit der Ausführung dieses Gesetzes beauftragt.

Urkundlich unter Unserer Höchsteigenhändigen Unterschrift und beigedrucktem Königlichen Insiegel.

Gegeben Neues Palais, den 14. Juli 1893.

(L. S.) **Wilhelm.**

Gr. zu Eulenburg. v. Boetticher. v. Schelling. Frhr. v. Berlepsch. Gr. v. Caprivi. Miquel. v. Kaltenborn. v. Heyden. Thielen. Bosse.

Tabelle

über den gegenwärtigen Kapitalwert einer Rente oder Nutzung im Werte von 1 Mark auf eine bestimmte Anzahl von Jahren behufs Berechnung der davon zu entrichtenden Ergänzungssteuer. (Zu § 13$^{IV.}$ des Gesetzes.)

Anzahl der Jahre	Kapitalwert		Anzahl der Jahre	Kapitalwert		Anzahl der Jahre	Kapitalwert		Anzahl der Jahre	Kapitalwert	
	Mark	Pf.		Mark	Pf.		Mark	Pf.		Mark	Pf.
1	1	0,0	22	15	02,9	43	21	18,6	64	23	88,7
2	1	96,2	23	15	45,1	44	21	37,1	65	23	96,9
3	2	88,6	24	15	85,7	45	21	54,9	66	24	04,7
4	3	77,5	25	16	24,7	46	21	72,0	67	24	12,2
5	4	63,0	26	16	62,2	47	21	88,5	68	24	19,4
6	5	45,1	27	16	98,3	48	22	04,3	69	24	26,4
7	6	24,2	28	17	33,0	49	22	19,5	70	24	33,0
8	7	00,2	29	17	66,3	50	22	34,2	71	24	39,5
9	7	73,3	30	17	98,4	51	22	48,2	72	24	45,6
10	8	43,5	31	18	29,0	52	22	61,8	73	24	51,6
11	9	11,1	32	18	58,9	53	22	74,8	74	24	57,3
12	9	76,0	33	18	87,4	54	22	87,3	75	24	62,8
13	10	38,5	34	19	14,8	55	22	99,3	76	24	68,0
14	10	98,6	35	19	41,1	56	23	10,9	77	24	73,1
15	11	56,3	36	19	66,5	57	23	22,0	78	24	78,0
16	12	11,8	37	19	90,8	58	23	32,7	79	24	82,7
17	12	65,2	38	20	14,3	59	23	43,0	80	24	87,2
18	13	16,6	39	20	36,8	60	23	52,8	81	24	91,5
19	13	65,9	40	20	58,5	61	23	62,4	82	24	95,7
20	14	13,4	41	20	79,3	62	23	71,5	83	24	99,7
21	14	59,0	42	20	99,3	63	23	80,3	84 und mehr	25	00,0

3.

Grundsteuer-Gesetz.

Gesetz, betreffend die anderweite Regelung der Grundsteuer. Vom 21. Mai 1861.

Wir Wilhelm, von Gottes Gnaden König von Preußen 2c. verordnen, zur Erledigung der in den Finanz-Edikten vom 27. Oktober 1810 und vom 7. September 1811 wegen der Grundsteuer erteilten Verheißungen, des darauf bezüglichen, im Eingange des Gesetzes über die Einrichtung des Abgabenwesens vom 30. Mai 1820 enthaltenen Vorbehalts, sowie der Bestimmung im Artikel 101 der Verfassungs-Urkunde vom 31. Januar 1850, endlich zur Ausführung des Gesetzes vom 24. Februar 1850, die Aufhebung der Grundsteuer-Befreiungen betreffend, für den Umfang Unserer Monarchie, mit Ausschluß der Hohenzollernschen Lande und des Jadegebiets, unter Zustimmung beider Häuser des Landtages, was folgt:

I. Einteilung der Grundsteuer.

§ 1. Die Grundsteuer zerfällt fortan:

a) in die von den Gebäuden und den dazu gehörigen Hofräumen und Hausgärten unter dem Namen „Gebäudesteuer" zu entrichtende Staatsabgabe, und

b) in die eigentliche Grundsteuer, welche, mit Ausschluß der zu a bezeichneten, von den ertragsfähigen Grundstücken — von den Liegenschaften — zu entrichten ist.

Von der Gebäudesteuer (zu a) werden nur solche Hausgärten betroffen, deren Flächeninhalt Einen Morgen nicht übersteigt. Größere Hausgärten unterliegen mit ihrem ganzen Flächeninhalte der Grundsteuer von den Liegenschaften (zu b).

II. Gebäudesteuer.

§ 2. Die Gebäudesteuer (§ 1 zu a) wird nach den Bestimmungen des über dieselbe erlassenen Gesetzes vom heutigen Tage erhoben.

III. Gleichstellung der Grundsteuer in den verschiedenen Provinzen des Staats.

§ 3. Die Grundsteuer von den Liegenschaften (§ 1 zu b) wird für die gesamte Monarchie, mit Ausschluß der Hohenzollernschen Lande und des Jadegebiets, vom 1. Januar 1865 ab auf einen Jahresbetrag von zehn Millionen Thalern festgestellt. Dieser Betrag ist nach Verhältnis des zu ermittelnden Reinertrages der steuerpflichtigen Liegenschaften auf die einzelnen Provinzen, beziehungsweise die einzelnen, einem be-

---

Anmerkungen.

Zu §§ 1 und 2. Da sonach die Grundsteuer und Gebäudesteuer zwei völlig verschiedene Abgaben sind, so sind sie auch in diesem Buche stets getrennt behandelt. Wenn man heute von der „Grundsteuer" spricht, so versteht man darunter nur die eigentliche Grundsteuer mit Ausschluß der Gebäudesteuer. Vgl. Seite 41.

Zu § 3. Mit diesem Paragraphen sollte die Unveränderlichkeit der staatlichen Grundsteuer ausgesprochen werden. Eine Erhöhung oder Verminderung der Grundsteuer im Wege der Gesetzgebung war nur als ein möglicher Ausnahmefall gedacht und hat thatsächlich nie stattgefunden. Durch den Hinzutritt der neuen Provinzen erhöhte sich die Summe von „zehn Millionen Thalern" auf rund 40 Millionen Mark, und so ist sie geblieben. Vgl. Seite 35.

sonderen Grundsteuersystem unterliegenden ständischen Verbände gleichmäßig zu verteilen. Die hiernach jeder Provinz, beziehungsweise jedem der bezeichneten Verbände zufallende Grundsteuer-Hauptsumme ist als ein Kontingent zu behandeln, welches der Staatskasse gegenüber nur durch den Zugang steuerpflichtig werdender oder den Abgang steuerfrei zu stellender Grundstücke (§§ 4 und 10), sonst aber nur im Wege der Gesetzgebung und nur in dem Falle erhöht oder vermindert werden kann, wenn die Bedürfnisse des Staats eine allgemeine Erhöhung der Grundsteuer notwendig machen, oder eine allgemeine Herabsetzung derselben gestatten. Innerhalb der Provinzen, beziehungsweise innerhalb der erwähnten ständischen Verbände, sind die festgestellten Grundsteuer-Hauptsummen auf die einzelnen Kreise, innerhalb dieser auf die Gemeinden und selbständigen Gutsbezirke, und innerhalb der Gemeinden auf die steuerpflichtigen Liegenschaften nach Verhältnis des Reinertrages gleichmäßig zu verteilen.

IV. Beizubehaltende Grundsteuer-Freiheiten.

[§ 4. Befreit von der Grundsteuer (§ 3) bleiben:

a) die dem Staate gehörigen Grundstücke;

b) die Domanial-Grundstücke der vormals reichsunmittelbaren Fürsten und Grafen in dem durch den § 24 der Instruktion vom 30. Mai 1820 (Gesetz-Sammlung für 1820, Seite 81) bestimmten Umfange, soweit die gedachten Fürsten und Grafen nicht in besonderen Verträgen auf die Grundsteuer-Freiheit Verzicht geleistet haben;

c) die den Provinzen, den kommunalständischen Verbänden, den Kreisen, den Gemeinden oder zu selbständigen Gutsbezirken gehörenden Grundstücke, insofern sie zu einem öffentlichen Dienste oder Gebrauche bestimmt sind, insonderheit also: Gassen, Plätze, Brücken, Fahr- und Fußwege, Leinpfade, Bäche, Brunnen, schiffbare Kanäle, Häfen, Werfte, Ablagen, Kirchhöfe, Begräbnisplätze, Spaziergänge, Lust- und botanische Gärten, sowie lediglich zur Bepflanzung öffentlicher Plätze, Straßen und Anlagen bestimmte Baumschulen;

d) Brücken, Kunststraßen, Schienenwege der Eisenbahnen und schiffbare Kanäle, welche mit Genehmigung des Staats von Privatpersonen oder Aktiengesellschaften zum öffentlichen Gebrauche angelegt sind;

e) diejenigen bisher von der Grundsteuer befreiten Grundstücke, welche zur Zeit des Erscheinens dieses Gesetzes zu dem Vermögen evangelischer oder römisch-katholischer Kirchen oder Kapellen, öffentlicher Schulen, höherer Lehranstalten oder besonderer, zur Unterhaltung von Kirchen, Schulen und höheren Lehranstalten stiftungsmäßig bestimmter Fonds oder milder Stiftungen, sowie zur Dotation der Erzbischöfe, Bischöfe, Dom- und Kurat- oder Pfarrgeistlichen oder sonstiger, mit geistlichen Funktionen bekleideter Personen, oder der Küster und anderer Diener des öffentlichen Kultus und der an öffentlichen Schulen oder höheren Lehranstalten angestellten Lehrer gehören.]

V. Veranlagung zur Grundsteuer und Entschädigung der bisher befreiten und bevorzugten Grundstücke.

§ 5. Alle übrigen, bisher von der Grundsteuer befreiten oder hinsichtlich derselben bevorzugten Grundstücke sind vom 1. Januar 1865 ab mit dem nach Ausführung der Vorschrift im § 3 sich ergebenden Prozentsatze, dem für sie ermittelten Reinertrage entsprechend, zur Grundsteuer heranzuziehen.

Die Gewährung einer Entschädigung für die Aufhebung der Grundsteuer-Befreiungen und Bevorzugungen erfolgt nach Maßgabe des dieserhalb erlassenen Gesetzes vom heutigen Tage.

VI. Ermittelung des Reinertrages behufs Feststellung der Grundsteuer-Hauptsummen.

§ 6. Die Ermittelung des Reinertrages der Liegenschaften zum Zwecke der Grundsteuer-Verteilung (§ 3) erfolgt nach den Vorschriften der beiliegenden Ausführungs-Anweisung.

Die durch die Ausführung entstehenden Kosten sind, soweit sie auf die beiden westlichen Provinzen treffen, von diesen, soweit sie auf die sechs östlichen Provinzen treffen, von den letzteren aufzubringen. Einstweilen sind sämtliche Kosten aus der Staatskasse vorzuschießen, und derselben nach Vollendung des Abschätzungswerks in mäßigen Jahresraten allmählich wieder zuzuführen.

Anmerkungen.

Zu § 4. Vom 1. April 1895 ab, wo die Grundsteuer nur noch als Gemeindesteuer erhoben wird, gelten für die Befreiungen nicht mehr diese Grundsätze, sondern die in § 24 des Kommunalabgaben-Gesetzes. Vgl. Seite 66 und Seite 184 bis 185.

Zu § 5. Diese Entschädigungen müssen jetzt, wo der Staat seine Grundsteuer außer Hebung setzt, zurückgezahlt werden. (Siehe Seite 38.)

Zu §§ 6 und 7. Da die einmal geschehene Grundsteuer-Veranlagung vom Staate nie

§ 7. Die Feststellung der den einzelnen Provinzen, beziehungsweise ständischen Verbänden (§ 3) nach den Ergebnissen der stattgefundenen Ermittelung des Reinertrages der Liegenschaften (§ 6) aufzuerlegenden Grundsteuer-Hauptsummen, welche vom 1. Januar 1865 ab zur Staatskasse eingezogen werden, geschieht durch eine Königliche Verordnung, mittelst deren zugleich für die sechs östlichen Provinzen wegen der Unterverteilung und Erhebung der festgestellten Grundsteuer-Hauptsummen provisorisch das Erforderliche bestimmt wird.

VII. Unterverteilung der Grundsteuer-Hauptsummen.

§ 8. Über die definitive Unterverteilung und Erhebung der nach § 7 festgestellten Grundsteuer-Hauptsummen ergeht für die sechs östlichen Provinzen ein besonderes Gesetz, in welchem namentlich auch hinsichtlich der den Steuerpflichtigen bei Unglücksfällen zu bewilligenden Remissionen und darüber Bestimmung getroffen werden wird, ob und in welcher Weise die zu Reallasten und Servituten Berechtigten zu der Grundsteuer der verpflichteten Grundstücke beizutragen haben.

§ 9. Die Unterverteilung der festgestellten Grundsteuer-Hauptsummen auf die einzelnen steuerpflichtigen Liegenschaften erfolgt in den beiden westlichen Provinzen nach den Unterlagen des bestehenden Grundsteuer-Katasters mit den durch Königliche Verordnung nach Anhörung der Provinzial-Landtage zu bestimmenden Maßgaben.

VIII. Übergang steuerfreier Grundstücke in die Klasse der steuerpflichtigen und umgekehrt.

§ 10. Wenn steuerfreie Grundstücke (§ 4) diejenige Eigenschaft verlieren, welche die Befreiung von der Grundsteuer bedingt, so sind sie vom ersten Tage des Monats ab, welcher auf den Monat folgt, in welchem die Veränderung eingetreten ist, zu dem nach Ausführung der Vorschrift in § 3 sich ergebenden Prozentsatze ihrem Reinertrage entsprechend mit Grundsteuer zu belegen.

Andererseits werden besteuerte Grundstücke, welche in die Klasse der im § 4 zu a, c und d bezeichneten steuerfreien Grundstücke übergehen, von der Fortentrichtung der auf ihnen haftenden Grundsteuer vom ersten Tage des Monats ab entbunden, welcher auf den Monat folgt, in welchem die, die Steuerfreiheit begründende Veränderung eingetreten ist.

Wenn besteuerte Grundstücke in den Besitz evangelischer oder römisch-katholischer Kirchen u. s. w. (§ 4 zu e) gelangen, so ist die auf diesen Grundstücken haftende Grundsteuer fortzuentrichten. Gehören dagegen die Grundstücke, welche in den Besitz evangelischer oder römisch-katholischer Kirchen u. s. w. übergehen, zu den im § 4 zu a bis d bezeichneten, so ist für dieselben mit dem nach Ausführung der Vorschrift im § 3 sich ergebenden Prozentsatz ihres Reinertrages die aufzuerlegende Grundsteuer neu zu veranlagen.

Werden Grundstücke mit Gebäuden besetzt, oder als Hofräume oder Hausgärten mit Gebäuden verbunden und dadurch gebäudesteuerpflichtig (§ 1), so hört ihre Grundsteuer-Pflichtigkeit mit dem Zeitpunkte auf, von welchem ab sie von der Gebäudesteuer betroffen werden; sowie umgekehrt die bis dahin der Gebäudesteuer unterworfenen Grundstücke von dem Zeitpunkte ab, wo sie aufhören gebäudesteuerpflichtig zu sein, zur Grundsteuer heranzuziehen sind.

Außerdem hört die Steuerpflichtigkeit besteuerter Grundstücke nur mit deren Untergange oder durch das Eintreten bleibender Ertragsunfähigkeit auf.

IX. Allgemeine Bestimmungen.

§ 11. Vom 1. Januar 1865 ab treten alle hinsichtlich der Grundsteuer bestehenden Vorschriften außer Kraft, welche den Bestimmungen des gegenwärtigen Gesetzes entgegenstehen oder sich mit denselben nicht vereinigen lassen.

Anmerkungen.

wiederholt wird, so hat die damals in der Gesetzgebung erschienene Ausführungs-Anweisung heute nur noch in den seltenen Fällen eine Bedeutung, wo ausnahmsweis eine Einschätzung dennoch nötig wird (z. B. wenn ein Gebäude niedergerissen und die Fläche zu Ackerland gemacht wird). — Gegenwärtig werden solche Grundstücke neu veranlagt, die an den Staat keine Grundsteuer zu entrichten hatten, nach dem neuen Kommunalabgaben-Gesetz aber grundsteuerpflichtig werden; doch war meistens ihr Reinertrag schon früher ermittelt.

Zu § 8. „Remissionen", d. h. Nachlässe an Grundsteuer werden heute nur noch bei Überschwemmungen gewährt. Vgl. hierüber Seite 97 bis 98.

§ 12. Der Finanzminister ist mit der Ausführung dieses Gesetzes beauftragt und hat behufs derselben die erforderlichen Anweisungen zu erlassen.

Urkundlich unter Unserer Höchsteigenhändigen Unterschrift und beigedrucktem Königlichen Insiegel.

Gegeben Berlin, den 21. Mai 1861.

(L. S.) **Wilhelm.**

Fürst zu Hohenzollern=Sigmaringen. v. Auerswald. v. d. Heydt. v. Schleinitz. v. Patow. Gr. v. Pückler. v. Bethmann=Hollweg. Gr. v. Schwerin. v. Roon. v. Bernuth.

4.

Gebäudesteuer-Gesetz.

Gesetz, betreffend die Einführung einer allgemeinen Gebäudesteuer. Vom 21. Mai 1861.

Wir Wilhelm, von Gottes Gnaden König von Preußen ꝛc. verordnen, für den Umfang Unserer Monarchie, mit Ausschluß der Hohenzollernschen Lande und des Jadegebiets, **unter Zustimmung beider Häuser des Landtages, was folgt:**

§ 1. Die im § 2 des Gesetzes vom heutigen Tage, betreffend die anderweite Regelung der Grundsteuer, angeordnete Gebäudesteuer tritt gleichzeitig mit der Steuer für die Liegenschaften § 1b des gedachten Gesetzes in Hebung.

§ 2. Von dem im § 1 bestimmten Zeitpunkte ab werden außer Hebung gesetzt:

1) die zur Zeit in den ländlichen Ortschaften mehrerer Teile der östlichen Provinzen des Staates auf den Wohn- und sonstigen Gebäuden unter verschiedenen Benennungen ruhenden Grund- und Haussteuern und grundsteuerartigen Abgaben, soweit dieselben zur Staatskasse fließen;
2) diejenigen Grundsteuern und grundsteuerartigen Abgaben, welche in mehreren Teilen der östlichen Provinzen auf den Städten im ganzen oder auf den in den Städten und deren Feldmarken befindlichen Gebäuden ruhen, soweit dieselben zur Staatskasse fließen;
3) der nach § 6 des Gesetzes über die Einrichtung des Abgabenwesens vom 30. Mai 1820 zu entrichtende städtische Servis;
4) die nach dem Gesetz vom 1. August 1855 (Gesetz-Sammlung für 1855 Seite 579) oder nach früheren Spezialverträgen den Städten an Stelle der Verpflichtung zur Tragung der Kriminalkosten auferlegten Renten;
5) der bisher an die Kämmereikasse in der Stadt Erfurt entrichtete sogenannte Realgeschoß (Gesamtbetrag der jetzigen städtischen Grundsteuer);
6) in den beiden westlichen Provinzen die Grundsteuer, welche nach Maßgabe der Katastralerträge auf die Gebäude und auf die zu denselben gehörigen Hofräume und Hausgärten (§ 1 des im § 1 erwähnten Gesetzes) veranlagt ist.

§ 3. Befreit von der Gebäudesteuer sind:

1) die Gebäude, welche sich im Besitz der Mitglieder des Königlichen Hauses oder eines der beiden Hohenzollernschen Fürstenhäuser befinden oder zu den im Besitz des Staates befindlichen Gütern gehören; desgleichen die zu den Standesherrschaften der vormals reichsunmittelbaren Fürsten und Grafen in dem durch § 24 der Instruktion vom 30. Mai 1820 (Gesetz-Sammlung für 1820 Seite 81) bezeichneten Umfange gehörigen Gebäude, sofern nicht die gedachten Fürsten und Grafen in besonderen Verträgen auf die Grundsteuer-Freiheit verzichtet haben;
2) diejenigen Gebäude, welche dem Staate, den Provinzen, den kommunalständischen Verbänden, den Kreisen oder den Gemeinden, respektive zu selbständigen Gutsbezirken gehören, insofern sie zu einem öffentlichen Dienst oder Gebrauch bestimmt sind, insonderheit also die zum Gebrauche öffentlicher Behörden oder zu Dienstwohnungen für Beamte bestimmten Gebäude, als: Militär-, Regierungs-, Justiz-, Polizei-, Steuer- und Post-Verwaltungs-Gebäude, Kreis- und Gemeindehäuser, sowie Bibliotheken und Museen;
3) Universitäts- und andere zum öffentlichen Unterrichte bestimmte Gebäude;

Anmerkungen.

Zu § 3. Vom 1. April 1895 ab, wo die Gebäudesteuer nur noch als Gemeindesteuer erhoben wird, gelten für die Befreiungen nicht mehr diese Grundsätze, sondern die in § 24 des Kommunalabgaben-Gesetzes. Vgl. Seite 184. Über landwirtschaftliche und gewerbliche Gebäude siehe: Seite 42.

4) Kirchen, Kapellen und andere, dem öffentlichen Gottesdienste gewidmete Gebäude, sowie die gottesdienstlichen Gebäude der mit Korporationsrechten versehenen Religions-Gesellschaften

5) die Diensthäuser der Erzbischöfe, der Bischöfe, der Dom- und Kurat- oder Pfarrgeistlichen und sonstiger mit geistlichen Funktionen bekleideter Personen der mit Korporationsrechten versehenen Religions-Gesellschaften, ferner der Gymnasial-, Seminar- und Schullehrer, der Küster und anderer Diener des öffentlichen Kultus;

6) Armen-, Waisen- und Krankenhäuser, Besserungs-, Aufbewahrungs- und Gefängnisanstalten, sowie Gebäude, welche milden Stiftungen angehören und für deren Zwecke unmittelbar benutzt werden;

7) diejenigen unbewohnten Gebäude, welche nur zum Betriebe der Landwirtschaft, z. B. zur Unterbringung des Wirtschaftsviehes, der Wirtschaftsgeräte, der Bodenerzeugnisse u. s. w. bestimmt sind; nicht minder solche zu gewerblichen Anlagen gehörige Gebäude, welche nur zur Aufbewahrung von Brennmaterialien und Rohstoffen, sowie als Stallung für das lediglich zum Gewerbebetriebe bestimmte Zugvieh dienen;

8) die zu Entwässerungs- oder Bewässerungsanlagen dienenden unbewohnten Gebäude.

§ 4. Die Veranlagung der Gebäudesteuer erfolgt dergestalt, daß jedes der Steuer unterliegende Gebäude nach Maßgabe seines jährlichen Nutzungswertes zu einer der in dem anliegenden Tarif bestimmten Steuerstufen eingeschätzt wird.

Trifft der ermittelte Nutzungswert zwischen zwei Stufen, so wird das Gebäude zu der geringeren eingeschätzt.

§ 5. Die Steuer beträgt jährlich:

1) für Gebäude, welche vorzugsweise zum Bewohnen und nur in Ansehung einzelner Räume zu gewerblichen Zwecken, z. B. zu Kauf- und Kramläden, Werkstätten u. s. w. benutzt werden; ferner für Schauspiel-, Ball-, Bade-, Gesellschaftshäuser und ähnliche Gebäude vier vom Hundert des Nutzungswertes;

2) für solche Gebäude, welche ausschließlich oder vorzugsweise zum Gewerbebetriebe dienen, namentlich für Fabriken und Manufaktur-Gebäude, Ziegel-, Kalk- und Gips-Brennereien, für Brauereien und Branntwein-Brennereien, für Hammer- und Hüttenwerke, Schmieden und Schmelzöfen, Dampf-, Wasser- und Windmühlen, desgleichen für solche, nicht zur Benutzung für die Landwirtschaft und Fabriken (§ 3 Nr. 7) bestimmte Keller, Speicher, Remisen, Scheunen und Ställe, welche als selbständige Gebäude betrachtet werden müssen, zwei vom Hundert des Nutzungswertes. Bei den genannten Gebäuden kommt jedoch nur der Mietswert des räumlichen Gelasses, ohne Rücksicht auf die damit verbundenen Triebwerke oder die darin befindlichen Maschinen oder Gerätschaften in Betracht.

§ 6. In den Städten, sowie in denjenigen ländlichen Ortschaften, in welchen eine überwiegende Anzahl von Wohngebäuden regelmäßig durch Vermietung benutzt wird, ist der Nutzungswert (§ 4) der steuerpflichtigen Gebäude mit Einschluß der zu diesen gehörigen Hofräume und Hausgärten (§ 1 des im § 1 erwähnten Gesetzes) nach dem mittleren jährlichen Mietswert derselben festzustellen und letzterer nach den durchschnittlichen Mietspreisen abzumessen, welche innerhalb der dem Veranlagungsjahr unmittelbar vorangegangenen zehn Jahre in der Stadt oder Ortschaft bedungen worden sind.

§ 7. In den übrigen ländlichen Ortschaften sind, insoweit aus wirklichen Mietspreisen ein zureichender Anhalt für die Feststellung des Nutzungswertes der Gebäude nicht zu gewinnen ist, zu diesem Behufe neben der Größe, Bauart und Beschaffenheit der Gebäude und neben der Größe und Beschaffenheit der zu den Gebäuden gehörigen Hofräume und Hausgärten (§ 1 des im § 1 erwähnten Gesetzes), auch die Gesamtverhältnisse der zu denselben gehörigen ländlichen Besitzungen und nutzbaren Grundstücke zu berücksichtigen.

In der Regel sind:

1) die Wohngebäude, welche zu ländlichen Grundstücken von so geringem Ertrage gehören, daß deren Besitzer zu ihrem Unterhalt noch anderweiten Verdienst durch Tagelohn oder diesem ähnliche Lohnarbeit suchen müssen, ingleichen die Wohngebäude der kleinen Handwerker, Fabrikarbeiter u. s. w. in eine der Stufen 1 bis 6 einzuschätzen;
2) die Wohngebäude, welche zu solchen selbständigen ländlichen Besitzungen gehören, deren wirtschaftlicher Reinertrag nach ungefährer Schätzung durchschnittlich weniger als Eintausend Reichsthaler jährlich beträgt, zu den Stufen 7 bis 22;
3) die Wohngebäude, welche zu solchen größeren ländlichen Besitzungen gehören, deren wirtschaftlicher Reinertrag auf Eintausend Reichsthaler jährlich oder darüber geschätzt wird, zu den Stufen 17 bis 37 des Tarifs zu veranlagen.

Diese Wohngebäude dürfen niemals in eine höhere Stufe eingeschätzt werden, als Wohngebäude von gleicher Größe, Bauart und Beschaffenheit in den nächst belegenen Landstädten.

§ 8. Bei der Veranlagung der Gebäude in den im § 7 gedachten Ortschaften sind außerdem nachstehende Vorschriften zu beachten:

1) zu der ersten Stufe des Tarifs sind in der Regel die Wohngebäude von geringem Werte einzuschätzen, zu welchen gar keine oder nur kleine Grundstücke von geringem Ertrage gehören und welche nur für Eine Familie Wohnungsräume darbieten;
2) gehören zu einer ländlichen Besitzung mehrere Wohngebäude, so wird nur das Hauptwohngebäude zu der, den Gesamtverhältnissen der Besitzung entsprechenden Stufe des Tarifs eingeschätzt. Die übrigen zu derselben Besitzung gehörenden Wohngebäude, wie Pächter-, Inspektoren-, Hofmeister-, Försterwohnungen, Gesinde-, Tagelöhner-, Drescherhäuser u. s. w. sind mit Berücksichtigung ihres Umfangs und ihrer Wohnungsräume zu einer der Stufen von 1 bis 6 einzuschätzen. Eine über diese Sätze hinausgehende Besteuerung nach dem Mietswerte ist bei solchen Gebäuden nur dann zulässig, wenn dieselben an Personen vermietet werden, welche weder zur Bewirtschaftung der Besitzung bestimmt sind, noch im Dienste des Besitzers derselben stehen;
3) solche Land- und Gartenhäuser, welche nur zum Sommeraufenthalt bestimmt sind, werden ohne Rücksicht auf den Umfang und Ertrags-

Anmerkungen.

Zu § 8. Nummer 1 bis 3 handeln von Wohngebäuden. Wenn andere Gebäude in ländlichen Ortschaften der Gebäudesteuer unterliegen, z. B. selbständige Fabriken, so sollen sie so eingeschätzt werden wie in einer benachbarten Stadt. Wenn mit solchen Fabriken u. s. w. Wohngebäude verbunden sind, so soll es mit ihnen ebenso gehalten werden. Das will die Nummer 4 besagen.

wert der dazu gehörigen nutzbaren Ländereien nach Maßgabe ihrer Größe, Bauart und Einrichtung eingeschätzt;

4) die außer den Wohngebäuden der Steuer unterliegenden, im § 5 zu 1 und 2 bezeichneten Gebäude, ingleichen die zu anderen, als den in Verbindung mit Landwirtschaft betriebenen Fabriken und ähnlichen Anlagen gehörigen Wohngebäude, werden in diejenige Stufe eingeschätzt, in welche die Gebäude von derselben Art und von gleichem oder ähnlichem Umfange in denjenigen Städten eingeschätzt sind, welche zum Zwecke der Vergleichung nach Anhörung des Provinzial-Landtages für jeden Kreis bezeichnet werden;

5) für jede Provinz sind nach Vernehmung des Provinzial-Landtages die Merkmale zusammenzustellen, nach welchen die steuerpflichtigen Gebäude mit Berücksichtigung der in der Provinz obwaltenden Verhältnisse in die verschiedenen Stufen des Tarifs eingeschätzt werden sollen.

§ 9. Die Veranlagung der Gebäudesteuer geschieht unter der Leitung der Bezirksregierung innerhalb zu bildender Veranlagungsbezirke durch Kommissionen unter dem Vorsitze besonderer Ausführungs-Kommissarien. Die Zahl der Mitglieder dieser Kommissionen wird mit Rücksicht auf den Umfang des Veranlagungsbezirks und die Anzahl der dazu gehörigen Städte von der Bezirksregierung bestimmt.

Die Mitglieder werden von der kreisständischen Versammlung, für solche Städte jedoch, welche einen Veranlagungsbezirk für sich bilden, von der Stadtverordneten-Versammlung gewählt.

Bei der Wahl durch die kreisständische Versammlung ist darauf zu sehen, daß die dem Veranlagungsbezirke angehörigen Städte angemessen vertreten werden; auch kann einzelnen dieser Städte von der Bezirksregierung das Recht beigelegt werden, durch die Stadtverordneten-Versammlung ein Mitglied der Veranlagungs-Kommission wählen zu lassen.

§ 10. Die Beschlüsse der Veranlagungs-Kommission werden nach einfacher Stimmenmehrheit gefaßt. Im Fall einer Stimmengleichheit giebt die Stimme des Vorsitzenden den Ausschlag. Dem letzteren steht auch das Recht zu, gegen die Beschlüsse der Veranlagungs-Kommission die Berufung an die Bezirksregierung einzulegen, welche die Veranlagungs-Kommission nochmals zu hören und demnächst die Entscheidung zu treffen hat, an welche sodann die Kommission gebunden ist.

Das Ergebnis der Veranlagung wird den Gebäude-Eigentümern durch Offenlegung der Veranlagungs-Nachweisung und durch Zufertigung von Auszügen aus derselben bekannt gemacht.

Die gedachten Auszüge müssen unter spezieller Bezeichnung der zur Veranlagung gekommenen Gebäude die für diese in Ansatz gebrachten Mietswerte und die den Gebäuden auferlegten Gebäudesteuer-Beträge enthalten. Die Veranlagungs-Nachweisungen sind während eines Zeitraums von mindestens vierzehn Tagen offen zu legen.

Reklamationen gegen die geschehene Veranlagung dürfen nur binnen einer Präklusivfrist von vier Wochen, vom Empfang des Auszugs aus der Veranlagungs-Nachweisung an gerechnet, bei dem Ausführungs-Kommissar des Veranlagungsbezirks angebracht werden, was den Beteiligten besonders zu eröffnen ist.

§ 11. Über die Reklamation (§ 10) entscheidet nach Vernehmung des Gutachtens der Veranlagungs-Kommission die Regierung. Gegen die Entscheidung derselben steht dem Reklamanten innerhalb einer Präklusivfrist von sechs Wochen nach dem Empfange der Entscheidung der Rekurs an den Finanzminister offen.

Die durch die Untersuchung unbegründeter Reklamationen entstandenen Kosten sind von dem Reklamanten zu erstatten.

§ 12. Der Finanzminister, welchem die oberste Leitung des gesamten Veranlagungs-Geschäfts zusteht, ist befugt, von den Veranlagungs-Arbeiten durch besondere Kommissarien an Ort und Stelle Einsicht nehmen zu lassen, die zur Herstellung der erforderlichen Gleichmäßigkeit notwendigen Anordnungen zu treffen, auch etwaige Irrtümer und Verstöße gegen die Veranlagungs-Vorschriften von Amts wegen zu berichtigen.

§ 13. Die Kosten der Gebäudesteuer-Veranlagung fallen der Staatskasse zur Last. Jedoch sind von den Gemeinden, beziehungsweise den Besitzern selbständiger Gutsbezirke u. s. w., auf deren Kosten die zur Ausführung des Veranlagungs-Geschäfts erforderlichen Vorarbeiten, insbesondere Nachweisungen und Beschreibungen von Gebäuden, zu beschaffen.

Alle Behörden, Gemeinden und Privatpersonen sind verpflichtet, die in ihrem Besitz befindlichen Zeichnungen, Risse, Pläne, Taxen und sonstigen Schriftstücke, welche bei der Ausführung des Veranlagungs-Geschäfts von Nutzen sein können, den damit beauftragten Kommissarien auf deren Erfordern zur Einsicht und Benutzung vorzulegen.

Die Mitglieder der Kommissionen erhalten für Geschäfte außerhalb ihres Wohnorts Reise- und Tagegelder, welche nach § 3 des Kostenregulativs vom 25. April 1836 (Gesetz-Sammlung für 1836 Seite 181) festgesetzt werden.

[§ 14. Die Gebäudesteuer wird überall nach Maßgabe der für die Grundsteuer bestehenden Bestimmungen zur Staatskasse erhoben.

Die Gemeinden und Besitzer selbständiger Gutsbezirke in den östlichen Provinzen sind verpflichtet, die Gebäudesteuer von den einzelnen Steuerpflichtigen einzuziehen und in monatlichen Beträgen vor dem Ablauf eines jeden Monats an die ihnen bezeichneten Kassen abzuführen.

Für die Einziehung der Steuer wird der Betrag von drei vom Hundert der eingegangenen Steuer als Hebegebühr gewährt, aus welchem auch alle Nebenkosten des Erhebungsgeschäfts zu bestreiten sind.]

§ 15. Um die aufzustellenden Gebäudesteuer-Rollen bei der Gegenwart zu erhalten, müssen darin alle Veränderungen nachgetragen werden, welche dadurch entstehen, daß:

1) in dem Eigentumsverhältnis der Gebäude ein Wechsel eintritt;
2) bisher steuerpflichtige Gebäude in die Klasse der steuerfreien (§ 3 dieses Gesetzes), oder bisher steuerfreie Gebäude in die Klasse der steuerpflichtigen übergehen;
3) Gebäude durch Veränderung ihrer Bestimmung aus der § 5 Nr. 2 bezeichneten Klasse in die § 5 Nr. 1 bezeichnete Gebäudeklasse übergehen, und umgekehrt;
4) Gebäude neu entstehen oder gänzlich eingehen;
5) besteuerte Gebäude durch Veränderung in ihrer Substanz, namentlich durch das Aufsetzen oder Abnehmen eines Stockwerks, oder durch das Anbauen oder Abbrechen eines Gebäudeteils, durch Vergrößerung oder durch gänzliche oder teilweise Abtrennung der dazu gehörigen Hofräume und Gärten, an Nutzungswert gewinnen oder verlieren.

Anmerkungen.

Zu § 14. Dieser Paragraph tritt mit dem 1. April 1895 ganz außer Kraft.

Zu § 15. Nr. 3 meint: Wenn ein Wohngebäude in eine Fabrik, eine Fabrik in ein Wohngebäude verwandelt wird, u. s. w.

§ 16. Die Eigentümer oder Nutznießer der Gebäude sind verpflichtet, die im § 15 gedachten Veränderungen den mit der Fortführung der Gebäudesteuer-Rollen beauftragten Beamten schriftlich oder protokollarisch anzuzeigen und die zur Berichtigung der Rolle erforderlichen Nachrichten beizubringen.

§ 17. Ist die Anzeige von dem Wechsel in dem Eigentum (§ 15 zu 1) nicht erfolgt, so wird die veranlagte Gebäudesteuer von dem in der Rolle eingetragenen Eigentümer bis für den Monat einschließlich forterhoben, in welchem die zur Fortschreibung und Berichtigung der Rolle erforderliche Anzeige geschieht, ohne daß dadurch der neue Besitzer von der auch ihm gesetzlich obliegenden Verhaftung für die Gebäudesteuer entbunden wird.

Ist die Anzeige von einer Änderung unterlassen, welche eine Steuerverminderung oder die Freiheit von der Steuer begründet (§ 15 zu 2 bis 5), so wird die Steuer ebenfalls bis für den Monat einschließlich forterhoben, in welchem die Anzeige erfolgt.

Neu entstandene Gebäude (§ 15 zu 4), desgleichen wesentliche Verbesserungen von Gebäuden, sowie Vergrößerungen der zu ihnen gehörigen Hofräume u. s. w. (§ 15 zu 5), sind spätestens drei Monate vor dem Termine anzumelden, mit welchem sie zur Versteuerung gelangen müssen (§ 19 zu 1 und 2); Veränderungen in der Einrichtung oder Benutzung der im § 5 Nr. 2 gedachten Gebäude, wodurch dieselben in die § 5 Nr. 1 erwähnte Gebäudeklasse übertreten, sind binnen drei Monaten nach Ablauf des Jahres, in welchem die Veränderung eingetreten ist, anzumelden. Wer die Anmeldung unterläßt, verfällt, wenn dadurch dem Staate Steuer vorenthalten ist, in eine dem doppelten Betrage der vorenthaltenen Steuer gleichkommende Geldbuße, in den übrigen Fällen in eine Geldbuße von zehn Silbergroschen bis fünf Thaler.

Die Untersuchung und Entscheidung steht dem Gerichte zu, wenn nicht derjenige, welcher der Verletzung einer der vorstehenden Vorschriften beschuldigt wird, binnen einer von dem Landrat, beziehungsweise Gemeindevorstand zu bestimmenden Frist den ihm bekannt gemachten Strafbetrag nebst der etwa zu erlegenden Steuer und die durch das Verfahren gegen ihn entstandenen Kosten freiwillig zahlt.

§ 18. Als Beitrag zu den Fortschreibungs-Kosten haben die Eigentümer der Gebäude, in deren Eigentums-Verhältnis ein Wechsel eintritt (§ 15 Nr. 1), nach der näheren Bestimmung des Finanzministers eine Gebühr zu entrichten, welche den Betrag von fünf Silbergroschen für eine zu bewirkende Fortschreibung in keinem Falle übersteigen darf.

[§ 19. 1) Neu erbaute oder vom Grunde aus wieder aufgebaute Gebäude werden erst nach Ablauf zweier Kalenderjahre seit dem Kalenderjahre, in welchem sie bewohnbar, beziehungsweise nutzbar geworden sind, zur Gebäudesteuer herangezogen.

2) Ebenso treten Steuererhöhungen infolge von Verbesserungen der Gebäude (§ 15 zu 5) erst nach Ablauf zweier Jahre seit dem Kalenderjahre in Kraft, in welchem die Verbesserung vollendet worden ist.]

3) Für solche Gebäude, welche durch Brand, Überschwemmung oder sonstige Naturereignisse vollständig zerstört, oder von ihrem Eigentümer gänzlich abgebrochen worden sind, wird die Gebäudesteuer

---

Anmerkungen.

Zu § 17. Welche Meldepflichten die Gebäudesteuer einem Hausbesitzer auferlegt, ist Seite 43 erklärt.

Zu § 19. Nummer 1 und 2 gelten vom 1. April 1895 ab nicht mehr. Neue Gebäude, neue Stockwerke u. s. w. bleiben dann nur noch während des laufenden Jahres frei und werden sofort zu Beginn des neuen Rechnungsjahres (1. April) veranlagt (Kommunalabgaben-Gesetz § 26 Schluß).

von dem ersten Tage desjenigen Monats ab, in welchem die Zerstörung erfolgt, oder der Abbruch vollendet ist, abgesetzt.

4) Geht durch Ereignisse der zu 3 gedachten Art der Jahresertrag eines solchen Gebäudes ganz oder teilweise verloren, so ist, sofern der erlittene Verlust den dritten Teil des jährlichen Nutzungswertes des Gebäudes erreicht oder übersteigt, ein dem Verhältnis des stattgefundenen Verlustes entsprechender Teil, nach Umständen der ganze Jahresbetrag der Gebäudesteuer zu erlassen.

5) Dieser ganze Betrag ist auch dann zu erlassen, wenn ein Gebäude erweislich während eines ganzen Jahres unbenutzt geblieben ist.

§ 20. Die Gebäudesteuer-Veranlagung wird alle fünfzehn Jahre einer Revision unterworfen, bei deren Ausführung die im gegenwärtigen Gesetze enthaltenen Vorschriften ebenfalls zur Anwendung kommen.

[**§ 21.** 1) Denjenigen Städten und den Besitzern derjenigen städtischen Grundstücke, deren grundsteuerartige Abgaben (Orbeden, Fundschoß) innerhalb der letzten zwanzig Jahre abgelöst worden sind, sollen die an die Staatskasse bezahlten Ablösungskapitalien aus dieser erstattet werden.

2) Die Stadt Erfurt wird an Stelle des bisher an die Kämmereikasse entrichteten Realgeschosses (§ 2 zu 5) der für das Jahr 1861 zur Solleinnahme gestellt gewesene Gesamtbetrag des letzteren und der bis zur Aufhebung des Realgeschosses ohne Veränderung in dem System der jetzigen Steuerveranlagung oder des Prozentsatzes der Steuer sich ergebende Zuwachs als eine auf Verlangen des Fiskus mit dem zwanzigfachen Betrage in barem Gelde ablösliche Staatsrente gezahlt.

3) Ist in Gemäßheit des § 6 des Abgabengesetzes vom 30. Mai 1820 der von einer Stadt an die Staatskasse abzuführende Servisbeitrag den städtischen Grundstücken als Grundsteuer auferlegt, so wird den Eigentümern der vom Realservise freigebliebenen Gebäude, sofern die Freiheit sich auf einen speziellen Rechtstitel gründet, als Entschädigung für die Aufhebung dieser Freiheit aus der Staatskasse der zwanzigfache Betrag desjenigen Beitrages bezahlt, mit welchem die betreffenden Gebäude, wenn ihnen nicht die Freiheit vom Realservise zugestanden hätte, zu letzterem jährlich herangezogen sein würden. Bleibt jedoch die neu auferlegte Gebäudesteuer (§ 4) hinter diesem Beitrage zurück, so wird nur der zwanzigfache Betrag der neuen Gebäudesteuer in barem Gelde als Entschädigung aus der Staatskasse gewährt.

4) In derselben Art werden in allen übrigen Ortschaften die Eigentümer von Gebäuden entschädigt, deren seitherige Haus- oder Grundsteuer-Freiheit auf einem speziellen Rechtstitel beruht.]

§ 22. Die Vorschriften des Gesetzes über die Verjährungsfristen bei öffentlichen Abgaben vom 18. Juni 1840 (Gesetz-Sammlung für 1840 Seite 140) nebst den dazu ergangenen Erläuterungen und Abänderungen finden, soweit nicht das gegenwärtige Gesetz etwas anderes bestimmt, auch auf die Gebäudesteuer Anwendung.

Anmerkungen.

Zu § **19**, Nummer 3 bis 5. Siehe Seite 98 bis 99.

Zu § **20**. Eine solche Neuveranlagung aller Gebäude im ganzen Staate wird im Jahre 1894 stattfinden. Siehe Seite 41.

Zu § **21**. Die Entschädigungsgelder müssen jetzt zurückgezahlt werden (Steueraufhebungs-Gesetz § 20 und § 21).

Zu § **22**. Nach dem Gesetze von 1840 kann die Behörde, wenn sie vergessen hat, ein Gebäude zu veranlagen, dies während des laufenden Jahres noch nachträglich thun; nach Ablauf des Jahres kann sie die Steuer für das abgelaufene Jahr nicht mehr nachfordern. Dasselbe gilt, wenn ein Gebäude irrtümlich zu niedrig veranlagt war. — War die Steuer veranlagt, aber nicht erhoben, so kann die Behörde noch 4 Jahre nach Ablauf des Jahres die Steuer nachfordern; von da an ist sie verjährt. Diese Verjährung wird aber durch Mahnung, durch Exekution oder auch durch ausdrückliche Stundung von seiten der Behörde unterbrochen.

§ 23. Der Finanzminister ist mit der Ausführung dieses Gesetzes beauftragt und hat behufs derselben die erforderlichen Anweisungen zu erlassen.

Urkundlich unter Unserer Höchsteigenhändigen Unterschrift und beigedrucktem Königlichen Insiegel.

Gegeben Berlin, den 21. Mai 1861.

(L. S.) **Wilhelm.**

Fürst zu Hohenzollern-Sigmaringen. v. Auerswald. v. d. Heydt. v. Schleinitz. v. Patow. Gr. v. Pückler. v. Bethmann-Hollweg. Gr. v. Schwerin. v. Roon. v. Bernuth.

Tarif zur Veranlagung der Gebäudesteuer.

Steuerstufe	Jährlicher Nutzungswert der Gebäude	Jahressteuer				Steuerstufe	Jährlicher Nutzungswert der Gebäude	Jahressteuer			
		nach § 5 zu 1		nach § 5 zu 2				nach § 5 zu 1		nach § 5 zu 2	
	Mark	Mark	Pfg.	Mark	Pfg.		Mark	Mark	Pfg.	Mark	Pfg.
	bis					22	600	24	—	12	—
1	12	—	40	—	20	23	675	27	—	13	50
2	18	—	60	—	30	24	750	30	—	15	—
3	24	—	80	—	40	25	825	33	—	16	50
4	36	1	20	—	60	26	900	36	—	18	—
5	48	1	80	—	90	27	975	39	—	19	50
6	60	2	40	1	20	28	1050	42	—	21	—
7	75	3	—	1	50	29	1125	45	—	22	50
8	90	3	60	1	80	30	1200	48	—	24	—
9	115	4	20	2	10	31	1350	54	—	27	—
10	120	4	80	2	40	32	1500	60	—	30	—
11	135	5	40	2	70	33	1650	66	—	33	—
12	150	6	—	3	—	34	1800	72	—	36	—
13	180	7	20	3	60	35	1950	78	—	39	—
14	210	8	40	4	20	36	2100	84	—	42	—
15	240	9	60	4	80	37	2250	90	—	45	—
16	270	10	80	5	40	38	2400	96	—	48	—
17	300	12	—	6	—	39	2550	102	—	51	—
18	360	14	40	7	20	40	2700	108	—	54	—
19	420	16	80	8	40	41	2850	114	—	57	—
20	480	19	20	9	60	42	3000	120	—	60	—
21	540	21	60	10	80	43	3300	132	—	69	—

Bis 6000 Mark steigt jede Stufe um je 300 Mark, von 6000 Mark und weiter um je 600 Mark.

Anmerkungen.

Zum Tarif. In der alten Gesetz-Sammlung ist der Tarif noch in Thalern und Silbergroschen aufgestellt, wir haben statt dessen Mark und Pfennige geschrieben.

Der höhere Satz giebt den Tarif für Wohngebäude, der niedere den für gewerbliche Gebäude an.

5.

Gewerbesteuer-Gesetz.

Vom 24. Juni 1891.

Wir Wilhelm, von Gottes Gnaden König von Preußen ꝛc. verordnen, mit Zustimmung beider Häuser des Landtags Unserer Monarchie, für den Umfang derselben, mit Ausschluß der Hohenzollernschen Lande und der Insel Helgoland, was folgt:

Gegenstand der Besteuerung.

§ 1. Der Besteuerung nach diesem Gesetze unterliegen die in Preußen betriebenen stehenden Gewerbe.

Hinsichtlich der Besteuerung des Gewerbebetriebes im Umherziehen und des Wanderlager-Betriebes bewendet es bei den bestehenden Vorschriften mit der Maßgabe, daß im Sinne der §§ 4 und 5 des Gesetzes vom 27. Februar 1880 (Gesetz-Sammlung S. 174) Städte mit mehr als 50 000 Einwohnern als Orte der ersten Gewerbesteuer-Abteilung, Städte mit mehr als 10 000 bis 50 000 Einwohnern als Orte der zweiten Gewerbesteuer-Abteilung, Städte mit mehr als 2000 bis 10 000 Einwohnern als Orte der dritten und alle übrigen Orte als solche der vierten Gewerbesteuer-Abteilung gelten.

Vorstehende Einteilung findet auch Anwendung, wo in anderen Gesetzen auf die bisherigen Gewerbesteuer-Abteilungen Bezug genommen ist.

Die Einwohnerzahl bestimmt sich nach dem Ergebnis der zuletzt vorangegangenen Volkszählung.

§ 2. Gewerbliche Unternehmen, welche außerhalb Preußens ihren Sitz haben, aber in Preußen durch Errichtung einer Zweigniederlassung, Fabrikations-, Ein- oder Verkaufsstätte oder in sonstiger Weise einen oder mehrere stehende Betriebe unterhalten, sind nach Maßgabe derselben der Gewerbesteuer in Preußen unterworfen. Dieselben sind verpflichtet, auf Erfordern bei der Steuerverwaltung einen in Preußen wohnhaften Vertreter zu bestellen, welcher für die Erfüllung aller dem Inhaber des Unternehmens obliegenden Verpflichtungen solidarisch haftet.

Befreiungen.

§ 3. Von der Gewerbesteuer sind befreit:

1) das Deutsche Reich [und der Preußische Staat;

2) die Reichsbank;

3) die landschaftlichen Kreditverbände, sowie die öffentlichen Versicherungsanstalten;]

4) die Kommunalverbände wegen folgender von ihnen betriebenen gewerblichen Unternehmungen:

a) der zu gemeinnützigen Zwecken dienenden Geld- und Kreditanstalten, als Sparkassen, Landeskreditkassen, Landeskultur-

---

Anmerkungen.

Zu § 1. Über Wanderlager-Steuer siehe Seite 67. Die Hausiersteuer wird nach wie vor als Staatssteuer mit einem festen Satz erhoben (48 Mark jährlich, kann von der Regierung bis auf 6 Mark ermäßigt oder bis auf 144 Mark erhöht werden).

Zu § 3. Statt dieses Paragraphen gilt jetzt für die Gemeinden der § 28 des Kom-

Rentenbanken, Bezirks= und Provinzial=Hilfs= und Darlehns=kassen u. s. w.;

b) der Kanalisations= und Wasserwerke, letzterer jedoch nur, soweit sich der Betrieb auf den Bezirk der unternehmenden Gemeinde beschränkt;

c) der Schlachthäuser und Viehhöfe;

d) der Markthallen;

e) der Volksbäder;

f) der Anstalten zur Beleihung von Pfandstücken.

[Der Finanzminister ist ermächtigt, auch für andere im öffentlichen Interesse unternommene gewerbliche Betriebe der Kommunalverbände Steuerfreiheit zu gewähren. So lange solche Betriebe ertraglos sind, muß auf Antrag vom Finanzminister die Steuerfreiheit gewährt werden.

Der Finanzminister ist ermächtigt, vorstehende Bestimmungen auch auf Unternehmungen anderer Korporationen, Vereine und Personen, welche nur wohlthätige oder gemeinnützige Zwecke unter Ausschluß eines Gewinnes für die Unternehmer verfolgen (z. B. öffentliche Volksküchen, Kaffeeschenken, Volksbibliotheken und dergleichen), zu erstrecken, und finden dieselben zugleich in betreff der Betriebssteuer (§§ 59 ff.) Anwendung.]

§ 4. Der Gewerbesteuer unterliegen nicht:

1) die Land= und Forstwirtschaft, die Viehzucht, die Jagd, die Fischzucht, der Obst= und Weinbau, der Gartenbau — mit Ausnahme der Kunst= und Handelsgärtnerei — einschließlich des Absatzes der selbstgewonnenen Erzeugnisse in rohem Zustande oder nach einer Verarbeitung, welche in dem Bereich des betreffenden Erwerbszweiges liegt.

Diese Bestimmung findet jedoch keine Anwendung auf diejenigen, welche gewerbsweise Vieh von erkauftem Futter unterhalten, um es zum Verkauf zu mästen oder mit der Milch zu handeln, sowie auf diejenigen, welche die Milch einer Herde, das Obst eines Gartens, den Fischfang in geschlossenen Gewässern und ähnliche Nutzungen abgesondert zum Gewerbebetriebe pachten;

[2) die landwirtschaftlichen Branntweinbrennereien (§ 41 Ia des Gesetzes, betreffend die Besteuerung des Branntweins, vom 24. Juni 1887, Reichs=Gesetzblatt Seite 253);

3) der Bergbau;

4) die Ausbeutung von Torfstichen, von Sand=, Kies=, Lehm=, Mergel=, Thon= und dergleichen Gruben, von Stein=, Schiefer=, Kalk=, Kreide= und dergleichen Brüchen, einschließlich des Absatzes der selbstgewonnenen Erzeugnisse, sofern nicht eine weitere Bearbeitung behufs Darstellung einer Handelsware hinzutritt;]

5) der Handel außerpreußischer Gewerbetreibender

a) auf Messen und Jahrmärkten,

b) mit Verzehrungsgegenständen des Wochenmarktverkehrs auf Wochenmärkten;

6) der Betrieb der Eisenbahnen, welche der Eisenbahnabgabe nach Maßgabe der Gesetze vom 30. Mai 1853 (Gesetz=Sammlung Seite 449) und vom 16. März 1867 (Gesetz=Sammlung Seite 465) unterliegen;

7) die Ausübung eines amtlichen Berufes, der Kunst, einer wissenschaftlichen, schriftstellerischen, unterrichtenden oder erziehenden Thätigkeit, insbesondere auch des Berufes als Arzt, als Rechtsanwalt, als vereideter Land= und Feldmesser, sowie als Markscheider.

§ 5. Der Gewerbesteuer sind ferner nicht unterworfen: Vereine, ein=

Anmerkungen.

munalabgaben=Gesetzes, welcher die in Klammern gesetzten Teile fast vollständig aufhebt. Vgl. Seite 50.

Zu § 4. Zu Nr. 1: siehe Seite 49.

Zu Nr. 2—4: Diese Befreiungen sind durch § 28 des Kommunalabgaben=Gesetzes fortgefallen. Vergl. Seite 50.

Zu § 5. Siehe Seite 82 bis 84.

getragene Genossenschaften und Korporationen, welche nur die eigenen Bedürfnisse ihrer Mitglieder an Geld, Lebensmitteln und anderen Gegenständen zu beschaffen bezwecken, wenn sie satzungsgemäß und thatsächlich ihren Verkehr auf ihre Mitglieder beschränken und keinen Gewinn unter die Mitglieder verteilen auch eine Verteilung des aus dem Gewinne angesammelten Vermögens unter die Mitglieder für den Fall der Auflösung ausschließen.

Konsumvereine mit offenem Laden unterliegen der Besteuerung; ebenso unter derselben Voraussetzung Konsumanstalten, welche von gewerblichen Unternehmern im Nebenbetriebe unterhalten werden.

Molkereigenossenschaften, Winzervereine und andere Vereinigungen zur Bearbeitung und Verwertung der selbstgewonnenen Erzeugnisse der Teilnehmer unterliegen der Gewerbesteuer nur unter denselben Voraussetzungen, unter welchen auch der gleiche Geschäftsbetrieb des einzelnen Mitgliedes hinsichtlich seiner selbstgewonnenen Erzeugnisse der Gewerbesteuer unterworfen ist.

Steuerklassen.

§ 6. Die Besteuerung erfolgt in vier Gewerbesteuer-Klassen.

In Klasse I sind diejenigen Betriebe zu besteuern, deren jährlicher Ertrag 50 000 Mark oder mehr, oder bei denen der Wert des Anlage- und Betriebskapitals 1 000 000 Mark oder mehr beträgt.

Die Gewerbesteuer-Klasse II umfaßt die Betriebe mit einem jährlichen Ertrage von 20 000 bis ausschließlich 50 000 Mark, oder mit einem Anlage- und Betriebskapitale im Werte von 150 000 bis ausschließlich 1 000 000 Mark.

Zur Gewerbesteuer-Klasse III gehören die Betriebe mit einem jährlichen Ertrage von 4000 bis ausschließlich 20 000 Mark, oder mit einem Anlage- und Betriebskapitale im Werte von 30 000 bis ausschließlich 150 000 Mark.

Zur Gewerbesteuer-Klasse IV gehören die Betriebe mit einem jährlichen Ertrage von 1500 bis ausschließlich 4000 Mark, oder mit einem Anlage- und Betriebskapitale von 3000 bis ausschließlich 30 000 Mark.

§ 7. Betriebe, bei denen weder der jährliche Ertrag 1500 Mark noch das Anlage- und Betriebskapital 3000 Mark erreicht, bleiben von der Gewerbesteuer befreit.

Auf die Betriebssteuer (§§ 59 ff. dieses Gesetzes) findet diese Bestimmung keine Anwendung.

§ 8. Betriebe, deren Zugehörigkeit zu einer der Steuerklassen I, II, III lediglich durch die Höhe des Anlage- und Betriebskapitals bedingt ist, sind auf Antrag des Steuerpflichtigen in die dem Ertrage entsprechende Steuerklasse zu versetzen, wenn der erzielte Ertrag nachweislich zwei Jahre lang die Höhe von 30 000 Mark in Klasse I, 15 000 Mark in Klasse II und von 3000 Mark in Klasse III nicht erreicht hat.

Auf Konsumvereine und Konsumanstalten, welche nach § 5 gewerbesteuerpflichtig sind, findet diese Bestimmung keine Anwendung.

Veranlagung in Klasse I.

§ 9. Die Steuer ist in Klasse I von jedem Gewerbebetriebe mit Einem vom Hundert des jährlichen Ertrages mit der Maßgabe zu entrichten, daß bei

---

Anmerkungen.

Zu § 6 bis § 8. Die Einrichtung der „Gewerbesteuer-Klassen" ist Seite 50 bis 51 ausführlich erklärt.

Zu § 9. Da in Klasse I alle Betriebe mit mindestens einer Million Geschäftskapital Aufnahme finden, selbst wenn ihr

einem Ertrage von 50 000 bis 54 800 Mark (ausschließlich) die Steuer = 524 Mark beträgt, und für die höheren, in Stufen von je 4800 Mark steigenden Erträge die Steuersätze in Stufen von je 48 Mark steigen. Für Erträge unter 50 000 Mark können geringere Steuersätze als 524 Mark, jedoch nicht unter 300 Mark unter Beachtung der Vorschrift im letzten Absatze des § 14 angesetzt werden.

§ 10. Veranlagungsbezirke für die Klasse I sind die einzelnen Provinzen und die Stadt Berlin. Die Veranlagung erfolgt durch den für jeden Veranlagungsbezirk zu bildenden Steuerausschuß, dessen Mitgliederzahl vom Finanzminister zu bestimmen ist, jedoch wenigstens aus sechs Personen bestehen muß. Zwei Drittel derselben werden für drei Jahre von dem Provinzial-Ausschuß, in Berlin vom Magistrat und der Stadtverordneten-Versammlung in gemeinschaftlicher Sitzung aus den Gewerbetreibenden des Bezirks gewählt. Ein Drittel der Mitglieder und den Vorsitzenden des Steuerausschusses ernennt der Finanzminister.

Der Vorsitzende und die ernannten Mitglieder können den Steuerausschüssen mehrerer Provinzen angehören.

Veranlagung in Klasse II bis IV.

§ 11. Veranlagungsbezirke bilden
für Klasse II die Regierungsbezirke,
für Klassen III und IV die Kreise.

Die Stadt Berlin bildet für jede Klasse einen Veranlagungsbezirk.

§ 12. Durch Bestimmung des Finanzministers können innerhalb der Provinz für Klasse I, des Regierungsbezirks für Klasse II und des Kreises für die Klassen III und IV, sowie innerhalb der Stadt Berlin für jede Klasse mehrere Veranlagungsbezirke gebildet werden. In gleicher Weise können für die Klassen III und IV mehrere Kreise zu einem Veranlagungsbezirk vereinigt werden.

Steuergesellschaften.

§ 13. Die Steuerpflichtigen des Veranlagungsbezirks werden in jeder der Klassen II bis IV zu einer Steuergesellschaft vereinigt, welche für das Ver-

Anmerkungen.

Ertrag vorübergehend unter 50 000 Mark sinkt, so mußte auch für solche Betriebe eine Bestimmung getroffen werden. Der Steuertarif für Klasse I lautet darnach wie folgt:

Ertrag	Gewerbesteuer
bis ausschließlich 33 600 Mark	300 Mark
33 600 Mark und mehr bis ausschließlich 37 200 Mark	336 „
37 200 „ „ „ „ „ 40 000 „	372 „
40 800 „ „ „ „ „ 44 400 „	408 „
44 400 „ „ „ „ „ 48 000 „	444 „
48 000 „ „ „ „ „ 50 000 „	480 „
50 000 „ „ „ „ „ 54 800 „	524 „
54 800 „ „ „ „ „ 59 600 „	572 „
59 600 „ „ „ „ „ 64 400 „	620 „
64 400 „ „ „ „ „ 69 200 „	668 „
69 200 „ „ „ „ „ 74 000 „	716 „
74 000 „ „ „ „ „ 78 800 „	764 „
78 800 „ „ „ „ „ 83 600 „	812 „
83 600 „ „ „ „ „ 88 400 „	860 „
88 400 „ „ „ „ „ 93 200 „	908 „
93 200 „ „ „ „ „ 98 000 „	956 „
98 000 „ „ „ „ „ 102 800 „	1004 „

u. s. w.

anlagungsjahr die Summe der für jeden Betrieb in Ansatz kommenden Mittelsätze — abzüglich beziehungsweise zusätzlich des durch Entscheidungen über eingelegte Rechtsmittel (§§ 35 ff.) verursachten Zu= beziehungsweise Abgangs gegen die Veranlagung des Vorjahres — aufzubringen hat. Die aufzubringende Steuersumme wird auf den durch die zulässigen Steuersätze darstellbaren Betrag abgerundet.

Steuersätze.

§ 14. Die Mittelsätze betragen:

in Klasse II	300 Mark,
in Klasse III	80 „
in Klasse IV	16 „.

Die bei der Steuerverteilung zulässigen geringsten und höchsten Steuersätze betragen

in Klasse II	156 bis 480 Mark,
in Klasse III	32 bis 192 „
in Klasse IV	4 bis 36 „

Die Steuersätze sollen bis zu 40 Mark um je 4 Mark, von da ab bis 96 Mark um je 8 Mark, weiter bis 192 Mark um je 12 Mark und weiter bis zu 480 Mark um je 36 Mark steigend abgestuft werden.

Steuerausschüsse.

§ 15. 1. Behufs Veranlagung der Gewerbesteuer der Klassen II, III und IV wird für jede Klasse und jeden Bezirk (§§ 6, 11 und 12) ein Steuerausschuß gebildet, welcher aus einem Kommissar der Bezirksregierung als Vorsitzenden und von den Steuerpflichtigen der betreffenden Klasse (Steuergesellschaft) aus ihrer Mitte für drei Jahre gewählten Abgeordneten besteht.

Letztere, deren Anzahl vom Finanzminister bestimmt wird, haben die Steuersumme nach ihrer Kenntnis oder Schätzung des Ertragsverhältnisses unter die einzelnen Mitglieder der Steuergesellschaft zu verteilen. Dem Kommissar der Regierung steht die Befugnis zu, hierbei den Vorsitz zu übernehmen; er hat jedoch nur im Falle der Gleichheit der Stimmen der Abgeordneten ein Stimmrecht.

2. Mit Ausnahme derjenigen Betriebe, welche bei geringerem als dem für die betreffende Klasse maßgebenden Ertrage (§ 6) wegen der Höhe des Anlage= und Betriebskapitals der Steuergesellschaft zugehören, soll die Steuer der einzelnen Gewerbebetriebe den für Klasse I vorgeschriebenen Prozentsatz des Ertrages unter Berücksichtigung der zulässigen Steuersätze (§ 14) nicht übersteigen.

Ermäßigung bis auf den diesem Prozentsatz entsprechenden Steuersatz kann von den Steuerpflichtigen im Wege des Einspruchs und der Berufung (§§ 35 ff.) beansprucht werden.

3. Sollte die Steuersumme einer Gesellschaft bei vorschriftsmäßiger Steuerverteilung nicht aufgebracht werden können, ohne die Gewerbebetriebe, deren Ertrag die für die betreffende Klasse maßgebende Höhe erreicht (§ 6), mit Steuersätzen zu belegen, welche das vorstehend (Nr. 2) bestimmte Maß übersteigen, so hat der Finanzminister die erforderliche Herabsetzung der Steuersumme zu verfügen.

[§ 16. Die erstmaligen Wahlen nach dem Inkrafttreten dieses Gesetzes werden für Klasse II von den Steuerpflichtigen der bisherigen Klasse A I bewirkt, für Klasse III von den übrigen Steuerpflichtigen, deren bisheriger Gewerbesteuersatz 36 Mark oder mehr beträgt, für Klasse IV von den Steuerpflichtigen mit

Anmerkungen.

Zu § 13 bis § 15. Steuergesellschaften, Mittelsätze u. s. w. sind Seite 50 bis 52 ausführlich erklärt.

Zu § 16. Dieser Paragraph hatte bloß für das Übergangsjahr 1893 Bedeutung.

einem bisherigen Steuersatz von weniger als 36 Mark nach Ausscheidung derjenigen, deren Befreiung von der Gewerbesteuer auf Grund des § 7 nach der Feststellung der bisherigen Veranlagungsbehörde keinem Zweifel unterliegt.]

Ort der Veranlagung und Veranlagungs=Grundsätze.

§ 17. Mehrere Betriebe derselben Person werden als ein steuerpflichtiges Gewerbe zur Steuer veranlagt. Die auf Grund des § 5 steuerpflichtigen Konsumanstalten gewerblicher Unternehmer sind jedoch von den sonstigen Betrieben der Unternehmer getrennt zur Steuer heranzuziehen.

Die Besteuerung erfolgt in dem Veranlagungsbezirke, in welchem das Gewerbe betrieben wird.

Findet der Betrieb in mehreren Veranlagungsbezirken statt, so erfolgt die Besteuerung in dem Bezirke, in welchem die Geschäftsleitung des Unternehmens ihren Sitz oder der in § 2 Absatz 2 erwähnte Vertreter seinen Wohnsitz hat.

Dasselbe gilt, wenn mehrere Gewerbe von derselben Person betrieben werden.

Erforderlichenfalls bestimmt der Finanzminister endgültig den Veranlagungsbezirk, in welchem die Besteuerung stattzufinden hat.

§ 18. Gewerbe, welche von mehreren Personen gemeinschaftlich betrieben werden, sind ebenso zu besteuern, als wenn sie nur von einer Person betrieben würden.

Für die Erfüllung der nach diesem Gesetz den Steuerpflichtigen obliegenden Verpflichtungen haften die Teilnehmer (Gesellschafter) solidarisch.

§ 19. Der Gewerbebetrieb der juristischen Personen und Vereine wird wie derjenige physischer Personen besteuert.

Für die Erfüllung der nach diesem Gesetz den Steuerpflichtigen obliegenden Verpflichtungen haftet bei Aktiengesellschaften und sonstigen durch einen Vorstand vertretenen Gesellschaften, Genossenschaften u. s. w. und bei juristischen Personen der Vorsitzende und jedes Mitglied des geschäftsführenden Vorstandes, bei Kommanditgesellschaften und Kommanditgesellschaften auf Aktien die persönlich haftenden Gesellschafter.

Die Erfüllung der Verpflichtung seitens Eines der dafür Haftenden befreit die übrigen von ihrer Verbindlichkeit.

§ 20. Betreibt die Ehefrau eines Gewerbetreibenden, welche nicht dauernd von demselben getrennt lebt, ein eigenes Gewerbe, so ist der Ertrag beziehungsweise das Anlage= und Betriebskapital dieses Gewerbes demjenigen des Ehemannes zuzurechnen und findet eine gesonderte Besteuerung des ersteren nicht statt.

§ 21. Bei inländischen Gewerben, welche außerhalb Preußens einen stehenden Betrieb durch Errichtung einer Zweigniederlassung, Fabrikations=, Ein= oder Verkaufsstätte oder in sonstiger Weise unterhalten, bleibt derjenige Betrag des Ertrages beziehungsweise des Anlage= und Betriebskapitals, welcher auf den in anderen Bundesstaaten unterhaltenen Betrieb entfällt, für die Besteuerung außer Ansatz, jedoch nach Abzug des auf die in Preußen befindliche Geschäftsleitung zu rechnenden Anteils von einem Zehntel des Ertrages, soweit nicht das Reichsgesetz wegen Beseitigung der Doppelbesteuerung vom 13. Mai 1870 (Bundes=Gesetzblatt Seite 119) entgegensteht.

§ 22. Bei Ausmittelung des Ertrages kommen alle Betriebskosten und die Abschreibungen, welche einer angemessenen Berücksichtigung der Wertsverminderung entsprechen, in Abzug. Insbesondere kann auch die Wertsverminderung derjenigen Gegenstände, welche aus dem Betriebe ausscheiden, nach Maßgabe ihres Buchwertes abgeschrieben werden. Dem Ertrage zuzurechnen sind die aus den Betriebseinnahmen bestrittenen Ausgaben für Verbesserungen und

---

Anmerkungen.

Zu § 22. Siehe Seite 53. Unterschied zwischen Geschäftsunkosten und Geschäftserweiterung: Seite 116, Anmerkung.

Geschäftserweiterungen, sowie für den Unterhalt des Gewerbetreibenden und seiner Angehörigen. Nicht abzugsfähig sind Zinsen für das Anlage- und Betriebskapital, dasselbe mag dem Gewerbetreibenden selbst oder Dritten gehören und für Schulden, welche behufs Anlage oder Erweiterung des Geschäfts, Verstärkung des Betriebskapitals oder zu sonstigen Verbesserungen aufgenommen sind.

§ 23. Das Anlage- und Betriebskapital umfaßt sämtliche dem betreffenden Gewerbebetriebe dauernd gewidmeten Werte.

§ 24. Die Veranlagung der Gewerbesteuer erfolgt für jedes Steuerjahr.

Für die Steuerveranlagung maßgebend ist der Ertrag des bei Vornahme derselben abgelaufenen Jahres, beziehungsweise das Anlage- und Betriebskapital nach seinem mittleren Stande im abgelaufenen Jahre.

Besteht der Gewerbebetrieb noch nicht ein Jahr lang, so ist der Ertrag und das Betriebskapital nach dem zur Zeit der Veranlagung vorliegenden Anhalt zu schätzen.

Während des Steuerjahres eintretende Änderungen sind erst bei der Besteuerung für das folgende Jahr zu berücksichtigen.

Befugnisse des Steuerausschusses beziehungsweise des Vorsitzenden.

§ 25. Der Vorsitzende des Steuerausschusses, welcher zugleich das Interesse des Staates vertritt, hat die Geschäfte des Steuerausschusses vorzubereiten, zu leiten und dessen Beschlüsse auszuführen.

Zum Zweck der richtigen Veranlagung der Steuerpflichtigen hat er die erforderlichen Nachrichten über ihren Gewerbebetrieb einzuziehen.

Hierbei kann er sich nach seinem Ermessen der Mitwirkung der Gemeinde-(Guts-)vorstände und der Verwaltungsbehörden bedienen, welche seinen Aufforderungen Folge zu leisten schuldig sind.

Der Vorsitzende kann den Steuerpflichtigen auf Antrag oder von Amts wegen Gelegenheit zur persönlichen Verhandlung über die für die Veranlagung erheblichen Thatsachen und Verhältnisse gewähren, auch eine Besichtigung der gewerblichen Anlagen, Betriebsstätten und Vorräte während der Arbeitsstunden veranlassen.

Sämtliche Staats- und Kommunalbehörden haben dem Vorsitzenden die Einsicht aller, die Gewerbsverhältnisse der Steuerpflichtigen betreffenden Bücher, Akten, Urkunden u. s. w. zu gestatten, sofern nicht besondere gesetzliche Bestimmungen oder dienstliche Rücksichten entgegenstehen.

§ 26. Der Steuerausschuß ist berechtigt, Sachverständige und Auskunftspersonen zu vernehmen, nötigenfalls auch dieselben zu beeidigen oder deren eidliche Vernehmung zu veranlassen.

Dieselben können die Auskunftserteilung auf die ihnen vorgelegten Fragen nur aus den nach Bestimmung der Civilprozeß-Ordnung zur Verweigerung des Zeugnisses berechtigenden Gründen ablehnen. Personen, welche bei dem Steuerpflichtigen bedienstet sind oder waren, bleiben von der Vernehmung ausgeschlossen, insofern der Steuerpflichtige damit nicht einverstanden ist.

§ 27. Eine Vorlegung der Geschäftsbücher des Gewerbetreibenden findet nur statt, wenn dieser selbst dazu bereit ist.

Zur Offenbarung von Geschäftsgeheimnissen ist der Gewerbetreibende in keinem Falle verpflichtet.

Mit der Besichtigung der Anlagen, Betriebsstätten und Vorräte (§ 25 Absatz 4) können ohne Zustimmung des Gewerbetreibenden andere Personen, als Staatsbeamte, nicht beauftragt werden.

Besondere Verpflichtung der Aktiengesellschaften.

§ 28. Juristische Personen, Aktiengesellschaften, Kommanditgesellschaften auf Aktien, eingetragene Genossenschaften und alle zur öffentlichen Rechnungslegung verpflichteten gewerblichen Unternehmungen sind verpflichtet, ihre Geschäftsberichte und Jahresabschlüsse, sowie darauf bezügliche Beschlüsse der Generalversammlungen nach den näheren Bestimmungen des Finanzministers alljährlich der Bezirksregierung einzureichen.

Namentliche Nachweisungen für Klasse II bis IV.

§ 29. Die der Veranlagung zu Grunde zu legende namentliche Nachweisung der Steuerpflichtigen wird für die Klassen II, III und IV durch die Steuerausschüsse festgestellt. Dem Vorsitzenden steht das Recht der Berufung an die Bezirksregierung zu. Er hat von der Ausübung dieses Rechts dem Steuerausschuß Mitteilung zu machen, auch dessen Erklärung darüber zu erfordern und der Berufungsschrift beizufügen.

Gegen die Entscheidung der Bezirksregierung steht nur dem Steuerausschusse binnen zehntägiger Ausschlußfrist nach erfolgter Mitteilung an die Mitglieder die Beschwerde an den Finanzminister zu.

Berufungsrecht des Vorsitzenden in Klasse I.

§ 30. Gegen die Veranlagungs=Beschlüsse des Steuerausschusses der Klasse I steht dem Vorsitzenden die Berufung an die Bezirksregierung am Sitz des Steuerausschusses zu. Dem Steuerausschuß ist davon Mitteilung zu machen und Gelegenheit zu geben, den angefochtenen Beschluß zu begründen.

Gewerbesteuerrolle.

§ 31. Die aus den Steuerlisten der einzelnen Steuerklassen zusammenzustellenden Gewerbesteuerrollen für die Erhebungsbezirke werden von der Bezirksregierung festgesetzt. Dieselbe ist befugt, Rechnungsfehler zu berichtigen. Die Gewerbesteuerrolle ist zur Einsicht der Steuerpflichtigen des Veranlagungsbezirkes während einer Woche öffentlich auszulegen. Diese Auslegung ist eine Woche vorher bekannt zu machen.

Benachrichtigung des Steuerpflichtigen.

§ 32. Das Ergebnis der Veranlagung hat der Vorsitzende des Steuerausschusses jedem Steuerpflichtigen mittelst einer, zugleich eine Belehrung über die Rechtsmittel enthaltenden Zuschrift bekannt zu machen.

Auf die von dem Vorsitzenden des Steuerausschusses zu bewirkenden Zustellungen an Steuerpflichtige finden die Bestimmungen im § 53 des Einkommensteuer=Gesetzes Anwendung.

Begrenzung der Steuerpflicht.

§ 33. Die Steuerpflicht beginnt mit dem Anfange des auf die Eröffnung des Betriebes folgenden Kalender=Vierteljahres und dauert bis zum Ende desjenigen Kalender=Vierteljahres, in welchem das Gewerbe abgemeldet wird. Erfolgt die Abmeldung in demselben Vierteljahr, in welchem der Betrieb begann, so ist der Gewerbetreibende für e i n Vierteljahr steuerpflichtig. Zeitweilige durch die Natur des Gewerbes bedingte Unterbrechung befreit nicht von der Steuerverpflichtung für die Zwischenzeit bis zur Wiederaufnahme des Betriebes im Laufe desselben oder des nächstfolgenden Jahres.

Zugang im Laufe des Jahres.

§ 34. Gewerbetreibende, welche nach Beginn der jährlichen Veranlagung einen Betrieb anfangen, sind durch den Vorsitzenden des Steuerausschusses der Klasse IV nach der Höhe des mutmaßlichen Ertrages beziehungsweise Anlage= und Betriebskapitals der entsprechenden Steuerklasse zuzuweisen. Dieselben werden in Klasse II bis IV mit dem Mittelsatze (§ 14), in Klasse I, vorbehaltlich der Feststellung des Steuersatzes durch den Steuerausschuß bei dem Zusammentreten desselben, vorläufig mit dem vom Vorsitzenden bestimmten Steuersatz in Zugang gestellt.

Die Feststellung durch den Steuerausschuß der Klasse I hat — auch wenn sie erst im nächstfolgenden Steuerjahre stattfindet — die Wirkung, daß der Steuerpflichtige zur Nachentrichtung des in Folge der vor=

läufigen Bestimmung des Steuersatzes durch den Vorsitzenden zu wenig Gezahlten verbunden ist und ein zuviel gezahlter Betrag erstattet wird.

Die Bekanntmachung an den Steuerpflichtigen erfolgt nach Vorschrift des § 32.

Den Steuerpflichtigen der Klasse I stehen gegen die Festsetzung des Steuerausschusses die Rechtsmittel nach Maßgabe der §§ 35 ff. offen. Die Steuerpflichtigen der Klasse II, III, IV können dieselben Rechtsmittel nur wegen vermeintlich unrichtiger Bestimmung der Steuerklasse einlegen.

Rechtsmittel.

§ 35. Gegen das Ergebnis der Veranlagung steht dem Steuerpflichtigen das Rechtsmittel des Einspruchs bei dem Steuerausschusse zu. Dasselbe ist bei dem Vorsitzenden des Ausschusses binnen einer Ausschlußfrist von vier Wochen einzulegen, welche von dem auf die Zustellung der Steuerzuschrift (§§ 32 und 34) folgenden Tage ab läuft.

§ 36. Gegen die Entscheidung des Steuerausschusses über den Einspruch steht sowohl dem Vorsitzenden als dem Steuerpflichtigen binnen der im § 35 bestimmten Ausschlußfrist das Rechtsmittel der Berufung an die Bezirksregierung (§§ 29 und 30) zu. Der Steuerpflichtige hat das Rechtsmittel beim Vorsitzenden des Steuerausschusses einzulegen.

Für den Vorsitzenden läuft diese Frist vom Tage der Entscheidung.

§ 37. Gegen die Entscheidung über die Berufung steht dem Steuerpflichtigen die Beschwerde an das Oberverwaltungsgericht zu, welche innerhalb der im § 35 bestimmten Ausschlußfrist bei der Bezirksregierung (§§ 29 und 30) einzulegen ist, und nur darauf gestützt werden kann:

1) daß die angefochtene Entscheidung auf der Nichtanwendung oder auf der unrichtigen Anwendung des bestehenden Rechts, insbesondere auch der von den Behörden innerhalb ihrer Zuständigkeit erlassenen Verordnungen beruhe;
2) daß das Verfahren an wesentlichen Mängeln leide.

In der Beschwerde ist anzugeben, worin die behauptete Nichtanwendung oder unrichtige Anwendung des bestehenden Rechts, oder worin die behaupteten Mängel des Verfahrens gefunden werden.

Die Bestimmungen in §§ 45 bis 49 des Einkommensteuer=Gesetzes finden sinngemäße Anwendung.

Verteilung des Steuersatzes auf mehrere Kommunalbezirke.

§ 38. Erstreckt sich ein Gewerbebetrieb über mehrere Kommunalbezirke und wird für die Zwecke der kommunalen Besteuerung oder kommunaler Wahlen die Zerlegung des Steuersatzes in die, auf die einzelnen Betriebsorte entfallenden Teilbeträge erforderlich, so ist diese von dem veranlagenden Steuerausschusse zu bewirken.

Der Beschluß ist sowohl den beteiligten Kommunen als dem Steuerpflichtigen zuzustellen.

Denselben steht binnen einer Ausschlußfrist von vier Wochen die Berufung an die Bezirksregierung (§§ 29 und 30) und gegen die Berufungs=Entscheidung in gleicher Frist die Beschwerde an das Oberverwaltungsgericht zu.

Steuererhebung.

§ 39. Die Steuer ist in vierteljährlichen Beträgen in der ersten Hälfte des zweiten Monats eines jeden Vierteljahres an die vom Finanzminister als zuständig bezeichnete Stelle abzuführen. Vorausbezahlungen bis zum Jahresbetrage sind zulässig.

§ 40. Die Zahlung der veranlagten Steuer wird durch die Einlegung von Rechtsmitteln nicht aufgehalten, muß vielmehr, mit Vorbehalt späterer Erstattung, in den vorgeschriebenen Fristen erfolgen.

§ 41. Wird ein Gewerbebetrieb von einer anderen Person unverändert fortgesetzt (z. B. im Fall der Vererbung, Verpachtung, Veräußerung), so ist die veranlagte Steuer bis zum Ablauf des Steuerjahres fortzuentrichten und findet nur eine Umschreibung des Namens statt.

Der Verpächter eines Gewerbes haftet für die Jahressteuer solidarisch mit dem Pächter desselben.

§ 42. Bei Verlegung des Betriebsortes oder des Sitzes der Geschäftsleitung, beziehungsweise des Wohnortes des Gewerbetreibenden tritt die erforderliche Übertragung der Steuer für den Rest des Jahres ohne neue Veranlagung ein.

§ 43. Im übrigen wird das Verfahren bei Zu- und Abgängen durch Bestimmung des Finanzministers geregelt.

Ermäßigung im Laufe des Steuerjahres.

§ 44. Wird ein Betrieb durch Tod oder Krankheit des Inhabers, Brandunglück, Überschwemmung oder sonstige Ereignisse wesentlich geschädigt, so kann die Steuer für die folgenden Vierteljahre ermäßigt oder erlassen werden.

Die Entscheidung trifft die Bezirksregierung und auf Beschwerde der Finanzminister.

§ 45. Veranlagte Gewerbesteuer-Beträge können in einzelnen Fällen niedergeschlagen werden, wenn deren zwangsweise Beitreibung die Steuerpflichtigen in ihrer wirtschaftlichen Existenz gefährden, oder wenn das Beitreibungsverfahren voraussichtlich ohne Erfolg sein würde.

Bildung und Geschäftsführung der Steuerausschüsse.

§ 46. Die Wahl der Mitglieder der Steuerausschüsse und einer gleichen Anzahl Stellvertreter findet alle drei Jahre statt. Die Wahlen erfolgen nach relativer Stimmenmehrheit. Das Wahlverfahren wird für die Steuerklassen II bis IV durch Bestimmung des Finanzministers geregelt.

§ 47. Wählbar sind nur solche männliche Mitglieder der betreffenden Klasse, welche das fünfundzwanzigste Lebensjahr vollendet haben und sich im Besitze der bürgerlichen Ehrenrechte befinden.

Von mehreren Inhabern eines Geschäfts ist nur Einer wählbar und zur Ausübung der Wahlbefugnis zu verstatten. Aktien- und ähnliche Gesellschaften üben die Wahlbefugnis durch einen von dem geschäftsführenden Vorstande zu bezeichnenden Beauftragten aus; wählbar ist von den Mitgliedern des geschäftsführenden Vorstandes nur Eines. Minderjährige und Frauen können die Wahlbefugnis durch Bevollmächtigte ausüben, wählbar sind letztere nicht.

Niemand darf mehr als eine Stimme abgeben; die Übertragung des Stimmrechts ist unzulässig. Die Wahl darf nur aus den im § 8 der Kreisordnung vom 13. Dezember 1872 (Gesetz-Sammlung Seite 661) angegebenen Gründen abgelehnt werden. Über die Zulässigkeit der Ablehnung entscheidet der Vorsitzende des Steuerausschusses.

§ 48. Wird die Wahl der Abgeordneten und Stellvertreter seitens einer Steuergesellschaft verweigert oder nicht ordnungsmäßig bewirkt, oder verweigern die Gewählten die ordnungsmäßige Mitwirkung,

---

Anmerkungen.

Zu § 47. Die Ablehnungsgründe sind wie im Einkommensteuer-Gesetz (Seite 128 Anmerkung zu § 50).

so gehen die dem Steuerausschusse zustehenden Befugnisse für das betreffende Steuerjahr auf den Vorsitzenden über.

§ 49. Die Mitglieder der Steuerausschüsse und deren Stellvertreter haben dem Vorsitzenden mittels Handschlags an Eidesstatt zu geloben, daß sie bei den Ausschuß-Verhandlungen ohne Ansehen der Person, nach bestem Wissen und Gewissen verfahren und die Verhandlungen, sowie die hierbei zu ihrer Kenntnis gelangenden Verhältnisse der Steuerpflichtigen strengstens geheim halten werden.

Das gleiche Gelöbnis haben vor einem Kommissar der Bezirksregierung diejenigen Vorsitzenden abzulegen, welche nicht schon als Beamte beeidigt sind.

Die bei der Steuerveranlagung beteiligten Beamten sind zur Geheimhaltung der Ausschuß-Verhandlungen sowie der zu ihrer Kenntnis gelangenden Verhältnisse der Steuerpflichtigen kraft des von ihnen geleisteten Amtseides verpflichtet.

§ 50. So lange über die Veranlagung oder den Einspruch eines Ausschußmitgliedes oder seiner Verwandten oder Verschwägerten in auf- und absteigender Linie oder bis zum dritten Grade der Seitenlinien beraten und abgestimmt wird, hat dasselbe abzutreten. Der Vorsitzende hat in gleichem Falle den Vorsitz an ein Mitglied abzugeben.

§ 51. Die Bestimmung des Artikels I, Ib und II der Verordnung, betreffend die Tagegelder und Reisekosten u. s. w., vom 20. Dezember 1876 (Gesetz-Sammlung 1877, Seite 3) findet auf die Mitglieder der Steuerausschüsse entsprechende Anwendung.

Die Gebühren für Zeugen und Sachverständige (§ 26) werden nach den in Civilprozessen zur Anwendung kommenden Vorschriften berechnet.

An- und Abmeldung des Gewerbes.

§ 52. Wer den Betrieb eines stehenden Gewerbes anfängt, muß der Gemeindebehörde des Ortes, wo solches geschieht, vorher oder gleichzeitig Anzeige davon machen.

Dieser Verpflichtung wird, soweit nicht im folgenden etwas anderes bestimmt ist, durch die nach Vorschrift der Gewerbeordnung für das Deutsche Reich (§ 14) zu machende Anzeige genügt.

In der Stadt Berlin ist die vorgeschriebene Anzeige bei der Direktion für die Verwaltung der direkten Steuern zu bewirken.

§ 53. Die Vorstände der Gemeinden (Gutsbezirke) sind verpflichtet, von allen bei ihnen eingehenden Gewerbeanmeldungen in der von der Bezirksregierung anzuordnenden Frist der ihnen bezeichneten Veranlagungsstelle Mitteilung zu machen, auch nach Anstellung der erforderlichen Erkundigungen über die Steuerpflichtigkeit, beziehungsweise darüber, in welcher Klasse die Besteuerung zu erfolgen hat, sich gutachtlich zu äußern.

§ 54. Jeder Gewerbetreibende ist verpflichtet, auf Aufforderung des Gemeindevorstandes oder des Vorsitzenden des zuständigen Steuerausschusses, innerhalb der zu bestimmenden, mindestens einwöchentlichen Frist schriftlich zu erklären,

welches oder welche Gewerbe er treibt oder zu treiben beginnt,
welche Betriebsstätten er unterhält,

Anmerkungen.

Zu § 54 bis § 55. Siehe Seite 54 bis 55.

welche Gattungen und wie viele Hilfspersonen, Gehilfen und Arbeiter
und
welche Gattung und wie viele Maschinen einschließlich der Motoren im Gewerbebetriebe verwendet werden.

Auch andere auf die äußerlich erkennbaren Merkmale des Betriebes gerichtete Fragen ist der Gewerbetreibende wahrheitsgemäß zu beantworten verpflichtet.

§ 55. Auf besondere Aufforderung des Vorsitzenden eines zuständigen Steuerausschusses des Veranlagungsbezirks ist jeder Gewerbetreibende verpflichtet, in verschlossenem Schreiben oder mündlich zu Protokoll zu erklären, ob der jährliche Ertrag seines Gewerbebetriebes

	1 500	bis ausschließlich	4 000	Mark,
oder	4 000	bis ausschließlich	20 000	„
oder	20 000	bis ausschließlich	50 000	„
oder	50 000	Mark oder mehr beträgt,		

und ob der Wert des Anlage- und Betriebskapitals

	3 000	bis ausschließlich	30 000	Mark,
oder	30 000	bis ausschließlich	150 000	„
oder	150 000	bis ausschließlich	1 000 000	„
oder	1 000 000	Mark oder mehr beträgt.		

Solche Erklärungen sind geheim aufzubewahren.

Weitergehende Auskunftserteilung über die Höhe des Ertrages, sowie den Wert des Anlage- und Betriebskapitals ist der Gewerbetreibende abzulehnen berechtigt. Die im vorstehenden vorgeschriebene Auskunft über die Höhe des Anlage- und Betriebskapitals zu erteilen, sind auch diejenigen verpflichtet, welche einen Betrieb neu beginnen.

Dem Steuerpflichtigen ist auf seinen Antrag, in Fällen, in welchen es sich um einen nur durch Schätzung zu ermittelnden Ertrag handelt, gestattet, statt der in Absatz 1 erwähnten Erklärung diejenigen Nachweisungen zu geben, deren der Steuerausschuß zur Schätzung des Ertrages bedarf.

§ 56. Die nach den §§ 52 bis 55 den Gewerbetreibenden obliegenden Verpflichtungen sind:

1) für Personen, welche unter väterlicher Gewalt, Pflegschaft oder Vormundschaft stehen, von deren Vertretern,
2) für Gewerbebetriebe der Gesellschaften, Genossenschaften, juristischen Personen, Vereine u. s. w. von den in §§ 18 und 19 beziehungsweise § 2 Absatz 2 bezeichneten Personen

zu erfüllen.

§ 57. Zum Zwecke der erstmaligen Veranlagung der Gewerbesteuer nach diesem Gesetze haben
1) für die Orte der bisherigen ersten, zweiten und dritten Gewerbesteuer-Abteilung die Gemeindevorstände, für die Orte der bisherigen vierten Gewerbesteuer-Abteilung des Kreises die Landräte ein Verzeichnis sämtlicher daselbst vorhandener Gewerbebetriebe, welche nicht bereits in

---

Anmerkungen.

Zu § 55. „Um einen nur durch Schätzung zu ermittelnden Ertrag", z. B. beim Anlagekapital der Wert des Grund und Bodens, der Maschinen u. s. w., beim Ertrage der Wert der in der eigenen Wirtschaft verbrauchten Getreidemengen des Landwirts, Waren des Kaufmanns u. s. w.

der letzten Gewerbesteuer-Rolle und den Zugangslisten des letzten Jahres aufgeführt sind, aufzustellen und mit gutachtlicher Äußerung über deren Besteuerung der Bezirksregierung vorzulegen.

2) Die Gewerbetreibenden, welche in mehreren Orten einen stehenden Betrieb unterhalten, haben in der durch öffentliche Aufforderung bestimmten Frist eine schriftliche Erklärung über Ort und Art der einzelnen Betriebe und über den Sitz der Geschäftsleitung an die in der Bekanntmachung bestimmten Stellen einzureichen.

In der Folgezeit eintretende Änderungen des in der Erklärung angegebenen Zustandes sind dem Vorsitzenden des Steuerausschusses, von welchem die Steuer veranlagt wird, schriftlich anzuzeigen.

§ 58. Das Aufhören eines steuerpflichtigen Gewerbes ist [der Hebestelle, an welche die Steuer entrichtet wird — in der Stadt Berlin der Direktion für die Verwaltung der direkten Steuern daselbst —] schriftlich anzuzeigen.

Die Bezirksregierung kann die Steuer vom Beginn des auf die Betriebsbeendigung folgenden Vierteljahres an in Abgang stellen lassen, wenn der Zeitpunkt der letzteren feststeht, namentlich im Fall des Todes des Steuerpflichtigen, sofern das Gewerbe von den Erben nicht fortgesetzt ist, im Fall der Konkurseröffnung und in ähnlichen Fällen einer unfreiwilligen Einstellung des Betriebes, sowie im Fall der Übertragung des Gewerbes auf einen anderen, wenn letzterer die Steuer fortentrichtet hat.

Betriebssteuer.

§ 59. Für den Betrieb der Gastwirtschaft, der Schankwirtschaft, sowie des Kleinhandels mit Branntwein oder Spiritus ist jährlich eine besondere Betriebssteuer zu entrichten.

§ 60. Die Betriebssteuer beträgt für Jeden, welcher eines oder mehrere dieser Gewerbe, allein oder in Verbindung mit anderen Gewerben, betreibt,

1) wenn er von der Gewerbesteuer wegen eines hinter der Grenze der Steuerpflicht zurückbleibenden Ertrages und Anlage- und Betriebskapitals befreit ist (§ 7), 10 Mark;
2) wenn er zur Gewerbesteuer veranlagt ist:
   a) in der Klasse IV . . . . 15 Mark,
   b) in der Klasse III . . . . 25 „
   c) in der Klasse II . . . . 50 „
   d) in der Klasse I . . . . 100 „ .

Die Steuer wird bei allen Betrieben, welche geistige Getränke verabfolgen, für jede Betriebsstätte besonders erhoben.

§ 61. Wenn die Heranziehung zur Betriebssteuer lediglich durch einen vorübergehenden, bei außergewöhnlichen Gelegenheiten (Festen, Truppenzusammenziehungen und dergleichen) stattfindenden Gewerbebetrieb bedingt ist, so kann die Bezirksregierung auf Antrag des Steuerpflichtigen den Betrag der Steuer bis auf den Satz von 5 Mark herabsetzen.

§ 62. Die Feststellung der Betriebssteuer erfolgt von dem Vorsitzenden des Steuerausschusses für alle von dem letzteren zur Gewerbesteuer Veranlagten, welche ein der Betriebssteuer unterliegendes Gewerbe betreiben.

Der Vorsitzende des Steuerausschusses der Klasse IV hat außerdem die Betriebssteuer für ale im § 60 Nr. 1 bezeichneten Steuerpflichtigen des Veranlagungsbezirks festzustellen.

Anmerkungen.

Zu **§ 58.** Die Abmeldung ist jetzt an den Vorsitzenden des Gewerbesteuer-Ausschusses zu adressieren (Steueraufhebungs-Gesetz § 10).

Zu **§ 59 bis § 69.** Die „Betriebssteuer“ oder „Schanksteuer“ ist Seite 55 bis 56 besprochen.

§ 63. Der festgestellte Steuersatz ist einem jeden Steuerpflichtigen in Gemäßheit des § 32 bekannt zu machen.

[Die Erhebung erfolgt nach Maßgabe des § 39.

Die im § 61 bezeichneten Steuerpflichtigen haben den Betrag der Jahressteuer binnen vierzehn Tagen nach erfolgter Mitteilung an die ihnen bezeichnete Hebestelle in einer Summe zu entrichten.]

Nach fruchtloser Zwangsvollstreckung kann bis zur vollständigen Entrichtung des Rückstandes die fernere Ausübung des steuerpflichtigen Betriebes untersagt und die Einstellung desselben durch Schließung und Versiegelung der Geschäftsräume erzwungen werden.

§ 64. Eine Erstattung der Betriebssteuer wegen Einstellung des Betriebes im Laufe des Steuerjahres findet nicht statt.

§ 65. Über Beschwerden wegen Verpflichtung zur Entrichtung der Betriebssteuer oder wegen der Höhe derselben entscheidet die Bezirksregierung (§§ 29 und 30), und in weiterer Instanz der Finanzminister. Die Entscheidungen des letzteren sind endgiltig.

Soweit durch die Entscheidungen, welche bezüglich der Gewerbesteuer im Wege der Rechtsmittel ergehen, Abänderungen der festgestellten Betriebssteuersätze bedingt werden, haben die Vorsitzenden der Steuerausschüsse die anderweite Feststellung zu bewirken.

§ 66. Die zur Erteilung der Erlaubnis für die im § 59 bezeichneten Betriebe oder für die Eröffnung einer neuen Betriebsstätte zuständigen Behörden haben von jeder Erlaubniserteilung der ihnen bezeichneten Veranlagungsstelle Mitteilung zu machen.

§ 67. Weinbauer, welche selbst gewonnenen Most oder Wein im Polizeibezirk ihres Weingutes oder Wohnortes nicht über drei Monate lang zum Genuß auf der Stelle verkaufen, haben hierfür weder Gewerbe- noch Betriebssteuer zu entrichten.

§ 68. Behufs erstmaliger Erhebung der Betriebssteuer für das Steuerjahr 1893/94 haben für die Städte die Gemeindebehörden, für die Landgemeinden und Gutsbezirke des Kreises der Landrat eine Nachweisung aller daselbst vorhandenen, im § 59 bezeichneten Gewerbebetriebe unter Angabe der einzelnen Betriebsstätten und der Art des Betriebes aufzustellen und bis zum 1. Februar 1893 der Bezirksregierung vorzulegen.

Auf Anordnung der Bezirksregierung ist nach Bedürfnis auch in den folgenden Jahren die vorstehend vorgeschriebene Nachweisung von den genannten Behörden aufzustellen und vorzulegen.

§ 69. Die Veranlagungs-Grundsätze der §§ 18, 19 finden auf die Betriebssteuer Anwendung. Wegen des jährlichen Zu- und Abganges wird das Erforderliche von dem Finanzminister geregelt.

Strafbestimmungen.

§ 70. Wer die gesetzliche Verpflichtung zur Anmeldung eines steuerpflichtigen Gewerbes innerhalb der vorgeschriebenen Frist nicht erfüllt, verfällt in eine dem doppelten Betrage der einjährigen Steuer gleiche Geldstrafe. Daneben ist die vorenthaltene Steuer zu entrichten.

Die Festsetzung der Nachsteuer steht der Regierung zu, gegen deren Entscheidung nur Beschwerde an den Finanzminister zulässig ist.

§ 71. Mit Geldstrafe bis zu dreihundert Mark wird bestraft:

1) wer die nach den Bestimmungen der §§ 28, 54, 55 und 56 dieses Gesetzes ihm obliegende Verpflichtung nicht erfüllt; insbesondere auch

---

Anmerkungen.

Zu § 63. Statt der eingeklammerten Sätze gelten vom 1. April 1895 ab andere Bestimmungen: Die Betriebssteuer muß 14 Tage nach erfolgter Mitteilung auf einmal für das ganze Jahr entrichtet werden. Fliegende Schankbetriebe müssen vor ihrer Eröffnung zahlen.

wer die erforderte Erklärung, zu welcher er nach Vorschrift der §§ 54 bis 56 verpflichtet ist, wissentlich unvollständig oder unrichtig abgiebt;
2) wer dem nach § 25 Absatz 4 Zuständigen die Einsicht der gewerblichen Anlagen, Betriebsstätten oder Vorräte verweigert.

§ 72. Die bei der Steuerveranlagung beteiligten Beamten, sowie die Mitglieder der Steuerausschüsse und deren Stellvertreter werden, wenn sie die zu ihrer Kenntnis gelangten Erwerbs=, Vermögens= oder Einkommens=Verhältnisse oder die Geschäftsgeheimnisse eines Steuerpflichtigen, insbesondere auch den Inhalt der im § 55 bezeichneten Erklärungen oder der darüber gepflogenen Verhandlungen unbefugt offenbaren, mit Geldstrafe bis zu eintausendfünfhundert Mark oder mit Gefängnis bis zu drei Monaten bestraft.

Die Strafverfolgung tritt nur auf Antrag ein und muß stattfinden, insofern der durch die Verletzung des Geheimnisses betroffene Steuerpflichtige dieselbe unter Darlegung des Sachverhalts beansprucht und nicht Rücksichten des öffentlichen Wohles entgegenstehen. Für die Stellung des Antrages gegen Vorsitzende und Mitglieder der Steuerausschüsse der Klasse I und gegen deren Stellvertreter ist der Finanzminister, im übrigen die Bezirksregierung zuständig.

§ 73. Die auf Grund der §§ 70 und 71 festzusetzenden, aber unbeitreiblichen Geldstrafen sind nach Maßgabe der für Übertretungen geltenden Bestimmungen des Strafgesetzbuches für das Deutsche Reich (§§ 28 und 29) in Haft umzuwandeln.

Die Untersuchung und Entscheidung in betreff der in den §§ 70 und 71 bezeichneten strafbaren Handlungen steht dem Gericht zu, wenn nicht der Beschuldigte die von der Regierung vorläufig festgesetzte Geldstrafe nebst den durch das Verfahren gegen ihn entstandenen Kosten binnen einer ihm bekannt gemachten Frist freiwillig zahlt.

Die Regierungen sind ermächtigt, hierbei eine mildere, als die im § 70 vorgeschriebene Strafe in Anwendung zu bringen.

Hat der Beschuldigte in Preußen keinen Wohnsitz, so erfolgt das Einschreiten des Gerichts ohne vorläufige Festsetzung der Strafe durch die Regierung. Dasselbe findet statt, wenn die Regierung aus sonstigen Gründen von der vorläufigen Festsetzung der Strafe Abstand zu nehmen erklärt oder der Angeschuldigte hierauf verzichtet.

Bei den gerichtlichen Entscheidungen ist hinsichtlich der Höhe der im § 70 vorgeschriebenen Geldstrafe die von der Regierung festzusetzende Jahressteuer zu Grunde zu legen.

Die Entscheidung wegen der hinterzogenen Steuer verbleibt in allen Fällen den Verwaltungsbehörden.

In betreff der Zuwiderhandlungen wegen der Verpflichtung zur Geheimhaltung (§ 72) findet nur das gerichtliche Strafverfahren statt.

Kosten.

§ 74. Die Kosten der Steuer=Veranlagung und Erhebung fallen der Staatskasse zur Last. Jedoch sind diejenigen Kosten, welche durch die gelegentlich der eingelegten Rechtsmittel erfolgenden Ermittelungen veranlaßt werden, von dem Steuerpflichtigen zu erstatten, wenn sich seine Angaben in wesentlichen Punkten als unrichtig erweisen. Die Festsetzung der zu erstattenden Kosten erfolgt durch die Regierung, gegen deren Entscheidung die Beschwerde an den Finanzminister gestattet ist.

§ 75. [Den Gemeinden werden als Vergütung für die bei Veranlagung der Steuer (einschließlich der Betriebssteuer) ihnen übertragenen Geschäfte zwei Prozent der eingegangenen Steuer gewährt.

Anmerkungen.

Zu § 74. Das Oberverwaltungs=Gericht erhebt für ungerechtfertigte Beschwerden immer Kosten (siehe Seite 92).

Zu § 75. Da die Gewerbesteuer jetzt eine Kommunalsteuer ist, so ist die Vergütung des Staats an die Kommunen weggefallen.

Hinsichtlich der örtlichen Erhebung der Steuer verbleibt es bis auf weiteres bei den bestehenden Bestimmungen mit der Maßgabe, daß die bisher zur örtlichen Erhebung der Gewerbesteuer verpflichteten Gemeinden die Gewerbe- und die Betriebssteuer zu erheben haben.

Die Gemeinden erhalten für die Steuererhebung eine Vergütung von zwei Prozent der Isteinnahme der zu erhebenden Steuer.]

Oberaufsicht.

§ 76. Die oberste Leitung des Veranlagungs-Geschäfts im Staat gebührt dem Finanzminister. Über Beschwerden gegen das Verfahren der Steuerausschüsse und der Vorsitzenden derselben entscheidet die Bezirksregierung (§§ 29 und 30) und in weiterer Instanz der Finanzminister. Die Entscheidungen des letzteren sind endgültig.

§ 77. Die in diesem Gesetze den Bezirksregierungen zugewiesenen Befugnisse und Obliegenheiten werden für die Haupt- und Residenzstadt Berlin von der Direktion für die Verwaltung der direkten Steuern in Berlin wahrgenommen.

Nachsteuer.

§ 78. Steuerpflichtige, welche, entgegen den Vorschriften dieses Gesetzes, bei der Veranlagung übergangen oder steuerfrei geblieben sind, ohne daß eine strafbare Hinterziehung der Steuer stattgefunden hat (§§ 70 ff.), sind zur Entrichtung des der Staatskasse entzogenen Betrages verpflichtet. Die Verpflichtung erstreckt sich auf die drei Steuerjahre zurück, welche dem Steuerjahre, in welchem die Verkürzung festgestellt worden, vorausgegangen sind.

Die Verpflichtung zur Zahlung der Nachsteuer geht auf die Erben, jedoch nur bis zur Höhe ihres Erbteils, über.

Die Veranlagung der Nachsteuer erfolgt einheitlich für den ganzen Zeitraum, auf welchen sich die Verpflichtung erstreckt, nach den Vorschriften dieses Gesetzes durch die Bezirksregierung.

Schlußbestimmungen.

§ 79. Soweit das gegenwärtige Gesetz abweichende Bestimmungen nicht enthält, finden die Vorschriften des Gesetzes über die Verjährungsfristen bei öffentlichen Abgaben vom 18. Juni 1840 (Gesetz-Sammlung Seite 140) auf die Steuern vom stehenden Gewerbe und die Betriebssteuer Anwendung.

§ 80. Wo in den Gesetzen auf die bisherigen Steuerklassen Bezug genommen ist, treten an die Stelle der bisherigen Klasse A I die Klassen I und II; an Stelle der bisherigen Klasse A II die Klasse III, und an Stelle der bisherigen Klasse B die Klasse IV dieses Gesetzes; imgleichen an Stelle des Mittelsatzes der bisherigen Klasse A I ein Steuerbetrag von 300 Mark.

[**§ 81.** Übersteigt das Veranlagungssoll des Jahres 1893/94 einschließlich der Betriebssteuer den Betrag von 19 811 359 Mark um mehr als fünf Prozent, so findet in dem Verhältnis des ganzen Mehrbetrages zu der genannten Summe eine Herabsetzung sowohl des Prozentsatzes für Klasse I (§ 9) als auch der Mittelsätze für die Klassen II, III und IV (§ 14) sowie der höchsten und — mit Ausschluß der Klasse IV — der niedrigsten Steuersätze statt. Diese Herabsetzung wird in angemessener Abrundung durch Königliche Verordnung festgestellt. Die in letzterer bestimmten Sätze sind für die Veranlagung für das Steuerjahr 1894/95 und die folgenden Jahre maßgebend.

Bleibt das Veranlagungssoll des Jahres 1893/94 hinter dem oben bezeichneten Betrage um mehr als fünf Prozent zurück, so findet in gleicher Weise nach Maßgabe des Vorstehenden eine entsprechende Erhöhung

Anmerkungen.

Zu § 79. Ist die Steuer veranlagt, aber nicht erhoben, so tritt Verjährung in vier Jahren nach Ablauf des Veranlagungsjahres ein. Die Verjährung wird durch Mahnung oder Exekution unterbrochen.

Zu § 81. Der ganze Paragraph ist aufgehoben (Steueraufhebungs-Gesetz § 10).

des Prozentsatzes für die Klasse I und der Mittelsätze sowie der höchsten und der niedrigsten Steuersätze statt. Diese Erhöhung wird durch Königliche Verordnung für die Folgezeit wieder außer Kraft gesetzt, wenn das unter Anwendung der Prozent= und Mittelsätze der §§ 9 und 14 berechnete Veranlagungssoll der Gewerbesteuer einschließlich der Betriebssteuer den Betrag von 19811359 Mark — zuzüglich einer Steigerung von zwei Prozent dieses Betrages für jedes auf 1893/94 folgende Steuerjahr — erreicht.]

§ 82. Dieses Gesetz kommt zunächst bei der Veranlagung für das Jahr 1893/94 zur Anwendung.

Mit dieser Maßgabe und vorbehaltlich der Anwendung auf frühere Fälle treten die auf die Veranlagung und Entrichtung der Gewerbesteuer bezüglichen Vorschriften, insbesondere die Gesetze vom

30. Mai 1820 (Gesetz=Sammlung Seite 147),
19. Juli 1861 (Gesetz=Sammlung Seite 697),
20. März 1872 (Gesetz=Sammlung Seite 285),
5. Juni 1874 (Gesetz=Sammlung Seite 219)

am 1. April 1893 außer Kraft.

§ 83. Der Finanzminister wird mit der Ausführung dieses Gesetzes beauftragt.

Urkundlich unter Unserer Höchsteigenhändigen Unterschrift und beigedrucktem Königlichen Insiegel.

Gegeben Neues Palais, den 24. Juni 1891.

(L. S.) **Wilhelm.**

v. Caprivi. v. Boetticher. Herrfurth. v. Schelling.
Frhr. v. Berlepsch. Miquel. v. Kaltenborn. v. Heyden.
Gr. v. Zedlitz.

6.

Kommunalabgaben-Gesetz.

Vom 14. Juli 1893.

Wir Wilhelm, von Gottes Gnaden König von Preußen rc. verordnen mit Zustimmung beider Häuser des Landtages Unserer Monarchie für den Umfang derselben, mit Ausschluß der Hohenzollernschen Lande und der Insel Helgoland, was folgt:

Teil I. Gemeindeabgaben.

Erster Titel.

Allgemeine Bestimmungen.

§ 1. Die Gemeinden sind berechtigt, zur Deckung ihrer Ausgaben und Bedürfnisse nach Maßgabe der Bestimmungen dieses Gesetzes Gebühren und Beiträge, indirekte und direkte Steuern zu erheben, sowie Naturaldienste zu fordern.

§ 2. Die Gemeinden dürfen von der Befugnis, Steuern zu erheben, nur insoweit Gebrauch machen, als die sonstigen Einnahmen, insbesondere aus dem Gemeindevermögen, aus Gebühren, Beiträgen und vom Staate oder von weiteren Kommunalverbänden den Gemeinden überwiesenen Mitteln zur Deckung ihrer Ausgaben nicht ausreichen. Auf Hunde- und Lustbarkeits-, sowie auf ähnliche, durch besondere Rücksichten gebotene Steuern findet diese Bestimmung keine Anwendung.

Durch direkte Steuern darf nur der Bedarf aufgebracht werden, welcher nach Abzug des Aufkommens der indirekten Steuern von dem gesamten Steuerbedarfe verbleibt.

§ 3. Gewerbliche Unternehmungen der Gemeinden sind grundsätzlich so zu verwalten, daß durch die Einnahmen mindestens die gesamten durch die Unter-

---

Anmerkungen.

Zu § 2. Eine Hundesteuer soll zur Beschränkung des Hundehaltens, eine Lustbarkeitssteuer zur Beschränkung der Tanzvergnügungen u. s. w. dienen. Daher dürfen derartige Steuern auch in solchen Jahren erhoben werden, in denen man das Geld gar nicht nötig hätte.

Wenn eine Gemeinde eine Mahl- und Schlachtsteuer oder sonst eine indirekte Steuer hat, so muß zuvor geschätzt werden, wie viel dieselbe im nächsten Jahre einbringen wird. Soviel wie dann noch zur Deckung des Restes nötig ist, darf auf direkte Steuern gelegt werden, mehr aber nicht. — Da die meisten Gemeinden gar keine indirekten Steuern haben, so wird für sie diese Beschränkung einstweilen nicht in Betracht kommen.

Zu § 3. Wenn eine Gemeinde ein gewerbliches Unternehmen selbst betreibt, so soll sie es so einrichten, daß kein Zuschuß aus den Taschen der Steuerzahler nötig ist. Ist jedoch das Unternehmen gleichzeitig gemeinnützig (z. B. eine Pferdebahn nach der nächsten Eisenbahnstation), so sind solche Zuschüsse erlaubt.

nehmung der Gemeinde erwachsenden Ausgaben, einschließlich der Verzinsung und der Tilgung des Anlagekapitals, aufgebracht werden.

Eine Ausnahme ist zulässig, sofern die Unternehmung zugleich einem öffentlichen Interesse dient, welches anderenfalls nicht befriedigt wird.

Zweiter Titel.

Gebühren und Beiträge.

§ 4. Die Gemeinden können für die Benutzung der von ihnen im öffentlichen Interesse unterhaltenen Veranstaltungen (Anlagen, Anstalten und Einrichtungen) besondere Vergütungen (Gebühren) erheben.

Die Erhebung von Gebühren hat zu erfolgen, wenn die Veranstaltung einzelnen Gemeinde-Angehörigen oder einzelnen Klassen von solchen vorzugsweise zum Vorteile gereicht und soweit die Ausgleichung nicht durch Beiträge (§ 9) oder eine Mehr- oder Minderbelastung (§ 20) erfolgt. Die Gebührensätze sind in der Regel so zu bemessen, daß die Verwaltungs- und Unterhaltungskosten der Veranstaltung, einschließlich der Ausgaben für die Verzinsung und Tilgung des aufgewendeten Kapitals, gedeckt werden.

Besteht eine Verpflichtung zur Benutzung einer Veranstaltung für alle Gemeinde-Angehörigen oder für einzelne Klassen derselben, oder sind die Genannten auf die Benutzung der Veranstaltung angewiesen, so ist unter Berücksichtigung des öffentlichen Interesses, welchem die Veranstaltung dient, und der den einzelnen gewährten besonderen Vorteile eine entsprechende Ermäßigung der Gebührensätze gestattet; auch kann in Fällen dieser Art die Erhebung von Gebühren unterbleiben.

Auf Unterrichts- und Bildungsanstalten, auf Krankenhäuser, Heil- und Pflegeanstalten, sowie auf vorzugsweise den Bedürfnissen der unbemittelten Volksklassen dienende Veranstaltungen finden vorstehende Bestimmungen (Absatz 2 und 3) keine Anwendung. Jedoch muß für den Besuch der von den Gemeinden unterhaltenen höheren Lehranstalten und Fachschulen ein angemessenes Schulgeld erhoben werden.

Andere Abweichungen von der im Absatz 2 vorgeschriebenen Bemessung der Gebühren sind nur aus besonderen Gründen gestattet.

Ein Zwang zur Erhebung von Chaussee-, Wege-, Pflaster- und Brückengeldern findet nicht statt.

§ 5. Die bestehenden Vorschriften über die Verleihung des Rechts auf Erhebung von Chaussee-, Wege-, Pflaster-, Brücken-, Fähr-, Hafen-, Schleusengeldern und von anderen derartigen Verkehrsabgaben, sowie über die Feststellung der Tarife für solche werden durch dieses Gesetz nicht berührt.

§ 6. Die Gemeinden, Amtsbezirke, Ämter und Land-Bürgermeistereien sind berechtigt, für die Genehmigung und Beaufsichtigung von Neubauten, Umbauten und anderen baulichen Herstellungen, sowie für die ordnungs- und feuerpolizeiliche Beaufsichtigung von Messen und Märkten, von Musikaufführungen, Schaustellungen, theatralischen Vorstellungen und sonstigen Lustbarkeiten Gebühren zu erheben. Die Erhebung von Lustbarkeitssteuern schließt die Erhebung von Gebühren für die Beaufsichtigung der Lustbarkeit aus.

Im übrigen bewendet es hinsichtlich der Befugnis der Gemeinden, für einzelne Handlungen ihrer Organe Gebühren (Verwaltungsgebühren) zu erheben, bei den bestehenden Bestimmungen.

Anmerkungen.

Zu § 4 bis § 8. Über Gebühren siehe Seite 69 bis 70. Über Genehmigung: Seite 75 bis 77.

Die Gebühren müssen so bemessen werden, daß deren Aufkommen die Kosten des bezüglichen Verwaltungszweiges nicht übersteigt.

§ 7. Gebühren sind im voraus nach festen Normen und Sätzen zu bestimmen. Eine Berücksichtigung Unbemittelter ist nicht ausgeschlossen.

§ 8. Die Festsetzung von Gebühren bedarf in den Fällen des § 4 Absatz 3 und 5 und des § 6 der Genehmigung.

Das Erfordernis der Genehmigung des Schulgeldes durch die Schulaufsichts-Behörde bleibt unberührt.

§ 9. Die Gemeinden können behufs Deckung der Kosten für Herstellung und Unterhaltung von Veranstaltungen, welche durch das öffentliche Interesse erfordert werden, von denjenigen Grundeigentümern und Gewerbetreibenden, denen hierdurch besondere wirtschaftliche Vorteile erwachsen, Beiträge zu den Kosten der Veranstaltungen erheben. Die Beiträge sind nach den Vorteilen zu bemessen.

Beiträge müssen in der Regel erhoben werden, wenn anderenfalls die Kosten, einschließlich der Ausgaben für die Verzinsung und Tilgung des aufgewendeten Kapitals, durch Steuern aufzubringen sein würden.

Der Plan der Veranstaltung ist nebst einem Nachweise der Kosten offen zu legen. Der Beschluß der Gemeinde wegen Erhebung von Beiträgen ist unter der Angabe, wo und während welcher Zeit Plan nebst Kostennachweis zur Einsicht offen liegen, in ortsüblicher Weise mit dem Bemerken bekannt zu machen, daß Einwendungen gegen den Beschluß binnen einer bestimmt zu bezeichnenden Frist von mindestens 4 Wochen bei dem Gemeindevorstande anzubringen seien. Handelt es sich um eine Veranstaltung, welche nur einzelne Grundeigentümer oder Gewerbetreibende betrifft, so genügt an Stelle der Bekanntmachung eine Mitteilung an die Beteiligten. Der Beschluß bedarf der Genehmigung.

Zu diesem Behufe hat der Gemeindevorstand den Beschluß nebst den dazu gehörigen Vorverhandlungen und der Anzeige, ob und welche Einwendungen innerhalb der gestellten Frist erhoben sind, der zuständigen Behörde einzureichen.

Der Beschluß der zuständigen Behörde ist in gleicher Weise zur Kenntnis der Beteiligten zu bringen, wie der Beschluß der Gemeinde bekannt gemacht worden ist.

Gegen den Beschluß der zuständigen Behörde steht den Beteiligten die Beschwerde offen.

§ 10. Die Vorschriften des Gesetzes, betreffend die Anlegung und Veränderung von Straßen und Plätzen in Städten und ländlichen Ortschaften, vom 2. Juli 1875 (Gesetz-Sammlung Seite 561) bleiben mit der Maßgabe in Kraft, daß die im § 15 daselbst vorgesehenen Beiträge nach einem anderen, als dem dort angegebenen Maßstabe, insbesondere auch nach der bebauungsfähigen Fläche, bemessen werden dürfen.

§ 11. Die Vorschriften des Gesetzes, betreffend die Erhebung von Marktstandsgeld, vom 26. April 1872 (Gesetz-Sammlung Seite 513) bleiben unberührt.

Ebenso behält es bei den Bestimmungen der Gesetze über die Errichtung öffentlicher Schlachthäuser vom 18. März 1868 (Gesetz-Sammlung Seite 277) und 9. März 1881 (Gesetz-Sammlung Seite 273) sein Bewenden. Jedoch dürfen für die Schlachthaus-Benutzung Gebühren bis zu einer solchen Höhe erhoben werden, daß durch ihr jährliches Aufkommen die Kosten der Unterhaltung der Anlage und des Betriebes, sowie ein Betrag von 8 Prozent des Anlagekapitals und der etwa ge-

Anmerkungen.

Zu § 9 bis § 11. Über „Beiträge" siehe Seite 69 bis 70.

zahlten Entschädigungssumme gedeckt werden. In denjenigen Städten, in denen Verbrauchssteuern auf Fleisch zur Erhebung kommen, dürfen die Benutzungs-Gebühren nur bis zu einer solchen Höhe erhoben werden, daß durch ihr jährliches Aufkommen außer den Unterhaltungs- und Betriebskosten ein Betrag von 5 Prozent des Anlagekapitals und der Entschädigungssumme gedeckt wird.

Die Gebühren für die Untersuchung des nicht in öffentlichen Schlachthäusern ausgeschlachteten Fleisches (Artikel 1 § 2 Nr. 2 und 3 des Gesetzes vom 9. März 1881) können in einer den Gebühren für die Schlachthaus-Benutzung entsprechenden Höhe bemessen werden.

§ 12. In Badeorten, klimatischen und sonstigen Kurorten können die Gemeinden für die Herstellung und Unterhaltung ihrer zu Kurzwecken getroffenen Veranstaltungen Vergütungen (Kurtaxen) erheben.

Dritter Titel.
Gemeindesteuern.

Erster Abschnitt.
Indirekte Gemeindesteuern.

§ 13. Die Gemeinden sind zur Erhebung indirekter Steuern innerhalb der durch die Reichsgesetze gezogenen Grenzen befugt.

Den Gemeinden sind Vereinbarungen mit den Beteiligten gestattet, wonach der Jahresbetrag der zu entrichtenden indirekten Steuern für mehrere Jahre im voraus fest bestimmt wird. Die Vereinbarungen bedürfen der Genehmigung.

§ 14. Steuern auf den Verbrauch von Fleisch, Getreide, Mehl, Backwerk, Kartoffeln und Brennstoffen aller Art dürfen nicht neu eingeführt oder in ihren Sätzen erhöht werden. Die Einführung einer Wildpret- und Geflügelsteuer ist jedoch auch in den früher nicht mahl- und schlachtsteuerpflichtigen Gemeinden zulässig. Die Steuersätze können abweichend von den Vorschriften des Erlasses vom 24. April 1848 (Gesetz-Sammlung Seite 131) bemessen werden.

Wegen Forterhebung der Schlachtsteuer bewendet es bei den Bestimmungen des Gesetzes vom 25. Mai 1873 (Gesetz-Sammlung Seite 222).

§ 15. Die Besteuerung von Lustbarkeiten, einschließlich musikalischer und deklamatorischer Vorträge, sowie von Schaustellungen umherziehender Künstler ist den Gemeinden gestattet.

§ 16. Die Gemeinden sind befugt, das Halten von Hunden zu besteuern (§ 93). Die in dieser Beziehung zur Zeit bestehenden gesetzlichen Vorschriften werden aufgehoben.

§ 17. Die bestehenden Vorschriften über die Verwendung des Aufkommens indirekter Steuern für bestimmte Zwecke (Kosten der Armenpflege u. s. w.) werden aufgehoben.

§ 18. Die Einführung neuer und die Veränderung bestehender indirekter Gemeindesteuern kann nur durch Steuerordnungen erfolgen.

Die Steuerordnungen bedürfen der Genehmigung.

Anmerkungen.

Zu § 12. Die Kurtaxe darf bloß als Beitrag zu den Kosten der Badeverwaltung erhoben werden, nicht als bloße Aufenthaltssteuer. Siehe Seite 70.

Zu § 13 bis § 15. Siehe Seite 70 bis 71.

Zu § 16. Siehe Seite 71.

§ 19. Wegen der Befreiung der Militär-Speiseeinrichtungen und ähnlicher Militäranstalten von den Verbrauchssteuern bewendet es bei den bestehenden Bestimmungen.

Zweiter Abschnitt.

Direkte Gemeindesteuern.

I. Allgemeine Bestimmungen.

§ 20. Die direkten Gemeindesteuern sind auf alle der Besteuerung unterworfenen Pflichtigen nach festen und gleichmäßigen Grundsätzen zu verteilen.

Handelt es sich um Veranstaltungen, welche in besonders hervorragendem oder geringem Maße einem Teile des Gemeindebezirks oder einer Klasse von Gemeinde-Angehörigen zu statten kommen, und werden Beiträge nach §§ 9 und 10 nicht erhoben, so kann die Gemeinde eine entsprechende Mehr- oder Minderbelastung dieses Teiles des Gemeindebezirks oder dieser Klasse von Gemeinde-Angehörigen beschließen. Bei der Abmessung der Mehr- und Minderbelastung ist namentlich der zur Herstellung und Unterhaltung der Veranstaltungen erforderliche Bedarf nach Abzug des etwaigen Ertrages in Betracht zu ziehen. Der Beschluß bedarf der Genehmigung.

§ 21. Die auf besonderem Rechtstitel beruhenden Befreiungen einzelner Grundstücke von Gemeindesteuern bleiben in ihrem bisherigen Umfange fortbestehen. Die Gemeinden sind jedoch berechtigt, diese Befreiungen durch Zahlung des zwanzigfachen Jahreswertes derselben nach dem Durchschnitt der letzten drei Jahre vor dem 1. April desjenigen Rechnungsjahres, in welchem die Ablösung beschlossen wird, abzulösen. Steht ein anderer Entschädigungs-Maßstab fest, so hat es hierbei sein Bewenden.

§ 22. Vorschriften, welche eine Befreiung von Gewerbesteuer in sich schließen, finden auf Gewerbe, welche nach Verkündigung dieses Gesetzes in Betrieb gesetzt werden, keine Anwendung.

Die Gemeinden sind berechtigt, die bestehenden Befreiungen durch Zahlung des 13⅓fachen Jahreswertes derselben nach dem Durchschnitt der letzten drei Jahre vor dem 1. April desjenigen Rechnungsjahres, in welchem die Ablösung beschlossen wird, abzulösen. Steht ein anderer Entschädigungs-Maßstab fest, so hat es hierbei sein Bewenden.

§ 23. Die direkten Gemeindesteuern können vom Grundbesitz und Gewerbebetrieb (Realsteuern), sowie vom Einkommen der Steuerpflichtigen (Einkommensteuer) erhoben werden.

Die Einkommensteuer kann zum Teil durch Aufwandssteuern ersetzt werden. Aufwandssteuern dürfen grundsätzlich die geringeren Einkommen nicht verhältnismäßig höher, als die größeren belasten.

Miets- und Wohnungssteuern dürfen nicht neu eingeführt werden.

Die bestehenden Miets- und Wohnungssteuern sind auf ihre Übereinstimmung mit den vorstehenden Besteuerungs-Grundsätzen und den sonstigen Bestimmungen dieses Gesetzes zu prüfen. Sie bedürfen erneuter, an die Zustimmung der Minister des Innern und der Finanzen gebundener Genehmigung und treten außer Kraft, wenn die Genehmigung nicht bis zum 1. April 1898 erfolgt ist.

Die Einführung neuer und die Veränderung bestehender direkter Gemeindesteuern, welche nicht in Prozenten der vom Staate veranlagten Steuern erhoben werden, kann nur durch Steuerordnungen erfolgen.

Die Steuerordnungen bedürfen der Genehmigung.

Anmerkungen.

Zu § 23. „Realsteuer". Woher diese Bezeichnung kommt, siehe Seite 72.

Über Mietssteuern siehe Seite 61 bis 62.

II. Besondere Bestimmungen.

1. Realsteuern.

a. Vom Grundbesitz.

§ 24. Den Steuern vom Grundbesitz sind die in der Gemeinde belegenen bebauten und unbebauten Grundstücke unterworfen mit Ausnahme

a) der Königlichen Schlösser einschließlich der zugehörigen Nebengebäude, Hofräume und Gärten;

b) der einem fremden Staate gehörigen Grundstücke, auf denen Botschafts- oder Gesandtschafts-Gebäude errichtet sind, einschließlich der auf ihnen errichteten Gebäude, sofern von dem fremden Staate Gegenseitigkeit gewährt wird;

c) der dem Staate, den Provinzen, den Kreisen, den Gemeinden oder sonstigen kommunalen Verbänden gehörigen Grundstücke und Gebäude, sofern sie zu einem öffentlichen Dienste oder Gebrauche bestimmt sind;

d) der Brücken, Kunststraßen, Schienenwege der Eisenbahnen, sowie der schiffbaren Kanäle, welche mit Genehmigung des Staates zum öffentlichen Gebrauche angelegt sind;

e) der Deichanlagen der Deichverbände und der im öffentlichen Interesse staatlich unter Schau gestellten Privatdeiche, sowie der im öffentlichen Interesse unterhaltenen Anlagen der Ent- und Bewässerungsverbände;

f) der Universitäts- und anderen zum öffentlichen Unterrichte bestimmten Gebäude;

g) der Kirchen, Kapellen und anderen dem öffentlichen Gottesdienste gewidmeten Gebäude, sowie der gottesdienstlichen Gebäude der mit Korporationsrechten versehenen Religions-Gesellschaften;

h) der Armen-, Waisen- und öffentlichen Krankenhäuser, der Gefängnis-, Besserungs-, Bewahr- und derjenigen Wohltätigkeits-Anstalten, welche die Bewahrung vor Schutzlosigkeit oder sittlicher Gefahr bezwecken (Mägdehäuser oder dergl.), sowie der Gebäude, welche milden Stiftungen angehören und für deren Zwecke unmittelbar benutzt werden; durch Gemeindebeschluß können auch anderweitige Gebäude solcher milden Stiftungen, welche nicht bloß zu Gunsten bestimmter Personen und Familien bestehen, freigelassen werden;

i) der Grundstücke der unter f, g, h aufgeführten Anstalten und Körperschaften, soweit die Grundstücke für deren Zwecke unmittelbar benutzt werden;

k) der Dienstgrundstücke und Dienstwohnungen der Geistlichen, Kirchendiener und Volksschullehrer, soweit ihnen bisher Steuerfreiheit zugestanden hat.

Anmerkungen.

Zu § 24. Der Paragraph stellt in der Hauptsache die Befreiungen zusammen, wie sie bisher galten. Die wichtigste Änderung ist, daß die Gemeinden jetzt das Recht erhalten, Dienstwohnungen der Beamten bei der Gebäudesteuer mit zu veranlagen. Vgl. Seite 66.

Zum letzten Satz. Die angeführte Kabinettsordre bestimmt, daß Verpflichtungen, die auf einem Gebäude gegenüber der Gemeinde lasten, bestehem bleiben sollen, auch wenn das Gebäude zu einem öffentlichen Zwecke, als Rathaus„ Amtshaus, Schule u. s. w. verwendet wird. Handelt es sich jedoch um ein unbebautes Grundstück, das z. B. zu einer Chaussee verwendet wird, so hören solche Verpflichtungen auf.

Alle sonstigen, nicht auf einem besonderen Rechtstitel beruhenden Befreiungen (§ 21), insbesondere auch diejenigen der Dienstgrundstücke und Dienstwohnungen der Beamten, sind aufgehoben.

Ist ein Grundstück oder Gebäude nur teilweise zu einem öffentlichen Dienste oder Gebrauche bestimmt, so bezieht sich die Befreiung nur auf diesen Teil.

Die Bestimmungen der Kabinettsordre vom 8. Juni 1834 (Gesetz-Sammlung Seite 87) bleiben in Geltung und werden auf diejenigen Gemeinden ausgedehnt, in welchen dieselben noch nicht in Geltung sind.

§ 25. Den Gemeinden ist die Einführung besonderer Steuern vom Grundbesitz gestattet.

Die Umlegung kann insbesondere erfolgen nach dem Reinertrage beziehungsweise Nutzungswerte eines oder mehrerer Jahre, nach dem Pacht- beziehungsweise Mietswerte oder dem gemeinen Werte der Grundstücke und Gebäude, nach den in der Gemeinde stattfindenden Abstufungen des Grundbesitzes oder nach einer Verbindung mehrerer dieser Maßstäbe.

§ 26. Sind besondere Steuern vom Grundbesitz nicht eingeführt, so erfolgt die Besteuerung in Prozenten der vom Staate veranlagten Grund- und Gebäudesteuern.

Die auf Grund der Einlegung von Rechtsmitteln erfolgte Erhöhung oder Ermäßigung der veranlagten Steuer zieht die entsprechende Abänderung der Veranlagung zur Gemeindesteuer nach sich.

Die Veranlagung hat sich auf sämtliche Grundstücke und Gebäude zu erstrecken, welche der Gemeindebesteuerung unterliegen (§§ 3, 4 des Gesetzes wegen Aufhebung direkter Staatssteuern).

Die Besteuerung neuerbauter oder vom Grunde aus wieder aufgebauter Gebäude sowie die Steuererhöhung infolge von Verbesserungen der Gebäude beginnt mit dem Ablaufe des Rechnungsjahres, in welchem die Bewohnbarkeit oder Nutzbarkeit eingetreten oder die Verbesserung vollendet ist.

§ 27. Die Steuern vom Grundbesitz sind nach gleichen Normen und Sätzen zu verteilen.

Liegenschaften, welche durch die Festsetzung von Baufluchtlinien in ihrem Werte erhöht worden sind (Bauplätze), können nach Maßgabe dieses höheren Wertes zu einer höheren Steuer als die übrigen Liegenschaften herangezogen werden. Diese Besteuerung muß durch Steuerordnung geregelt werden.

b. Vom Gewerbebetrieb.

§ 28. Den Gewerbesteuern unterliegen in den Gemeinden, in denen der Betrieb stattfindet,

1) die nach dem Gewerbesteuer-Gesetz vom 24. Juni 1891 (Gesetz-Sammlung Seite 205) zu veranlagenden stehenden Gewerbe;

Anmerkungen.

Zu § 25 bis § 27. Siehe Seite 63 bis 64.

Zu § 26. Schlußsatz. Hausbesitzer sind besonders auf die Verschärfung ihrer Meldepflicht aufmerksam zu machen. Vgl. Seite 43.

Zu § 28 bis § 32. Siehe Seite 66 bis 68.

Zu § 28. Vorletzter und letzter Satz. Die Eisenbahnabgabe ist eine sehr seltene Steuer, da es fast gar keine Privatbahnen mehr giebt, die sie zu zahlen hätten. Die Kleinbahnen zahlen keine Eisenbahnabgabe und unterliegen der Gewerbesteuer ebenso wie eine Pferdebahn. Der Staat zahlt für seine eigenen Eisenbahnen keine Gewerbesteuer, wohl aber Gemeinde-Einkommensteuer. — Vom „Gewerbebetrieb im Umherziehen" darf die Gemeinde keine Hausiersteuer erheben, wohl aber die Wanderlager-Steuer (Seite 67).

2) die landwirtschaftlichen Branntweinbrennereien;
3) der Bergbau;
4) die gewerbsmäßige Gewinnung von Bernstein, Ausbeutung von Torfstichen, von Sand-, Kies-, Lehm-, Mergel-, Thon- und dergleichen Gruben, von Stein-, Schiefer-, Kalk-, Kreide und dergleichen Brüchen;
5) die Gewerbebetriebe kommunaler und anderer öffentlicher Verbände;
6) die Gewerbebetriebe des Staates und der Reichsbank.

Diejenigen zu Nr. 2 bis 6 bezeichneten Betriebe, bei denen weder der jährliche Ertrag 1500 Mark, noch das Anlage- und Betriebskapital 3000 Mark erreicht, ingleichen die nach § 3 Nr. 4 des Gewerbesteuer-Gesetzes vom 24. Juni 1891 steuerfreien Gewerbebetriebe der Kommunalverbände bleiben von der Gewerbesteuer befreit. Auf die Betriebssteuer findet diese Bestimmung keine Anwendung.

Der Betrieb der Staatseisenbahnen und der der Eisenbahnabgabe unterliegenden Privateisenbahnen ist gewerbesteuerfrei.

Der Gewerbebetrieb im Umherziehen ist der Gewerbesteuer in den Gemeinden nicht unterworfen.

§ 29. Den Gemeinden ist die Einführung besonderer Gewerbesteuern gestattet.

Die Gewerbesteuern können namentlich bemessen werden nach dem Ertrage des letzten Jahres oder einer Reihe von Jahren, nach dem Werte des Anlagekapitals oder des Anlage- und Betriebskapitals, nach sonstigen Merkmalen für den Umfang des Betriebes oder nach einer Verbindung mehrerer dieser Maßstäbe.

§ 30. Sind besondere Gewerbesteuern nicht eingeführt, so erfolgt die Besteuerung in Prozenten der vom Staate veranlagten Gewerbesteuer.

Die auf Grund der Einlegung von Rechtsmitteln erfolgte Erhöhung oder Ermäßigung der veranlagten Gewerbesteuer zieht die entsprechende Abänderung der Veranlagung zur Gemeindesteuer nach sich.

Die Veranlagung hat sich auf sämtliche Gewerbebetriebe, einschließlich des Bergbaues, zu erstrecken, welche der Gemeindebesteuerung unterliegen (§§ 3, 4 des Gesetzes wegen Aufhebung direkter Staatssteuern).

§ 31. Eine verschiedene Abstufung der Gewerbesteuer-Sätze und Prozente ist zulässig:

1) wenn die einzelnen Gewerbearten in verschiedenem Maße von den Veranstaltungen der Gemeinde Vorteil ziehen oder der Gemeinde Kosten verursachen, und soweit die Ausgleichung nicht nach §§ 4, 9, 10 oder 20 erfolgt;
2) wenn die gewerblichen Gebäude in stärkerem Verhältnis zur Gebäudesteuer herangezogen werden, als es auf Grundlage der staatlichen Gebäudesteuer der Fall sein würde, oder wenn die gewerblich benutzten Räume einer Mietssteuer unterliegen.

Die verschiedene Abstufung bedarf der Genehmigung.

§ 32. Erstreckt sich ein Gewerbebetrieb über mehrere Gemeindebezirke, so hat für den Fall der Erhebung von Prozenten der veranlagten Gewerbesteuer der zuständige Steuerausschuß auch für die im § 28 Nr. 2—6 bezeichneten Betriebe die Zerlegung des Gesamtsteuersatzes in die auf die einzelnen Gemeinden entfallenden Teilbeträge zu bewirken (§ 38 des Gewerbesteuer-Gesetzes vom 24. Juni 1891).

Werden besondere Gewerbesteuern umgelegt, so hat die Veranlagung nur nach Maßgabe des in der Gemeinde belegenen Teiles des Gewerbebetriebes zu erfolgen, bei besonderen Gewerbesteuern nach dem Ertrage unter sinngemäßer Anwendung der in den §§ 47, 48 dieses Gesetzes getroffenen Bestimmungen.

2. Gemeinde-Einkommensteuer.

a. Steuerpflicht.

§ 33. Der Gemeinde-Einkommensteuer sind unterworfen:

1) diejenigen Personen, welche in der Gemeinde einen Wohnsitz (§ 1 des Einkommensteuer-Gesetzes vom 24. Juni 1891, Gesetz-Sammlung Seite 175) haben, hinsichtlich ihres gesamten innerhalb und außerhalb des Preußischen Staatsgebietes gewonnenen Einkommens, insoweit dasselbe nicht von der Besteuerung freizulassen ist;

2) diejenigen Personen, welche in der Gemeinde, ohne in derselben einen Wohnsitz zu haben, Grundvermögen, Handels- oder gewerbliche Anlagen, einschließlich der Bergwerke, haben, Handel oder Gewerbe oder außerhalb einer Gewerkschaft Bergbau betreiben oder als Gesellschafter an dem Unternehmen einer Gesellschaft mit beschränkter Haftung beteiligt sind, hinsichtlich des ihnen aus diesen Quellen in der Gemeinde zufließenden Einkommens;

3) Aktien-Gesellschaften, Kommandit-Gesellschaften auf Aktien, Berggewerkschaften, eingetragene Genossenschaften, deren Geschäftsbetrieb über den Kreis ihrer Mitglieder hinausgeht (insbesondere Konsumvereine mit offenem Laden) und juristische Personen (insbesondere auch Gemeinden und weitere Kommunal-Verbände), welche in der Gemeinde Grundvermögen, Handels- oder gewerbliche Anlagen, einschließlich der Bergwerke, haben, Handel oder Gewerbe, einschließlich des Bergbaues, betreiben oder als Gesellschafter an dem Unternehmen einer Gesellschaft mit beschränkter Haftung beteiligt sind, hinsichtlich des ihnen aus diesen Quellen in der Gemeinde zufließenden Einkommens. Hat eine Veranlagung zur Staats-Einkommensteuer stattgefunden, so erfaßt die Gemeinde-Einkommensteuer das hierbei veranlagte Einkommen, vorbehaltlich der Bestimmung im § 16 Absatz 3 a. a. O.;

4) der Staatsfiskus bezüglich seines Einkommens aus den von ihm betriebenen Eisenbahn-, Bergbau- und sonstigen gewerblichen Unternehmungen, sowie aus Domänen und Forsten.

Eisenbahn-Aktiengesellschaften, welche ihr Unternehmen dem Staate gegen eine unmittelbar an die Aktionäre zu zahlende Rente übertragen haben, sind als Besitzer von Eisenbahnen nicht zu erachten.

Jeder steuerpflichtige Grundstücks-Komplex und jede steuerpflichtige Unternehmung des Staatsfiskus gilt in Beziehung auf die Steuerpflicht als selbständige Person. Die gesamten Staats- und für Rechnung des

---

Anmerkungen.

Zu § 33 bis § 38. Die Gemeinde-Einkommensteuer ist Seite 59 bis 61 ausführlich besprochen.

Zu § 33, Nr. 2. Diese Nummer handelt von solchen Personen, welche zwar in der Gemeinde keinen Wohnsitz haben, aber wegen Grundbesitz oder Gewerbebetrieb gleichwohl zur Gemeinde-Einkommensteuer herangezogen werden („Forensen"). Der Bergbau ist in dem Gesetz besonders erwähnt, weil er bisher zum Gewerbe nicht mitgerechnet wurde. Die „Gesellschaften mit beschränkter Haftung" sind auch bloß zur Vermeidung von Mißverständnissen erwähnt (Seite 84). Läßt man dies alles weg und liest bloß das Großgedruckte, so ist der Sinn des Paragraphen klar. — Ob jemand wirklich in der Gemeinde eine gewerbliche Anlage hat oder auch ohne eigene Anlage das Gewerbe „betreibt", ist gleich. Das Genauere hierüber bestimmt § 35.

Nr. 3 ist Seite 81 bis 82 besonders erklärt, — „vorbehaltlich der Bestimmung u. s. w.", d. h.: ohne den Abzug von 3½ Prozent des Grundkapitals.

Staates verwalteten Eisenbahnen sind als Eine steuerpflichtige Unternehmung anzusehen. Im übrigen setzt die zuständige obere Verwaltungs=Behörde fest, was als selbständige Bergbau= oder sonstige gewerbliche Unternehmung des Staatsfiskus zu betrachten ist.

Neuanziehende können, auch wenn sie in der Gemeinde keinen Wohnsitz haben, gleich den übrigen Gemeinde=Einwohnern zur Steuer herangezogen werden, sofern ihr Aufenthalt die Dauer von drei Monaten übersteigt.

§ 34. Das Einkommen aus bebauten und unbebauten Grundstücken, welche ganz oder zum Teil nach § 24 der Steuer vom Grundbesitz nicht unterworfen sind, unterliegt insoweit auch nicht der Gemeinde=Einkommensteuer.

§ 35. Ein die Steuerpflicht begründender Betrieb von Handel und Gewerbe, einschließlich des Bergbaues, der im § 33 Nr. 2, 3 und 4 bezeichneten Personen und Erwerbs=Gesellschaften findet nur in denjenigen Gemeinden statt, in welchen sich der Sitz, eine Zweigniederlassung, eine Betriebs=, Werk= oder Verkaufsstätte oder eine solche Agentur des Unternehmens befindet, welche ermächtigt ist, Rechtsgeschäfte im Namen und für Rechnung des Inhabers, beziehungsweise der Gesellschaft, selbständig abzuschließen. Der Eisenbahnbetrieb unterliegt der Steuerpflicht in den Gemeinden, in welchen sich der Sitz der Verwaltung (beziehungsweise einer Staatsbahn=Verwaltungsbehörde), eine Station oder eine für sich bestehende Betriebs= oder Werkstätte oder eine sonstige gewerbliche Anlage befindet.

Das Einkommen aus dem nicht mit eigenem Betriebe verbundenen Besitze von Handels= und gewerblichen Anlagen, einschließlich der Bergwerke, unterliegt der Besteuerung in denselben Gemeinden, in welchen das Einkommen aus dem Betriebe steuerpflichtig ist.

§ 36. Gemeindesteuern vom Einkommen dürfen, unbeschadet der Vorschrift im § 23 Absatz 2 und der Bestimmungen über die Veranlagung von Teileinkommen (§§ 49—51), nur auf Grund der Veranlagung zur Staats=Einkommensteuer und in der Regel nur in der Form von Zuschlägen erhoben werden. Diese Zuschläge müssen gleichmäßig sein. Zuschläge zur Ergänzungssteuer sind unzulässig.

Ist das gemeindesteuerpflichtige Einkommen ganz oder zum Teil zur Staats=Einkommensteuer nicht veranlagt, so ist der dem Zuschlage zu Grunde zu legende Steuersatz, sofern sich aus den §§ 45—46 nicht ein anderes ergiebt, nach den für die Veranlagung der Staats=Einkommensteuer geltenden Vorschriften zu ermitteln.

Die auf Grund der Einlegung von Rechtsmitteln, sowie die auf Grund der §§ 57, 58 des Einkommensteuer=Gesetzes vom 24. Juni 1891 erfolgte Erhöhung oder Ermäßigung der veranlagten Staats=Einkommensteuer zieht die entsprechende Abänderung des Gemeindezuschlags nach sich.

Anmerkungen.

Zu § 33, letzter Satz siehe Seite 69.

Zu § 35. Wenn ein Geschäft an einem anderen Orte einen Vertreter hat, so entsteht oft Streit darüber, ob dieser Vertreter eine Filiale des Geschäfts darstellt oder nicht. Ist er ermächtigt, Geschäfte für Rechnung des Chefs endgültig abzuschließen, so hat das Geschäft am Orte eine Filiale und unterliegt der Gemeinde=Einkommensteuer. Hat der Vertreter diese Befugnis nicht, sammelt er bloß Aufträge, um an die Firma zu berichten, so ist seine Agentur keine Filiale: er hat zwar für seine Person Gemeinde=Einkommensteuer zu zahlen, aber die auswärtige Firma hat nichts damit zu thun. — Wenn ein Unternehmer an einem anderen Orte eine Fabrik, eine Werkstätte oder eine Verkaufsstelle errichtet, so kann er für diesen Teil seines Einkommens immer zur Gemeinde=Einkommensteuer herangezogen werden.

Zu § 36 und § 37. Der § 36 giebt die Regel an, der § 37 die Ausnahme. In der Regel muß die Gemeinde ihre Einkommensteuer als einfachen Zuschlag zur Staatssteuer erheben. Nur als seltene Ausnahme und mit besonderer Genehmigung ist es gestattet, hiervon abzuweichen und z. B. die Zuschläge zu den verschiedenen Stufen verschieden zu bemessen (vgl. Seite 59 bis 60).

§ 37. Besondere Gemeinde-Einkommensteuern sind nur aus besonderen Gründen gestattet und bedürfen der Genehmigung. Die bei der Veranlagung zur Staats-Einkommensteuer erfolgte Feststellung des Einkommens und die Stufen des Steuertarifs der Staats-Einkommensteuer dürfen nicht abgeändert werden. Veränderungen der Sätze des Steuertarifs sind nur mit der Maßgabe zulässig, daß der Prozentsatz der Besteuerung des Einkommens bei den unteren Stufen nicht höher sein darf als bei den oberen Stufen, und daß das im Tarif der Staats-Einkommensteuer enthaltene Steigerungsverhältnis der Sätze nicht zu Ungunsten der oberen Stufen geändert werden darf.

Die Beibehaltung bestehender besonderer Gemeinde-Einkommensteuern kann mit Zustimmung der Minister des Inneren und der Finanzen ausnahmsweise und aus besonderen Gründen auch dann genehmigt werden, wenn sie den Vorschriften der Bestimmungen des Absatzes 1 nicht entsprechen.

Die Vorschriften des § 36 Absatz 2 und 3 finden auf die besonderen Gemeinde-Einkommensteuern entsprechende Anwendung.

§ 38. Steuerpflichtige mit einem Einkommen von nicht mehr als 900 Mark werden, sofern in den Steuerordnungen (§§ 23 Absatz 5, 37) nicht abweichende Bestimmungen getroffen sind, zu der Einkommensteuer nach Maßgabe folgender Steuersätze veranlagt:

1) bei einem Einkommen von nicht mehr als 420 Mark nach einem Steuersatze von $^2/_5$ vom Hundert des steuerpflichtigen Einkommens bis zum Höchstbetrage des Steuersatzes von 1,20 Mark;
2) bei einem Einkommen von mehr als 420 Mark bis einschließlich 660 Mark nach einem Steuersatze von 2,40 Mark;
3) bei einem Einkommen von mehr als 660 Mark nach einem Steuersatze von 4 Mark.

Steuerpflichtige mit einem Einkommen von nicht mehr als 900 Mark können durch Gemeindebeschluß, wenn die Deckung des Bedarfs der Gemeinde ohnehin gesichert ist, von der Beitragspflicht entbunden oder mit einem geringeren Prozentsatze herangezogen werden. Der Beschluß bedarf der Genehmigung. Ihre Freilassung muß erfolgen, sofern sie im Wege der öffentlichen Armenpflege fortlaufende Unterstützung erhalten.

§ 39. Die Gemeinde kann beschließen, Ausländer und Angehörige anderer Bundesstaaten, welche in der Gemeinde einen Wohnsitz, aber nicht des Erwerbes wegen haben, auf die Dauer von höchstens drei Jahren zu der Gemeinde-Einkommensteuer nicht oder nur mit einem ermäßigten Prozentsatze heranzuziehen.

Der Beschluß bedarf der Genehmigung.

§ 40. Von der Gemeinde-Einkommensteuer sind befreit:

1) die Mitglieder des Königlichen Hauses und des Hohenzollernschen Fürstenhauses,
2) die bei dem Kaiser und Könige beglaubigten Vertreter fremder Mächte und die Bevollmächtigten anderer Bundesstaaten zum Bundesrate, die ihnen zugewiesenen Beamten, sowie die in ihren und ihrer Beamten Diensten stehenden Personen, soweit sie Ausländer sind,
3) diejenigen Personen, denen sonst nach völkerrechtlichen Grundsätzen oder nach besonderen, mit anderen Staaten getroffenen Vereinbarungen ein Anspruch auf Befreiung zukommt.

Die Befreiungen zu Nr. 2 und 3 erstrecken sich nicht auf das in § 33 Nr. 2 bezeichnete Einkommen und bleiben ausgeschlossen, sofern in den betreffenden Staaten Gegenseitigkeit nicht gewährt wird.

Die bestehenden gesetzlichen Bestimmungen, gemäß welchen Standesherren und deren Familien von Gemeindelasten befreit sind, bleiben — unbeschadet der Vorschriften in den §§ 21, 22 des gegenwärtigen Gesetzes — unberührt.

§ 41. Die Heranziehung der unmittelbaren und mittelbaren Staatsbeamten, Beamten des Königlichen Hofes, der Geistlichen, Kirchendiener und

---

Anmerkungen.

Zu § 38. Bei 300 Mark beträgt der Steuersatz von 1,20 Mark gerade $^2/_5$ Prozent. Bei noch kleineren Einkommen dürfte also nicht mehr der volle Steuersatz genommen werden. Vgl. Seite 59.

Zu § 41. Nach diesem Paragraphen bleiben die Vorrechte der Beamten unverändert fortbestehen (Seite 60 bis 61). — Wenn ein Berliner Amtsrichter in Charlottenburg wohnt, so bezeichnen die Gesetze seinen Amts-

Elementarschullehrer, sowie der Witwen und Waisen dieser Personen zu Einkommen- und Aufwandssteuern (§ 23) wird durch besonderes Gesetz geregelt. Bis zum Erlasse dieses Gesetzes kommen die Bestimmungen der Verordnung, betreffend die Heranziehung der Staatsdiener zu den Kommunalauflagen in den neu erworbenen Landesteilen, vom 23. September 1867 (Gesetz-Sammlung Seite 1648) mit der Maßgabe zur Anwendung, daß das notwendige Domizil außer Berücksichtigung bleibt.

§ 42. Hinsichtlich der Heranziehung der Militärpersonen zu den auf das Einkommen gelegten Gemeindeabgaben bewendet es bei den bestehenden Bestimmungen.

Die Mitglieder der Gendarmerie gelten als Militärpersonen im Sinne dieses Gesetzes.

§ 43. Den Gemeinden sind Vereinbarungen mit Steuerpflichtigen gestattet, wonach von fabrikmäßigen Betrieben und von Bergwerken an Stelle der Gemeindesteuer vom Einkommen und vom Gewerbebetriebe ein für mehrere Jahre im voraus zu bestimmender fester jährlicher Steuerbeitrag zu entrichten ist. Die Vereinbarung bedarf der Genehmigung.

b. Berechnung des steuerpflichtigen Einkommens der fiskalischen Domänen, Staats- und Privatbahnen.

§ 44. Das Reineinkommen aus fiskalischen Domänen und Forsten ist für die einzelnen Liegenschaften aus dem Grundsteuer-Reinertrage nach dem Verhältnis zu berechnen, in welchem der in der betreffenden Provinz aus den Domänen- und Forstgrundstücken erzielte etatsmäßige Überschuß der Einnahmen über die Ausgaben unter Berücksichtigung der auf denselben ruhenden Verbindlichkeiten und Verwaltungskosten zum Grundsteuer-Reinertrage steht.

Das Verhältnis ist durch den zuständigen Minister alljährlich endgültig festzustellen und öffentlich bekannt zu machen.

§ 45. Als Reineinkommen der Staats- und für Rechnung des Staats verwalteten Eisenbahnen gilt der rechnungsmäßige Überschuß der Einnahmen über die Ausgaben mit der Maßgabe, daß unter die Ausgaben eine $3^1/_2$ prozentige Verzinsung des Anlage- beziehungsweise Erwerbskapitals nach der amtlichen Statistik der im Betriebe befindlichen Eisenbahnen zu übernehmen ist. Der sich danach ergebende steuerpflichtige Gesamtbetrag ist durch den zuständigen Minister alljährlich endgültig festzustellen und öffentlich bekannt zu machen.

§ 46. Als Reineinkommen der Privateisenbahn-Unternehmungen gilt der nach Vorschrift der Gesetze vom 30. Mai 1853 (Gesetz-Sammlung Seite 449) und 16. März 1867 (Gesetz-Sammlung Seite 465) behufs Erhebung der Eisenbahnabgabe für jede derselben ermittelte (beziehungsweise zu ermittelnde) Überschuß abzüglich der Eisenbahnabgabe mit der Maßgabe, daß bei der Berechnung nach dem Gesetze vom 16. März 1867 die zur Verzinsung und planmäßigen Tilgung der etwa gemachten Anleihen erforderlichen Beträge als Ausgabe mit in Anrechnung gebracht werden dürfen. Die sich danach ergebenden steuerpflichtigen Beträge sind von den mit der Aufsicht über die Privateisenbahn-Unternehmungen betrauten Staatsbehörden alljährlich endgültig festzustellen und öffentlich bekannt zu machen.

Auf Kleinbahnen (Gesetz vom 28. Juli 1892, Gesetz-Sammlung Seite 225) findet die vorstehende Bestimmung keine Anwendung.

Anmerkungen.

sitz Berlin ohne Rücksicht auf seinen wirklichen Wohnort als sein „notwendiges Domizil“. Für die Gemeinde-Einkommensteuer darf aber nicht das „notwendige Domizil“ sondern nur der wirkliche Wohnort in Betracht kommen. Jener Amtsrichter also würde nicht von der Stadt Berlin, sondern von der Stadt Charlottenburg zur Gemeinde-Einkommensteuer herangezogen werden.

Zu § 42. Siehe Seite 61.

Zu § 44 bis § 46. In der Besteuerung der Staatsdomänen, sowie der Eisenbahnen tritt keine Änderung ein.

c. Vermeidung von Doppelbesteuerung.

§ 47. Die Verteilung des gemeindesteuerpflichtigen Einkommens aus dem Besitze oder Betriebe einer sich über mehrere Preußische Gemeinden erstreckenden Gewerbe- oder Bergbau-Unternehmung erfolgt, sofern nicht zwischen den beteiligten Gemeinden und dem Steuerpflichtigen ein anderweiter Maßstab vereinbart ist, in der Weise, daß:

a) bei Versicherungs-, Bank- und Kreditgeschäften derjenigen Gemeinde, in welcher die Leitung des Gesamtbetriebes stattfindet, der zehnte Teil des Gesamteinkommens vorab überwiesen, dagegen der Überrest nach Verhältnis der in den einzelnen Gemeinden erzielten Bruttoeinnahme verteilt,

b) in den übrigen Fällen das Verhältnis der in den einzelnen Gemeinden erwachsenen Ausgaben an Gehältern und Löhnen, einschließlich der Tantièmen des Verwaltungs- und Betriebspersonals, zu Grunde gelegt wird. Bei Eisenbahnen kommen jedoch die Gehälter, Tantièmen und Löhne desjenigen Personals, welches in der allgemeinen Verwaltung beschäftigt ist, nur mit der Hälfte, des in der Werkstätten-Verwaltung und im Fahrdienst beschäftigten Personals nur mit zwei Dritteilen ihrer Beträge zum Ansatz.

Erstreckt sich eine Betriebsstätte, Station rc., innerhalb deren Ausgaben an Gehältern und Löhnen erwachsen, über den Bezirk mehrerer Gemeinden, so hat die Verteilung nach Lage der örtlichen Verhältnisse unter Berücksichtigung des Flächenverhältnisses und der den beteiligten Gemeinden durch das Vorhandensein der Betriebsstätte, Station u. s. w. erwachsenen Kommunallasten zu erfolgen.

Bei den Staats- und für Rechnung des Staats verwalteten Eisenbahnen wird bis zum 1. April 1896 ein Dritteil des gesamten nach § 36 steuerpflichtigen Reineinkommens dieser Bahnen denjenigen Gemeinden, welche vor dem 1. April 1880 steuerberechtigt waren und dieses Recht thatsächlich ausgeübt haben, zur Verteilung nach Verhältnis der im Durchschnitt der dem 1. April 1880 vorangegangenen drei Steuerjahre zu den Gemeindeabgaben herangezogenen Reinerträge vorab überwiesen. Der Überrest wird nach den vorstehend unter b angegebenen Grundsätzen auf sämtliche nach §§ 33, 35 berechtigte Gemeinden verteilt. Vom 1. April 1896 ab erfolgt die Verteilung nach den Grundsätzen unter b bei allen steuerberechtigten Gemeinden.

§ 48. Die Ermittelung der Bruttoeinnahmen der Versicherungs-, Bank- und Kreditgeschäfte, sowie der Ausgaben an Löhnen und Gehältern (§ 47) erfolgt in dreijährigem Durchschnitt nach Einsicht eines den steuerberechtigten Gemeinden von dem Unternehmer bezw. Gesellschaftsvorstande jährlich mitzuteilenden Verteilungsplanes. Derselbe ist bezüglich der Staatseisenbahnen (§ 45) für jeden Direktionsbezirk besonders aufzustellen.

§ 49. Bei Veranlagung der Steuerpflichtigen zur Einkommensteuer in ihren Wohnsitzgemeinden ist, unbeschadet der Bestimmungen des § 35, derjenige Teil des

---

Anmerkungen.

Zu **§ 47.** Bei einer Eisenbahn ist das gesamte Einkommen ziemlich leicht zu berechnen (§§ 45 und 46). Es ist aber schwer zu sagen, wie viel davon auf jede einzelne Station entfällt Das Gesetz schreibt vor, daß der Gesamtgewinn auf die einzelnen Stationen nach ihrer Größe verteilt, auf die große Station viel, auf die kleine wenig gerechnet werden soll. Die Größe einer Station soll berechnet werden nach den Gehältern und Löhnen, die an ihr zu zahlen sind. Ebenso ist es bei anderen Betrieben zu halten, die sich ungetrennt über mehrere Gemeinden erstrecken. — Nur für Versicherungs-, Bank- und Kreditgeschäfte schreibt das Gesetz eine andere Verteilung vor. Hier erhält die Gemeinde, an welcher sich der Sitz der Gesellschaft u. s. w. befindet, vorweg 1/10 zur Besteuerung. Die übrigen 9/10 werden zwar auf die einzelnen Gemeinden nach der Größe des dortigen Geschäftsumfanges verteilt; aber die Größe wird hier nicht nach den gezahlten Gehältern, sondern nach den Brutto-Einnahmen berechnet. — Übrigens enthält dieser ganze Paragraph keine neue Bestimmung; es ist bisher schon ebenso gehalten worden.

Zu **§ 49 bis § 51.** Wie es zu halten ist, wenn dieselbe Person an mehreren Orten Gemeinde-Einkommensteuer zu zahlen hat, ist Seite 68 bis 69 ausführlich auseinandergesetzt.

Gesamteinkommens, welcher in anderen Preußischen Gemeinden aus Grundvermögen, Handels- oder gewerblichen Anlagen, einschließlich der Bergwerke, aus Handels- und Gewerbebetrieb, einschließlich des Bergbaues, sowie aus der Beteiligung an dem Unternehmen einer Gesellschaft mit beschränkter Haftung (§ 33 Nr. 2) gewonnen wird, außer Berechnung zu lassen. Zu diesem Behufe wird das Gesamteinkommen des Steuerpflichtigen eingeschätzt und der so ermittelte Steuerbetrag dem Verhältnis des außer Berechnung zu lassenden Einkommens zu dem Gesamteinkommen entsprechend herabgesetzt.

Die Gemeinde, in welcher der Steuerpflichtige seinen Wohnsitz hat, ist jedoch, wenn das steuerpflichtige Einkommen weniger als ein Viertel des Gesamteinkommens beträgt, berechtigt, durch Gemeindebeschluß ein volles Viertel des Gesamteinkommens unter entsprechender Verkürzung des einer oder mehreren Forensal-Gemeinden zur Besteuerung zufallenden Einkommens für sich zur Besteuerung in Anspruch zu nehmen. Steht dieser Anspruch mehreren Wohnsitzgemeinden zu, so ist dieser Bruchteil nach Maßgabe des § 50 zu verteilen.

§ 50. Bei der Einschätzung von Personen von mehrfachem Wohnsitz innerhalb des Preußischen Staatsgebiets in ihren Wohnsitzgemeinden verbleibt derjenige Teil des Einkommens, welcher aus Grundvermögen, Handels- oder gewerblichen Anlagen, einschließlich der Bergwerke, aus Handel oder Gewerbe, einschließlich des Bergbaues, sowie aus der Beteiligung an dem Unternehmen einer Gesellschaft mit beschränkter Haftung (§ 33 Nr. 2) fließt, der Belegenheits- bezw. der Betriebsgemeinde. Beträgt jedoch dieser Teil des Einkommens mehr als drei Viertel des gesamten Einkommens des Steuerpflichtigen, so gelangt die Bestimmung im § 49 Absatz 2 dieses Gesetzes sinngemäß zur Anwendung.

Neuanziehende, welche in einer Gemeinde wegen ihres die Dauer von drei Monaten übersteigenden Aufenthalts zu den Gemeindesteuern herangezogen werden (§ 33 Absatz 4), sind insoweit denjenigen gleichgestellt, welche in dieser Gemeinde ihren Wohnsitz haben.

Im übrigen dürfen Personen mit mehrfachem Wohnsitz in jeder Peußischen Wohnsitzgemeinde nur von einem der Zahl derselben entsprechenden Bruchteil ihres Einkommens herangezogen werden. Zu diesem Behufe wird der für das Gesamteinkommen berechnete Steuersatz auf die Wohnsitzgemeinden nach der Zahl derselben gleichmäßig verteilt. Wohnsitzgemeinden, in welchen der Steuerpflichtige sich im Laufe des vorangegangenen Rechnungsjahres überhaupt nicht oder kürzere Zeit als drei Monate aufgehalten hat, werden hierbei nicht mitgezählt.

§ 51. Ist das der Staats-Einkommensteuer unterliegende Gesamteinkommen eines Steuerpflichtigen nach seinen Teilen in mehreren Preußischen Gemeinden steuerpflichtig, so darf das in diesen Gemeinden steuerpflichtige Einkommen im ganzen den Höchstbetrag derjenigen Steuerstufe nicht übersteigen, in welche der Steuerpflichtige bei der Veranlagung zur Staats-Einkommensteuer eingeschätzt worden ist. Zu diesem Behufe sind die Teile des Einkommens, sofern sie auch nach erfolgter Richtigstellung im ganzen den Höchstbetrag der Steuerstufe übersteigen, verhältnismäßig herabzusetzen (§§ 71 bis 74).

Besitzt der Steuerpflichtige in einer Gemeinde verschiedene Quellen von Einkommen, so sind dieselben für die Besteuerung in der Gemeinde als ein Ganzes zu erachten.

§ 52. In den Fällen der §§ 47 bis 51 sind behufs Ermittelung des gemeindesteuerpflichtigen Einkommens die selbständigen Gutsbezirke den Gemeinden gleich zu achten.

3. Verpflichtung der Betriebsgemeinden zur Leistung von Zuschüssen.

§ 53. Wenn einer Gemeinde, welcher ein Besteuerungsrecht nach § 35 nicht zusteht, durch den in einer anderen Gemeinde stattfindenden Betrieb von Berg-, Hütten- oder Salzwerken, Fabriken oder Eisenbahnen nachweisbar Mehrausgaben für Zwecke des öffentlichen Volksschulwesens oder der öffentlichen Armenpflege erwachsen, welche im Verhältnisse zu den ohne diese Betriebe für die erwähnten Zwecke notwendigen Gemeindeausgaben einen erheblichen Umfang erreichen und eine Überbürdung der Steuerpflichtigen herbeizuführen geeignet sind, so ist eine solche Gemeinde berechtigt, von der Betriebsgemeide einen angemessenen Zuschuß zu verlangen. Bei der Bemessung desselben sind neben der Höhe der Mehrausgaben auch die nachweisbar der Gemeinde erwachsenden Vorteile zu berücksichtigen. Die Zuschüsse der Betriebsgemeinde dürfen in keinem Falle mehr als die Hälfte der gesamten in der Betriebsgemeinde von den betreffenden Betrieben zu erhebenden direkten Gemeindesteuern betragen.

Liegt der Betrieb in einem Gutsbezirk, so richtet sich der Anspruch gegen den Gewerbetreibenden; der Zuschuß darf in diesem Falle den vollen Satz der staatlich veranlagten Gewerbesteuer nicht übersteigen.

Über den Anspruch beschließt in den Fällen, in welchen keine Einigung der Beteiligten erfolgt, der Kreisausschuß, soweit die Stadt Berlin oder andere Stadtgemeinden beteiligt sind, der Bezirksausschuß. Gegen den Beschluß findet innerhalb zwei Wochen der Antrag auf mündliche Verhandlung im Verwaltungs-Streitverfahren statt.

Zutreffendenfalls kommen die Bestimmungen des § 58 des Gesetzes über die allgemeine Landesverwaltung vom 30. Juli 1883 (Gesetz-Sammlung Seite 195) dahin zur Anwendung, daß auch in den Fällen, in welchen die Stadt Berlin beteiligt ist, der Minister des Innern den Bezirksausschuß bestimmt, welcher zu beschließen hat.

4. Verteilung des Steuerbedarfs auf die verschiedenen Steuerarten.

§ 54. Die vom Staate veranlagten Realsteuern sind in der Regel mindestens zu dem gleichen und höchstens zu einem um die Hälfte höheren Prozentsatze zur Kommunalsteuer heranzuziehen, als Zuschläge zur Staats-Einkommensteuer erhoben werden.

So lange die Realsteuern 100 Prozent nicht übersteigen, ist die Freilassung der Einkommensteuer oder eine Heranziehung derselben mit einem geringeren als dem im ersten Absatze bezeichneten Prozentsatze zulässig.

Werden mehr als 150 Prozent der staatlich veranlagten Realsteuern erhoben und ist die Staats-Einkommensteuer mit 150 Prozent belastet, so können von dem Mehrbetrage für jedes Prozent der staatlich veranlagten Realsteuern 2 Prozent der Staats-Einkommensteuer erhoben werden.

Mehr als 200 Prozent der Realsteuern dürfen in der Regel nicht erhoben werden.

§ 55. Zuschläge über den vollen Satz der Staats-Einkommensteuer hinaus, sowie Abweichungen von den im § 54 enthaltenen Vorschriften bedürfen der Genehmigung; die Abweichungen sind nur aus besonderen Gründen zu gestatten.

In beiden Fällen ist davon auszugehen, daß Aufwendungen der Gemeinde, welche in überwiegendem Maße dem Grundbesitze und dem Gewerbebetriebe zum Vorteile gereichen, insoweit in der Regel durch Realsteuern gedeckt werden sollen, sofern die Ausgleichung nicht nach §§ 4, 9, 10 oder 20 erfolgt. Zu solchen Aufwendungen gehören namentlich die Ausgaben für den Bau und die Unterhaltung von Straßen und Wegen, für Ent- und Bewässerungsanlagen, sowie für die Verzinsung und Tilgung der zu derartigen Zwecken aufgenommenen Schulden.

§ 56. Zur Deckung des durch Realsteuern aufzubringenden Steuerbedarfs sind die veranlagten Grund-, Gebäude- und Gewerbesteuern in der Regel mit dem gleichen Prozentsatze heranzuziehen.

Genießen jedoch die Grund- (Haus-) Besitzer oder Gewerbetreibenden von Veranstaltungen der Gemeinde besondere Vorteile oder verursachen sie der Gemeinde besondere Kosten, so ist, sofern die Ausgleichung nicht nach §§ 4, 9, 10 oder 20 erfolgt, der durch die Realsteuern aufzubringende Steuerbedarf (§§ 54, 55) auf die Steuern vom Grund- (Haus-) Besitz und Gewerbebetrieb, in Prozenten der veranlagten Realsteuern berechnet, anderweitig entsprechend unterzuverteilen, jedoch mit der Maßgabe, daß Grund- und Gebäudesteuer höchstens doppelt so stark herangezogen werden, wie die Gewerbesteuer und umgekehrt.

Ausnahmen können aus besonderen Gründen von den Ministern des Innern und der Finanzen zugelassen werden.

Vorstehende Bestimmungen finden sinngemäße Anwendung auf die Heranziehung der Grundsteuer im Verhältnis zur Gebäudesteuer.

Die Unterverteilung (Absatz 2 und 4) bedarf der Genehmigung.

§ 57. Bei der Verteilung des Steuerbedarfs (§§ 54, 55, 56) ist das Aufkommen besonderer Gemeindesteuern (§ 23 Absatz 2, §§ 25, 29, 37) je nach ihrer Einrichtung und Beschaffenheit auf denjenigen Teil des Steuerbedarfs zu verrechnen, welcher durch Prozente der entsprechenden vom Staate veranlagten Steuer aufzubringen ist.

Mietssteuern von gewerblich benutzten Räumen sind auf die Gewerbesteuer zu verrechnen.

§ 58. Die Bestimmungen der §§ 54, 56 und 57 finden auf die Betriebssteuer und auf die Steuern von Bauplätzen (§ 27 Absatz 2) keine Anwendung. Zuschläge zu der Betriebssteuer, die 100 Prozent übersteigen, bedürfen der Genehmigung.

§ 59. Über die Verteilung des Steuerbedarfs nach den vorstehenden Bestimmungen (§§ 54 bis 57) hat die Gemeinde bis zum Ablaufe der ersten drei Monate des Rechnungsjahres Beschluß zu fassen. Kommt bis zu diesem Zeitpunkte ein giltiger Beschluß nicht zustande, so werden behufs Deckung des Steuerbedarfs — unbeschadet der Vorschrift im § 96 Absatz 4 — die Realsteuern mit einem um die Hälfte höheren Prozentsatze als die Einkommensteuer, unter sich nach gleichen Prozentsätzen, herangezogen. Die Aufsichtsbehörde ist jedoch befugt, die Deckung des Steuerbedarfs nach Maßgabe der §§ 54, 55 anzuordnen.

Der hiernach zur Anwendung gelangende Maßstab behält so lange Geltung, als nicht bis zum Ablaufe der ersten drei Monate des jedesmaligen Rechnungsjahres ein giltiger Gemeindebeschluß über die Verteilung des Steuerbedarfs zustande gekommen ist.

5. Zeitliche Begrenzung der Steuerpflicht.

§ 60. Soweit sich die Gemeindesteuern den Staatssteuern anschließen und etwas anderes nicht bestimmt ist, gelten für den Zeitpunkt des Beginnes und des Erlöschens der Steuerpflicht die für die entsprechende Staatssteuer bestehenden Vorschriften.

Anmerkungen.

Zu § 60. Wenn jemand seinen Wohnsitz in einer Gemeinde aufschlägt, so beginnt dort seine Steuerpflicht am Ersten des nächsten Monats. Ebenso, wenn er in einer Gemeinde ein Grundstück kauft, einen Gewerbebetrieb eröffnet u. s. w. Wie aber soll es gehalten werden, wenn jemand sich in einer Gemeinde längere Zeit aufhält, ohne daselbst einen Wohnsitz zu nehmen? Als längeren Aufenthalt gilt vor dem Gesetz erst ein Aufenthalt von 3 Monaten. Sind die 3 Monate um, so beginnt vom Ersten des nächsten Monats die Steuerpflicht in der neuen Gemeinde, gilt aber rückwärts für 3 Monate. Wer z. B. am 10. April auf Sommerwohnung zieht, kann am 1. August zur Gemeinde-Einkommensteuer in der Sommerfrische herangezogen werden, dann aber nicht bloß für den Rest seines Aufenthalts, sondern auch noch nachträglich für die Monate Mai, Juni, Juli. Dies will das Gesetz für den vorliegenden Fall sagen; es ist nur etwas schwer verständlich ausgedrückt.

Im übrigen gelten hinsichtlich der Dauer der Steuerpflicht folgende Bestimmungen:

1. Die Steuerpflicht beginnt:
   a) soweit sie von der Begründung eines Wohnsitzes oder Sitzes in einer Gemeinde abhängt, mit dem ersten Tage des auf die Begründung des Wohnsitzes oder Sitzes folgenden Monats;
   b) soweit sie von dem Aufenthalte in einer Gemeinde abhängt, mit dem ersten Tage des nach dem Ablaufe der maßgebenden Aufenthaltsfrist (§ 33 Absatz 4) beginnenden Monats;
   c) soweit sie durch Grundvermögen, Betrieb von Handel oder Gewerbe, einschließlich des Bergbaues, bedingt ist (§§ 33 Nr. 2, § 35), mit dem ersten Tage des auf den Erwerb des Grundvermögens oder den Beginn des Betriebes folgenden Monats.

   Ist in dem zu b bezeichneten Falle die Steuerpflicht infolge des Ablaufs der Aufenthaltsfrist oder der früheren Begründung eines Wohnsitzes eingetreten, so muß die Steuer seit dem ersten Tage des nach erfolgter Aufenthaltsnahme begonnenen Monats nachentrichtet werden.

2. Die Steuerpflicht erlischt:
   a) durch den Tod des Steuerpflichtigen mit dem Ablaufe des Monats, in welchem der Tod erfolgt ist;
   b) durch das Aufgeben des Wohnsitzes, Sitzes oder Aufenthalts mit dem Ablaufe des Monats, in welchem der Wohnsitz, Sitz oder Aufenthalt thatsächlich aufgegeben worden ist, sofern jedoch bis zu diesem Zeitpunkte der Gemeindebehörde hiervon keine Anzeige erstattet ist, erst mit dem Ablaufe des folgenden Monats;
   c) durch die Veräußerung des Grundvermögens beziehungsweise die Einstellung des die Steuerpflicht bedingenden Betriebes von Handel oder Gewerbe, einschließlich des Bergbaues (§ 33 Nr. 2, § 35), mit dem Ablaufe des Monats, in welchem die Veräußerung beziehungsweise die Einstellung des Betriebes erfolgt ist.

6. Veranlagung und Erhebung.

§ 61. Die Veranlagung erfolgt durch den Gemeindevorstand oder einen besonderen Steuerausschuß der Gemeinde.

Die Zusammensetzung und die Geschäftsordnung der Steuerausschüsse sind unter sinngemäßer Anwendung der Vorschriften der §§ 50 Absatz 3 bis einschließlich 54 des Einkommensteuer-Gesetzes vom 24. Juni 1891 durch Gemeindebeschluß zu bestimmen.

§ 62. Dem Gemeindevorstande (Steuerausschuß) sind von den zuständigen Staatsbehörden diejenigen bei der Veranlagung oder Festsetzung der Staatssteuern bekannt gewordenen Besteuerungsmerkmale, deren er für die Veranlagung bedarf, auf Ersuchen mitzuteilen.

Zu dem gleichen Zwecke haben die Behörden anderer Gemeinden hinsichtlich der ihnen bekannten Besteuerungsmerkmale dem Gemeindevorstande (Steuerausschuß) auf Erfordern Auskunft zu erteilen.

§ 63. Durch die Steuerordnung können die Rechte des Gemeindevorstandes (Steuerausschusses) und die Obliegenheiten der Steuerpflichtigen nach Maßgabe folgender Bestimmungen geregelt werden.

Der Gemeindevorstand (Steuerausschuß) kann, soweit er nicht auf anderem Wege (§ 62) zur Kenntnis der für die Veranlagung maßgebenden Besteuerungsmerkmale gelangt ist, ermächtigt werden, von den Steuerpflichtigen hierüber binnen einer angemessenen Frist Auskunft zu erfordern. Die Aufforderung muß in jedem einzelnen Falle durch eine besondere, dem Steuerpflichtigen zuzustellende Zuschrift erfolgen.

Die Verpflichtung zur Auskunftserteilung erstreckt sich nur auf die Beantwortung der bei der Aufforderung gestellten Fragen über bestimmte Thatsachen. Soweit es sich um Schätzungen handelt, ist der Steuerpflichtige eine Erklärung abzugeben berechtigt, aber nicht verpflichtet.

Wird die Auskunftserteilung beanstandet, so sind dem Steuerpflichtigen vor der Veranlagung die Gründe der Beanstandung mit dem Anheimstellen mitzuteilen, hierüber binnen einer angemessenen Frist eine weitere Erklärung abzugeben.

Die im Vorstehenden wegen der Steuerpflichtigen getroffenen Bestimmungen finden auf Bevollmächtigte und gesetzliche Vertreter der Steuerpflichtigen sinngemäße Anwendung.

§ 64. Durch Steuerordnung kann bestimmt werden, daß die Veranlagung besonderer Realsteuern für mehrere auf einander folgende Rechnungsjahre zu erfolgen hat. Soweit eine Bestimmung nicht getroffen ist, geschieht die Veranlagung für je ein Rechnungsjahr.

§ 65. Im Falle der Erhebung von Prozenten der vom Staate veranlagten Realsteuern sowie von Zuschlägen zur Staats=Einkommensteuer erfolgt die Bekanntmachung der Steuern durch den Gemeindevorstand für diejenigen Steuerpflichtigen, bezüglich deren die staatlich veranlagte Steuer die unveränderte Grundlage der Prozente oder Zuschläge bildet, durch eine in ortsüblicher Weise zu bewirkende Veröffentlichung der zu erhebenden Prozentsätze, für andere Steuerpflichtige durch besondere Mitteilung.

Bei Erhebung besonderer Gemeindesteuern geschieht die Bekanntmachung durch den Gemeindevorstand für die im Gemeindebezirke wohnenden steuerpflichtigen physischen Personen mittelst Auslegung der Hebeliste während eines zweiwöchigen Zeitraumes in einem oder mehreren, in ortsüblicher Weise zur öffentlichen Kenntnis zu bringenden Räumen des Gemeindebezirks, für die übrigen Steuerpflichtigen durch besondere Mitteilung.

Bei Zugängen im Laufe des Jahres bedarf es stets besonderer Mitteilung.

Durch Gemeindebeschluß kann an Stelle der Bekanntmachung durch Auslegung eine besondere Mitteilung an jeden einzelnen Pflichtigen angeordnet werden.

§ 66. Nach erfolgter Bekanntmachung (§ 65) ist die Steuer in den ersten 8 Tagen eines jeden Monats zu entrichten. An Stelle des Monats kann durch Gemeindebeschluß eine zwei= oder dreimonatliche Hebeperiode eingeführt werden. Auch können durch Gemeindebeschluß bestimmte Hebungstage festgesetzt werden.

Wenn die zu erhebenden Prozentsätze der vom Staate veranlagten Realsteuern oder die Zuschläge zur Einkommensteuer 50 vom Hundert nicht übersteigen, so kann durch Gemeindebeschluß unter Festsetzung der Hebetermine die Hebung der Steuer in halbjährlichen Beträgen oder auch im Betrage des ganzen Jahres angeordnet werden.

Dem Pflichtigen ist stets die Vorausbezahlung mehrerer Raten bis zum ganzen Jahresbetrage gestattet.

Anmerkungen.

Zu § 63. Vorletzter Satz. „mit dem Anheimstellen", d. h. es liegt in seinem freien Willen, ob er genauer antworten will oder nicht. Unterläßt er aber die Antwort, so hat er etwaige schlimme Folgen sich selbst zuzuschreiben (vergl. Seite 125 zu § 38).

Zu § 65. Der Paragraph ordnet an, wie der Gemeindevorstand die Steuerpflichtigen benachrichtigen soll. Ist beschlossen, bestimmte Prozente der Staatssteuern zu erheben, so genügt es im allgemeinen, dies öffentlich bekannt zu machen; jeder kann sich dann seine Gemeindesteuer selbst ausrechnen. Nur der Beamte, der zur Gemeinde=Einkommensteuer anders veranlagt wird als zur staatlichen, der auswärts wohnende Grundbesitzer, den die Gemeinde nur von einem Teile seines Einkommens heranziehen darf und ähnl., müssen eine besondere briefliche Mitteilung erhalten. — Richtet die Gemeinde sich eine „besondere" Gemeindesteuer ein, die von der staatlichen abweicht, so muß sie die Hebeliste für alle Einwohner der Gemeinde öffentlich auslegen; jedem Steuerpflichtigen, der auswärts wohnt, muß seine Steuer brieflich mitgeteilt werden; den Aktien=Gesellschaften, Genossenschaften u. s. w. ist in diesem Falle auch eine besondere Mitteilung zu machen, mag ihr Hauptsitz sich am Orte befinden oder nicht.

§ 67. Die Gemeinden können die von den Mitgliedern einer Gesellschaft mit beschränkter Haftung gemäß § 33 Nr. 2 und 3 zu entrichtende Gemeinde-Einkommensteuer von der Gesellschaft einziehen.

Vierter Titel.

Naturaldienste.

§ 68. Die Steuerpflichtigen können durch Gemeindebeschluß zu Naturaldiensten (Hand- und Spanndiensten) herangezogen werden.

Spanndienste sind von den Grundbesitzern nach dem Verhältnis der Anzahl der Zugtiere, welche die Bewirtschaftung ihres im Gemeindebezirk belegenen Grundbesitzes erfordert, Handdienste von sämtlichen Steuerpflichtigen gleichheitlich zu leisten. Ob und inwieweit hierbei den gespannhaltenden Grundbesitzern die ihnen obliegenden Spanndienste auf das Maß der auf sie entfallenden Handdienste anzurechnen sind, bestimmt sich nach den hierüber getroffenen vertragsmäßigen oder statutarischen Festsetzungen oder dem Herkommen. Im Zweifelsfalle wird vermutet, daß die gespannhaltenden Grundbesitzer nur bei solchen Arbeiten, bei welchen zugleich Spanndienste vorkommen, von den Handdiensten befreit sind. Abweichungen von diesen Bestimmungen, insbesondere die Heranziehung von anderen gespannhaltenden Steuerpflichtigen zu Spanndiensten, bedürfen der Genehmigung.

Die Dienste können mit Ausnahme von Notfällen durch taugliche Stellvertreter abgeleistet werden.

Die Gemeinde kann gestatten, daß an Stelle des Naturaldienstes ein angemessener Geldbeitrag geleistet wird.

Die gemäß § 38 dieses Gesetzes von den Gemeindeabgaben ganz oder teilweise freigelassenen Steuerpflichtigen können nach Maßgabe der Bestimmung des Absatzes 2 zu Naturaldiensten herangezogen werden.

Die in §§ 40, 41, 42 aufgeführten Personen sind von Naturaldiensten, soweit diese nicht auf den ihnen gehörigen Grundstücken lasten, befreit; untere Kirchendiener insoweit, als ihnen diese Befreiung seither rechtsgiltig zustand.

Fünfter Titel.

Rechtsmittel.

§ 69. Dem Abgabepflichtigen steht gegen die Heranziehung (Veranlagung) zu Gebühren, Beiträgen, Steuern und Naturaldiensten der Einspruch zu. Das Rechtsmittel ist binnen einer Frist von 4 Wochen bei dem Gemeindevorstande einzulegen.

Der Lauf der Frist beginnt:

1) soweit die Bekanntmachung durch Auslegung der Hebelisten erfolgt ist, mit dem ersten Tage nach Ablauf der Auslegungsfrist;

Anmerkungen.

Zu § 68. Letzter Satz. Darnach sind Beamte, Geistliche, Lehrer und Militärpersonen zu Hand- und Spanndiensten für ihre Person nicht verpflichtet.

Zu § 69 bis § 72. Diese Paragraphen handeln vom Reklamieren in Gemeindesteuer-Sachen. Dies ist ausführlich besprochen Seite 105 bis 110.

2) soweit eine besondere Mitteilung vorgeschrieben ist, mit dem ersten Tage nach erfolgter Mitteilung;

3) in allen übrigen Fällen mit dem ersten Tage nach der Aufforderung zur Zahlung beziehungsweise Leistung.

Einsprüche, welche sich gegen den der Veranlagung zu Grunde liegenden Staatssteuersatz (§§ 26, 30, 36, 38) und bei besonderen Gemeinde-Einkommensteuern (§ 37) gegen die Höhe des zur Staats-Einkommensteuer veranlagten Einkommens richten, sind unzulässig.

Vorstehende Bestimmungen finden sinngemäße Anwendung auf Einsprüche wegen Heranziehung oder Veranlagung von Grundbesitzern, Gewerbetreibenden und Einwohnern eines Gutsbezirkes zu den öffentlichen Lasten desselben.

§ 70. Über den Einspruch beschließt der Gemeindevorstand.

Gegen den Beschluß steht dem Pflichtigen binnen einer, mit dem ersten Tage nach erfolgter Zustellung beginnenden Frist von zwei Wochen die Klage im Verwaltungs-Streitverfahren offen. Zuständig in erster Instanz ist für Landgemeinden (Gutsbezirke) der Kreisausschuß, für Stadtgemeinden der Bezirksausschuß. Der Gemeindevorstand kann zur Wahrnehmung der Rechte der Gemeinde einen besonderen Vertreter bestellen. Gegen die Entscheidung des Bezirksausschusses bei Stadtgemeinden ist nur das Rechtsmittel der Revision zulässig.

Der Entscheidung im Verwaltungs-Streitverfahren unterliegen desgleichen Streitigkeiten zwischen Beteiligten über ihre in dem öffentlichen Rechte begründete Verpflichtung zu den im § 69 Absatz 1 bezeichneten Lasten.

§ 71. Über die Verteilung gemeindesteuerpflichtiger Einkommen auf eine Mehrzahl steuerberechtigter (Wohnsitz-, Aufenthalts-, Belegenheits-, Betriebs-) Gemeinden gemäß den Vorschriften dieses Gesetzes (§§ 47 bis 51 in Verbindung mit §§ 33 und 52) beschließt auf Antrag des Steuerpflichtigen unter Zugrundelegung der Einschätzung der einzelnen Gemeinden der Kreisausschuß und, soweit die Stadt Berlin oder andere Stadtgemeinden in Betracht kommen, der Bezirksausschuß nach Anhörung sämtlicher Beteiligten.

Der Antrag des Steuerpflichtigen, welcher binnen der Frist von 4 Wochen, vom Tage der Bekanntmachung der Steuer (§ 65) seitens der zweiten oder einer weiteren eine Steuerforderung erhebenden Gemeinde ab gerechnet, zu stellen ist, tritt an die Stelle des Einspruches gegen die Heranziehung (Veranlagung) zu den bezüglichen Steuern in jeder einzelnen der beteiligten Gemeinden (§ 69).

Der Kreis-(Bezirks-)Ausschuß hat nach verhandelter Sache den auf jede Gemeinde entfallenden Teil des steuerpflichtigen Einkommens und den von demselben zu entrichtenden Steuerbetrag festzusetzen.

Zutreffendenfalls kommen die Bestimmungen des § 58 des Gesetzes über die allgemeine Landesverwaltung vom 30. Juli 1883 dahin zur Anwendung, daß auch in den Fällen, in welchen die Stadt Berlin beteiligt ist, der Minister des Inneren den Bezirksausschuß bestimmt, welcher zu beschließen hat.

§ 72. Gegen den Beschluß des Kreis-(Bezirks-)Ausschusses findet binnen einer Frist von 2 Wochen der Antrag auf mündliche Verhandlung im Verwaltungs-Streitverfahren statt. In den Fällen, in welchen der § 58 a. a. O. zur Anwendung kommt, ist für das Verwaltungs-Streitverfahren derjenige Kreis-(Bezirks-)Ausschuß zuständig, welcher in Ansehung des Beschlußverfahrens für zuständig erklärt worden war.

Der Antrag auf mündliche Verhandlung im Verwaltungs-Streitverfahren steht sowohl dem Steuerpflichtigen, als auch einer jeden Gemeinde zu, auf deren Steuerforderung sich der Beschluß erstreckt, und richtet sich gegen sämtliche Beteiligte, deren Teilverhältnis durch den von dem Kläger verfolgten Anspruch berührt wird.

§ 73. Wird während schwebenden Beschluß- oder Verwaltungs-Streitverfahrens eine weitere Forderung auf Zahlung von Gemeindesteuern in Ansehung des dem Verfahren unterliegenden Einkommens erhoben, so hat der Steuerpflichtige binnen der Frist von vier Wochen, vom Tage der Bekanntmachung der bezüglichen Steuerforderung (§ 65) ab gerechnet, deren Einbeziehung in das schwebende Verfahren bei derjenigen Behörde zu beantragen, bei welcher die Sache anhängig ist. In diesem Verfahren ist alsdann gleichzeitig auch über die später erhobene Steuerforderung zu beschließen oder zu entscheiden.

§ 74. Wird nach rechtskräftig entschiedener Sache eine weitere Steuerforderung in Ansehung des Einkommens erhoben, welches den Gegenstand des früheren Verfahrens gebildet hat, so finden die vorstehenden Bestimmungen (§§ 71 bis 73) sinngemäße Anwendung mit der Maßgabe, daß derjenige Kreis-(Bezirks-) Ausschuß, welcher in dem ersten Verfahren beschlossen und entschieden hat, auch für das zweite Verfahren zuständig ist, und daß das rechtskräftig festgesetzte Anteilsverhältnis der bei dem ersten Verfahren beteiligt gewesenen Gemeinden in dem zweiten Verfahren nicht mehr geändert, in dem letzteren vielmehr nur noch darüber beschlossen und entschieden werden kann, welchen Betrag die früher aufgetretenen Steuergläubiger dem später aufgetretenen nach dem durch das rechtskräftige Urteil für sie festgesetzten Anteilsverhältnisse zu erstatten haben.

§ 75. Durch Einspruch und Klage wird die Verpflichtung zur Zahlung oder Leistung nicht aufgeschoben.

§ 76. Gegen die Feststellung des Gesamtsteuersatzes für einen Gewerbebetrieb, der sich über mehrere Gemeinden erstreckt und nicht zur Staats-Gewerbesteuer, aber gemäß § 28 Nr. 2 bis 6 zur Gemeinde-Gewerbesteuer herangezogen wird (§ 32), finden dieselben Rechtsmittel statt, die im Falle der Veranlagung dieses Betriebes zur Staats-Gewerbesteuer gegeben sein würden (§§ 35 bis 37 des Gewerbesteuer-Gesetzes vom 24. Juni 1891).

Desgleichen finden auch in diesem Falle hinsichtlich der Zerlegung des Steuersatzes in die auf die einzelnen Betriebsorte entfallenden Teilbeträge die im § 38 a. a. O. wegen der Rechtsmittel getroffenen Vorschriften Anwendung.

Sechster Titel.

Aufsicht.

§ 77. Für die Erteilung der in diesem Gesetze vorbehaltenen Genehmigungen ist nach Maßgabe der folgenden Bestimmungen bei Stadtgemeinden der Bezirksausschuß, bei Landgemeinden der Kreisausschuß zuständig.

Gegen den auf Beschwerde ergehenden Beschluß — bei Stadtgemeinden des Provinzialrats, bei Landgemeinden des Bezirksausschusses — steht dem Vorsitzenden dieser Behörde aus Gründen des öffentlichen Interesses die Einlegung der weiteren Beschwerde an die Minister des Innern und der Finanzen zu. Hierbei finden die Bestimmungen des § 123 des Gesetzes über die allgemeine Landes-Verwaltung vom 30. Juli 1883 Anwendung.

Die Genehmigung von Gemeindebeschlüssen, durch welche

a) besondere direkte oder indirekte Gemeindesteuern neu eingeführt oder in ihren Grundsätzen verändert,
b) Abweichungen von den im § 54 vorgeschriebenen Verteilungsregeln,
c) Zuschläge über den vollen Satz der Staats-Einkommensteuer hinaus (§ 55) angeordnet werden,

bedarf der Zustimmung der Minister des Innern und der Finanzen. Den Ministern ist gestattet, die Erteilung der Zustimmung auf die ihnen untergeordneten Aufsichtsbehörden höherer Instanz zu übertragen.

Die Erteilung der Genehmigung kann auf eine von vornherein zu bestimmende Frist von einem oder mehreren Jahren beschränkt werden.

Anmerkungen.

Zu § 77. Wann der Gemeindevorstand die Genehmigung der Aufsichtsbehörde nachzusuchen hat, ist aus diesem Paragraphen nicht ersichtlich. Die Fälle sind in diesem Buche Seite 75 bis 77 zusammengestellt.

§ 78. Bestehen bei dem Inkrafttreten des Gesetzes in einzelnen Gemeinden Ordnungen über die Aufbringung von Gebühren, Beiträgen, indirekten, direkten Steuern oder Diensten, welche den Vorschriften dieses Gesetzes zuwiderlaufen, oder werden derartige Gemeindebeschlüsse gefaßt, so ist die Aufsichtsbehörde befugt, deren Abänderung oder Ergänzung unter Angabe der Gründe anzuordnen.

Dieselbe Befugnis steht der Aufsichtsbehörde zu, wenn die Abstufungen des Grundbesitzes, nach welchen die Steuer umgelegt wird (§ 25), wegen wesentlicher Veränderungen der Besitzverhältnisse zur Grundlage der Besteuerung nicht mehr geeignet sind und ein Antrag auf Abänderung oder Ergänzung von der Mehrheit der einer Abstufung angehörigen Steuerpflichtigen gestellt wird.

Die Einführung neuer und die Erhöhung bestehender indirekter Steuern darf nicht angeordnet werden.

Gegen die Anordnung findet innerhalb vier Wochen nach Ablauf der in derselben gestellten Frist die Klage im Verwaltungs-Streitverfahren, für Landgemeinden bei dem Bezirksausschusse, für Stadtgemeinden bei dem Oberverwaltungs-Gerichte statt.

Wird die Klage innerhalb dieser Frist nicht erhoben, so ist die Aufsichtsbehörde befugt, die in Ansehung der Aufbringung der Gebühren, Beiträge, indirekten, direkten Steuern oder Dienste erforderliche Ordnung auf Grundlage der erlassenen Verfügung selbst festzustellen. Das gleiche gilt für den Fall der rechtskräftigen Abweisung der Klage. Wird die Klage endgiltig für begründet erkannt, so tritt die Anordnung außer Kraft.

Sofern das öffentliche Interesse es erheischt, beschließt im Falle der Erhebung der Klage über die vorläufige Ordnung des Steuerwesens bis zur rechtskräftigen Entscheidung für Landgemeinden der Kreisausschuß, für Stadtgemeinden der Bezirksausschuß.

Siebenter Titel.

Strafen.

§ 79. Wer in der Absicht der Steuerhinterziehung an zuständiger Stelle auf die an ihn gerichteten Fragen oder bei der Begründung eines Einspruchs unrichtige oder unvollständige Angaben macht, wird mit dem vier- bis zehnfachen Betrage der stattgehabten oder beabsichtigten Verkürzung, mindestens aber mit einer Geldstrafe von einhundert Mark bestraft.

Ist eine unrichtige oder unvollständige Angabe, welche geeignet ist, eine Verkürzung der Steuer herbeizuführen, zwar wissentlich, aber nicht in der Absicht der Steuerhinterziehung erfolgt, so tritt Geldstrafe von drei bis einhundert Mark ein.

Straffrei bleibt, wer seine unrichtige oder unvollständige Angabe, bevor Anzeige erfolgt oder eine Untersuchung eingeleitet ist, an zuständiger Stelle berichtigt oder ergänzt und die vorenthaltene Steuer in der ihm gesetzten Frist entrichtet.

Anmerkungen.

Zu § 78. Absatz 3. Wenn die Aufsichtsbehörde zu einer zwangsweisen Neuregelung der Gemeindesteuer schreitet, so darf sie indirekte Steuern zwar ermäßigen, aber nicht erhöhen, ebensowenig neu einführen.

§ 80. Der Gemeindevorstand beziehungsweise die Mitglieder des Gemeindevorstandes, die Mitglieder der Steuerausschüsse, sowie die bei der Veranlagung beteiligten Gemeinde-Beamten werden, wenn sie die zu ihrer Kenntnis gelangten Erwerbs-, Vermögens- oder Einkommens-Verhältnisse eines Steuerpflichtigen, insbesondere auch den Inhalt einer Auskunftserteilung (§ 63) oder der darüber gepflogenen Verhandlungen unbefugt offenbaren, mit Geldstrafe bis zu eintausendfünfhundert Mark oder mit Gefängnis bis zu drei Monaten bestraft.

Die Verfolgung findet nur auf Antrag des Gemeindevorstandes oder des Steuerpflichtigen beziehungsweise dessen Vertreters statt. Ist das Vergehen von dem Gemeindevorstande oder von Mitgliedern des Gemeindevorstandes begangen, so ist auch die Aufsichtsbehörde zur Stellung des Antrages berechtigt.

§ 81. Die auf Grund der §§ 79 und 80 festgesetzten, aber unbeitreiblichen Geldstrafen sind nach Maßgabe der für Übertretungen geltenden Bestimmungen der §§ 28 und 29 des Strafgesetzbuches für das Deutsche Reich in Haft umzuwandeln.

Die Untersuchung und Entscheidung inbetreff der im § 79 bezeichneten strafbaren Handlungen steht dem Gerichte zu, wenn nicht der Beschuldigte die von dem Gemeindevorstande vorläufig festgesetzte Geldstrafe nebst den durch das Verfahren gegen ihn entstandenen Kosten binnen einer ihm bekannt gemachten Frist freiwillig an die Gemeindekasse zahlt.

Hat der Beschuldigte in Preußen keinen Wohnsitz, so erfolgt das Einschreiten des Gerichts ohne vorläufige Festsetzung der Strafe durch den Gemeindevorstand. Dasselbe findet statt, wenn der Gemeindevorstand aus sonstigen Gründen von der vorläufigen Festsetzung der Strafe Abstand zu nehmen erklärt oder der Angeschuldigte hierauf verzichtet.

Bei Zuwiderhandlungen wegen der Verpflichtung zur Geheimhaltung (§ 80) findet nur das gerichtliche Strafverfahren statt.

§ 82. In den Steuerordnungen können Strafen gegen Zuwiderhandlungen bis zur Höhe von dreißig Mark angedroht werden.

Die Strafen sind durch den Gemeindevorstand festzusetzen und nach eingetretener Rechtskraft (§ 459 der Strafprozeß-Ordnung vom 1. Februar 1877, Reichs-Gesetzblatt Seite 253) im Verwaltungs-Zwangsverfahren beizutreiben.

Achter Titel.

Nachforderungen und Verjährungen.

§ 83. Die Einziehung hinterzogener direkter Steuern (§ 79) zur Gemeindekasse erfolgt neben und unabhängig von der Strafe.

Die Verbindlichkeit zur Nachzahlung der Steuer verjährt in zehn Jahren und geht auf die Erben, jedoch für diese mit einer Verjährungsfrist von fünf Jahren und nur auf Höhe ihres Erbanteils, über. Die Verjährung beginnt mit Ablauf des Rechnungsjahres, in welchem die Hinterziehung begangen wurde.

Die Festsetzung der Nachsteuer steht dem Gemeindevorstande zu, gegen dessen Beschluß nach Maßgabe der §§ 69, 70 der Einspruch und die Klage im Verwaltungs-Streitverfahren zulässig sind.

§ 84. Steuerpflichtige, welche entgegen den Vorschriften dieses Gesetzes oder der auf Grund desselben erlassenen Steuerordnungen bei der Veranlagung direkter Gemeindesteuern übergangen oder steuerfrei geblieben sind, ohne daß eine strafbare Hinterziehung der Steuer stattgefunden hat (§§ 79, 83), sind zur Entrichtung des der Gemeindekasse entzogenen Betrages verpflichtet. Die Verpflichtung erstreckt sich auf die drei Rechnungsjahre zurück, welche dem Rechnungsjahre, in dem die Verkürzung festgestellt worden, vorausgegangen sind.

Die Verpflichtung zur Zahlung der Nachsteuer geht auf die Erben, jedoch nur bis zur Höhe ihres Erbanteils über.

Die Veranlagung der Nachsteuer erfolgt einheitlich für den ganzen Zeitraum, auf welchen sich die Verpflichtung erstreckt, nach den Vorschriften dieses Gesetzes oder der maßgebenden Steuerordnungen.

§ 85. Ist nach den Bestimmungen der §§ 67, 80 des Einkommensteuer-Gesetzes vom 24. Juni 1891 eine Nachsteuer für den Staat festgesetzt, so haben die zur Entrichtung der Nachsteuer Verpflichteten gemäß den hierfür geltenden Vorschriften die entsprechenden Zuschläge an die Gemeinde nachzuzahlen.

Die Festsetzung der nachträglich zu entrichtenden Zuschläge geschieht durch den Gemeindevorstand einheitlich für den ganzen Zeitraum, auf welchen sich die Verpflichtung erstreckt, nach den Vorschriften dieses Gesetzes oder der maßgebenden Steuerordnungen.

§ 86. Hat infolge der Einlegung von Rechtsmitteln oder einer anderweiten Veranlagung (§ 57 des Einkommensteuer-Gesetzes vom 24. Juni 1891) eine Erhöhung der ursprünglich vom Staate veranlagten Steuer stattgefunden (§ 30 Absatz 2, § 36 Absatz 3), so kann die hieraus entspringende Nachforderung der Gemeinde nur innerhalb der Frist von einem Jahre, welche mit dem Tage der ergangenen endgiltigen Entscheidung über die Erhöhung der Steuer beginnt, erhoben werden.

§ 87. Die Berechtigung der Gemeinden zur Nachforderung anderer Gemeindeabgaben als direkter Steuern beschränkt sich ohne Unterscheidung, ob die Abgabe gar nicht oder mit einem zu geringen Betrage erhoben worden ist,

1) bei Verbrauchsabgaben auf die Frist eines Jahres, vom Tage des Eintrittes der Zahlungsverpflichtung an gerechnet,
2) bei sonstigen indirekten Steuern, Gebühren und Beiträgen (§§ 4 bis 11), sowie bei Kosten auf die Frist von drei Jahren seit dem Ablaufe desjenigen Jahres, in welchem die Forderung entstanden ist.

Die Nachforderung von Naturaldiensten ist, sofern die Nachleistung nach den Zwecken der zu leistenden Dienste überhaupt noch möglich ist, auf die Dauer des laufenden Rechnungsjahres beschränkt.

§ 88. Zur Hebung gestellte Gemeindeabgaben und Kosten, welche im Rückstande verblieben oder befristet sind, verjähren in 4 Jahren, von dem Ablaufe des Jahres an gerechnet, in welches der Zahlungstermin fällt.

Die Verjährung wird durch eine an den Pflichtigen erlassene Zahlungs-Aufforderung, durch Verfügung der Zwangsvollstreckung und durch Stundung unterbrochen.

Nach Ablauf des Jahres, in welchem die letzte Aufforderung zugestellt, die Zwangsvollstreckung verfügt oder die bewilligte Frist abgelaufen ist, beginnt eine neue vierjährige Verjährungsfrist.

Neunter Titel.

Kosten und Zwangsvollstreckung.

§ 89. Die Kosten der Veranlagung und Erhebung der Abgaben fallen, insoweit hierüber nicht durch § 14 des Gesetzes wegen Aufhebung direkter Staatssteuern anderweitige Bestimmung getroffen ist, der Gemeindekasse zur Last. Jedoch sind diejenigen Kosten, welche durch die gelegentlich eines Einspruches erfolgenden Ermittelungen veranlaßt werden, von dem Abgabepflichtigen zu erstatten, wenn sich seine Angaben in wesentlichen Punkten als unrichtig erweisen. Die Festsetzung dieser Kosten kann nur in der Entscheidung über den Einspruch erfolgen.

§ 90. Gebühren, Beiträge, Steuern und Kosten, sowie die nach einem von der Aufsichtsbehörde festgestellten Tarife erhobenen Vergütungen (Kurtaxen u. s. w.) unterliegen der Beitreibung im Verwaltungs-Zwangsverfahren nach Maßgabe der Verordnung vom 7. September 1879 (Gesetz-Sammlung Seite 591).

Sind Naturaldienste zu leisten, so ist der Gemeindevorstand bei Säumnis der Pflichtigen befugt, die Dienste durch Dritte leisten und die entstehenden Kosten von den Ersteren im Verwaltungs-Zwangsverfahren beitreiben zu lassen.

Teil II. Kreis- und Provinzialsteuern.

§ 91. Die bestehenden Vorschriften über die Aufbringung der Kreis- und Provinzialsteuern bleiben mit folgenden Maßgaben unberührt:

1) Wie den Städten, bleibt auch den Landgemeinden die Beschlußfassung darüber vorbehalten, in welcher Weise ihre Anteile an den Kreissteuern aufgebracht werden sollen.

2) Bei der Verteilung der Kreissteuern sind die Grund-, Gebäude- und die Gewerbesteuer der Klassen I und II in der Regel mit dem gleichen Betrage desjenigen Prozentsatzes heranzuziehen, mit welchem die Staats-Einkommensteuer belastet wird.

Mit Genehmigung des Bezirksausschusses kann der Betrag, mit welchem die Realsteuern heranzuziehen sind, bis auf das Anderthalbfache jenes Prozentsatzes erhöht oder bis auf die Hälfte desselben herabgesetzt werden.

Die zur Ausführung der vorstehenden Bestimmungen erforderlichen Beschlüsse der Kreistage und Bezirksausschüsse können bereits innerhalb eines Jahres vor dem Inkrafttreten des gegenwärtigen Gesetzes gefaßt werden. Mit dem bezeichneten Zeitpunkte treten Maßstäbe für die Verteilung der Kreisabgaben, welche den Bestimmungen dieses Gesetzes nicht entsprechen oder die darnach erforderliche Genehmigung nicht erhalten haben, außer Kraft.

3) Die Mehr- oder Minderbelastung einzelner Kreisteile mit Kreissteuern und einzelner Kreise mit Provinzialsteuern darf auch nach einem anderen Maßstabe, als nach Quoten der Kreissteuern beziehungsweise der direkten Staatssteuern erfolgen.

4) Insoweit juristische Personen, Gesellschaften u. s. w. zur Entrichtung der in Kreisen oder Provinzen vom Einkommen zu erhebenden Steuern verpflichtet sind oder physische Personen in verschiedenen Kreisen beziehungsweise Provinzen solchen Steuern unterliegen, kommen bei Veranlagung der Pflichtigen die die Gemeinde-Einkommensteuer betreffenden Vorschriften dieses Gesetzes sinnentsprechend zur Anwendung.

Die auf Grund der Einlegung von Rechtsmitteln erfolgte Erhöhung oder Ermäßigung der der Verteilung von Kreis- und Provinzialsteuern zu Grunde gelegten Staatssteuersätze zieht die entsprechende Abänderung der Veranlagung zu den Kreis- beziehungsweise Provinzialsteuern nach sich.

§ 92. Die Vorschriften der §§ 51, 71 bis 74 finden bei der Kreis- und Provinzialbesteuerung mit nachstehenden Maßgaben sinnentsprechende Anwendung:

1) Über die Verteilung des dem Besteuerungsrechte mehrerer Kreise (Stadt- oder Landkreise) unterliegenden Einkommens beschließt der Bezirksausschuß.

An Stelle der Frist von 4 Wochen tritt eine solche von 2 Monaten.

2) Über die Verteilung des dem Besteuerungsrechte mehrerer Provinzen unterliegenden Einkommens beschließt — auch wenn die Stadt Berlin mit in Betracht kommt — derjenige Provinzialrat, welchen der Minister des Innern bestimmt.

Gegen den Beschluß findet binnen 2 Wochen die Klage bei dem Oberverwaltungs-Gericht statt.

§ 93. Die Kreise sind befugt, das Halten von Hunden zu besteuern. Die Steuer darf jährlich 5 Mark für den Hund nicht übersteigen. Sie ist durch Steuerordnung zu regeln. Die Steuerordnung bedarf der Genehmigung des Bezirksausschusses.

Die Erhebung einer Hundesteuer seitens der Kreise berührt das Recht der Gemeinden zur Besteuerung der Hunde nicht (§ 16).

Schluß-, Ausführungs- und Übergangs-Bestimmungen.

§ 94. Alle in dem gegenwärtigen Gesetze vorgeschriebenen Fristen sind Ausschlußfristen. Die Fristen beginnen, soweit in diesem Gesetze nichts anderes

---

Anmerkungen.

Zu § 91, Nr. 1. Wenn Städte und Dörfer Kreissteuern aufzubringen hatten, so konnten bisher die Städte beschließen, wie sie dieselben auf die einzelnen Bürger verteilen wollten, während den Dörfern in den meisten Provinzen vom Kreistage vorgeschrieben wurde, wie sie die Verteilung vorzunehmen haben. Jetzt erhalten die Dörfer dasselbe Recht, wie die Städte.

Nr. 2—4 handeln davon, wie der Provinzial-Landtag die Provinzial-Lasten auf die einzelnen Kreise, der Kreistag die Kreislasten auf die einzelnen Gemeinden verteilen soll.

Zu § 94. „Ausschlußfristen", d. h. wer die Frist versäumt hat, ist ausgeschlossen und wird nicht mehr angehört.

bestimmt ist, mit der Zustellung des Beschlusses oder der sonstigen Anordnung. Der Tag der Zustellung wird nicht mitgerechnet. Im übrigen sind für den Beginn und die Berechnung der Fristen die bürgerlichen Prozeßgesetze maßgebend.

§ 95. Das Rechnungsjahr für den Gemeindehaushalt beginnt mit dem 1. April und schließt mit dem 31. März.

Der Beschlußfassung der Gemeindebehörden bleibt überlassen, an Stelle des Rechnungsjahres eine Periode von zwei oder drei Rechnungsjahren treten zu lassen.

§ 96. Das gegenwärtige Gesetz tritt gleichzeitig mit dem Gesetze wegen Aufhebung direkter Staatssteuern in Kraft.

Die Gemeinden sind verpflichtet, die Ordnungen (Observanzen, Statuten, Regulative, Gemeindebeschlüsse u. s. w.) über die Aufbringung von Gebühren, Beiträgen, indirekten und direkten Steuern oder Diensten mit den Vorschriften dieses Gesetzes in Übereinstimmung zu bringen.

Zu diesem Behufe können die zur Ausführung des gegenwärtigen Gesetzes erforderlichen Gemeindebeschlüsse bereits innerhalb eines Jahres vor dem Inkrafttreten desselben im voraus gefaßt und die dadurch bedingten Anordnungen und Entscheidungen der Verwaltungs- und Verwaltungsgerichts-Behörden nach Maßgabe der Bestimmungen dieses Gesetzes getroffen werden.

Ordnungen, welche bis zum Inkrafttreten des gegenwärtigen Gesetzes in Geltung gewesen sind, bleiben — unbeschadet der Bestimmungen in § 23 Absatz 4 und § 37 Absatz 2 — bis zur Abänderung durch rechtsgültigen Gemeindebeschluß oder Anordnung der Aufsichtsbehörde (§ 78) bestehen.

Mit dem Inkrafttreten des gegenwärtigen Gesetzes treten alle demselben entgegenstehenden gesetzlichen Bestimmungen außer Kraft.

Wo in den Gesetzen auf diese Bestimmungen Bezug genommen ist, kommen diejenigen des gegenwärtigen Gesetzes sinnentsprechend zur Anwendung.

Unberührt bleiben die Vorschriften wegen Erhebung von Bürgerrechts-Geldern, Einkaufsgeldern und gleichartigen Abgaben.

§ 97. Der Minister des Innern und der Finanzminister sind mit der Ausführung dieses Gesetzes beauftragt.

Urkundlich unter Unserer Höchsteigenhändigen Unterschrift und beigedrucktem Königlichen Insiegel.

Gegeben Neues Palais, den 14. Juli 1893.

(L. S.) **Wilhelm.**

Gr. zu Eulenburg. v. Boetticher. v. Schelling. Frhr. v. Berlepsch.
Gr. v. Caprivi. Miquel. v. Kaltenborn. v. Heyden.
Thielen. Bosse.

Anmerkungen.

Zu § 96. Ist Seite 71 bis 78 erklärt.

7.

Steueraufhebungs-Gesetz.

Gesetz wegen Aufhebung direkter Staatssteuern. Vom 14. Juli 1893.

Wir Wilhelm, von Gottes Gnaden König von Preußen ꝛc. verordnen mit Zustimmung beider Häuser des Landtages Unserer Monarchie für den Umfang derselben, mit Ausschluß der Insel Helgoland, was folgt:

§ 1. Behufs Erleichterung und anderweitiger Regelung der öffentlichen Lasten der Gemeinden (Gutsbezirke) werden die folgenden direkten Staatssteuern gegenüber der Staatskasse außer Hebung gesetzt:

1) die nach den Gesetzen vom 21. Mai 1861 (Gesetz-Sammlung Seite 253 und 317) sowie nach den hierzu ergangenen ergänzenden und abändernden Gesetzen veranlagte Grund- und Gebäudesteuer,

2) die nach dem Gesetze vom 24. Juni 1891 (Gesetz-Sammlung Seite 205) veranlagte Gewerbe- und Betriebssteuer.

§ 2. Ferner werden außer Hebung gesetzt:

1) die von den Bergwerken in den älteren rechtsrheinischen Landesteilen zu entrichtende Aufsichtssteuer und Bergwerksabgabe (Gesetz über die Besteuerung der Bergwerke für den ganzen Umfang der Monarchie, mit Ausnahme der auf dem linken Rheinufer belegenen Landesteile, vom 12. Mai 1851, § 8 — Gesetz-Sammlung Seite 261 —, Gesetz, die Bergwerksabgaben betreffend, vom 20. Oktober 1862, § 4 — Gesetz-Sammlung Seite 351 —),

2) die in den übrigen Landesteilen zu entrichtende Bergwerksabgabe (Gesetz, die Bergwerksabgaben betreffend, vom 20. Oktober 1862, § 6; Verordnungen für das Gebiet des vormaligen Königreichs Hannover, vom 8. Mai 1867, Artikel XXI — Gesetz-Sammlung Seite 601 —, für das Gebiet des vormaligen Kurfürstentums Hessen, die Stadt Frankfurt und die vormals Königlich Bayerischen Gebietsteile, vom 1. Juni 1867, Artikel XVII — Gesetz-Sammlung Seite 770 —, für das vormalige Herzogtum Nassau, die vormals Großherzoglich Hessischen Landesteile und die vormalige Landgrafschaft Hessen-Homburg einschließlich des Oberamtsbezirks Meisenheim, vom 1. Juni 1867, Artikel I § 2 — Gesetz-Sammlung Seite 802 —; Gesetz, betreffend die Einführung des Allgemeinen Berggesetzes vom 24. Juni 1865 in das Gebiet des Herzogtums Lauenburg, vom 6. Mai 1868, Artikel VII — Offizielles Wochenblatt für das Herzogtum Lauenburg für 1868 Nr. 36 —; Gesetz, betreffend die Einführung des Allgemeinen Berggesetzes vom 24. Juni 1865 in das Gebiet der Herzogtümer Schleswig und Holstein, vom 12. März 1869, Artikel IX — Gesetz-Sammlung Seite 453 —).

Anmerkungen.

Zu § 1 und § 2. Die Grund- und Gebäudesteuer, sowie die Gewerbesteuer nebst der Schanksteuer, werden im § 1 vom Staate außer Hebung gesetzt, um eine Neuregelung der Gemeindesteuern zu ermöglichen, d. h. diese Steuern hören als Staatssteuern auf, als Gemeindesteuern mögen sie fortleben. Im § 2 hingegen werden die Bergwerksabgaben vom Staate außer Hebung gesetzt, ohne irgend eine Bemerkung in betreff der Gemeinden. Die Bergwerksabgaben werden den Gemeinden nicht überwiesen. Die Bergwerke unterliegen vom 1. April 1895 ab der allgemeinen Gewerbesteuer.

§ 3. Die Vorschriften der in den §§ 1 und 2 bezeichneten Gesetze bleiben, soweit nicht in dem gegenwärtigen Gesetze und in dem Kommunalabgaben-Gesetze Abweichendes bestimmt ist, in Kraft.

Die Veranlagung und Verwaltung der Grund-, Gebäude- und Gewerbesteuer wird, soweit nicht in dem gegenwärtigen Gesetze Abweichendes bestimmt ist, unter Aufrechterhaltung der dieserhalb bestehenden gesetzlichen Einrichtungen vom Staate für die Zwecke der kommunalen Besteuerung ausgeführt. Die landständische Mitwirkung bei der Verwaltung der Grundsteuer innerhalb des kommunalständischen Verbandes der Oberlausitz (Gesetz, betreffend die definitive Unterverteilung und Erhebung der Grundsteuer u. s. w., vom 8. Februar 1867, § 49 — Gesetz-Sammlung Seite 185 —) wird hierdurch nicht berührt.

§ 4. Die Veranlagung (§ 3) ist auf diejenigen Liegenschaften, Gebäude und Gewerbebetriebe auszudehnen, welche von der entsprechenden Staatssteuer freigeblieben, aber gemäß den Bestimmungen des Kommunalabgaben-Gesetzes der Kommunalsteuerpflicht unterworfen sind.

Für die Veranlagung gelten, soweit nicht in dem gegenwärtigen Gesetze und in dem Kommunalabgaben-Gesetze Abweichendes bestimmt ist, die allgemeinen gesetzlichen Vorschriften, welche bei der Heranziehung zu den entsprechenden Staatssteuern anzuwenden gewesen sein würden. Insbesondere sind gegen die Veranlagung dieselben Rechtsmittel zulässig, mit denen die Veranlagung der entsprechenden Staatssteuer hätte angefochten werden können.

§ 5. Die bestehenden gesetzlichen Bestimmungen, welche von der Veranlagung der im § 1 Nr. 1 und 2 bezeichneten Steuern oder von einzelnen derselben anderweitige Rechtsfolgen, insbesondere die Begründung von Rechten oder Pflichten abhängig machen, bleiben aufrecht erhalten; soweit hierbei die Entrichtung solcher Steuern vorausgesetzt wird, treten an die Stelle der zu entrichtenden die veranlagten Beträge.

Auf die Bestimmungen im § 9 I Nr. 4 des Einkommensteuer-Gesetzes vom 24. Juni 1891 (Gesetz-Sammlung Seite 175) findet diese Vorschrift keine Anwendung.

Die Vorschrift findet gleichfalls keine Anwendung auf die Bildung der

Anmerkungen.

Zu § 5. Die Grund-, Gebäude- und Gewerbesteuer werden bei vielen Staatseinrichtungen, die mit der Steuerverwaltung nichts zu thun haben, zu Grunde gelegt. Nach dem Grundsteuer-Reinertrage wird die Sicherheit einer Hypothek bestimmt. Nach demselben Maßstabe werden unter Umständen bei einer Subhastation die Gerichtskosten festgesetzt. Ob jemand im Wahlverbande der „größeren ländlichen Grundbesitzer" zum Kreistage wählen kann, hängt davon ab, ob er an Grund- und Gebäudesteuer mindestens 225 Mark zahlt. Ob jemand das Gemeinderecht in seinem Dorfe ausübt oder nicht, hängt davon ab, ob er an Grund- und Gebäudesteuer wenigstens den Betrag von 3 Mark entrichtet. Die Kaufleute wählen zu ihren Handelskammern nach dem Betrage ihrer Gewerbesteuer. Wo Gemeinde- und Gutsbezirke gemeinsame Armenpflege haben, werden die Kosten nach dem Betrage der Grund-, Gebäude- und Gewerbesteuer verteilt. In allen diesen und ähnlichen Fällen soll durch den Erlaß dieser drei Steuern keine Änderung eintreten. Die vom Staate veranlagten Steuern sollen so gerechnet werden, als ob sie bezahlt würden.

Das besondere Gesetz über Landtags- und Kommunalwahlen ist bereits erschienen. Danach werden bei der sogenannten Dreiklassen-Wahl zum Abgeordnetenhause in Zukunft (aber noch nicht bei den Wahlen von 1893) Staats- und Kommunalsteuern zu Grunde gelegt. Wo es direkte Gemeindesteuern nicht giebt, werden an deren Stelle die veranlagte Grund-, Gebäude- und Gewerbesteuer gezählt. In den Gutsbezirken z. B. giebt es nirgends Gemeindesteuern; hier wird also dem Gutsbesitzer stets seine Grund- und Gebäudesteuer auf sein Wahlrecht angerechnet.

Der zweite Absatz des Paragraphen bezieht sich auf die bisherige Bestimmung, daß die staatliche Grund-, Gebäude- und Gewerbesteuer als Geschäftsunkosten betrachtet wurden. Dies hört von jetzt ab auf (siehe Seite 10).

Urwähler-Abteilungen für die Wahlen zum Hause der Abgeordneten. Über diese, sowie über die Bildung der Wähler-Abteilungen für die Wahl von Gemeindevertretungen ergeht besondere gesetzliche Bestimmung.

§ 6. Die für die Provinzen Rheinland und Westfalen bestehenden besonderen Vorschriften über den Grundsteuer-Deckungsfonds und den Fonds zur Erhaltung und Erneuerung des Katasters (Grundsteuer-Gesetz für die westlichen Provinzen vom 21. Januar 1839, § 2 zu b und c, §§ 4, 41 bis 48 — Gesetz-Sammlung Seite 30 —, Verordnung, betreffend die Feststellung und Unterverteilung der Grundsteuer in den beiden westlichen Provinzen, vom 12. Dezember 1864, §§ 3, 4, 21 — Gesetz-Sammlung Seite 683 —) treten außer Kraft.

An Stelle dieser Vorschriften treten die in den übrigen Landesteilen geltenden allgemeinen Bestimmungen.

Mit der Auflösung der Fonds gehen die Bestände, sowie die alsdann noch bestehenden Forderungen und Verpflichtungen

a) des Grundsteuer-Deckungsfonds auf die Kreise der betreffenden Regierungsbezirke nach Maßgabe der veranlagten Grundsteuer,

b) des Fonds zur Erhaltung und Erneuerung des Katasters auf die Staatskasse

über.

§ 7. Die auf die Aufbewahrung der Kopieen der Katasterdokumente und auf die Erteilung beglaubigter Auszüge aus denselben bezüglichen Bestimmungen im Artikel II des Gesetzes über die Veräußerung und hypothekarische Belastung von Grundstücken im Geltungsbereiche des Rheinischen Rechts vom 20. Mai 1885 (Gesetz-Sammlung Seite 139) werden auf die übrigen Teile der Rheinprovinz und auf die Provinz Westfalen ausgedehnt.

§ 8. Soweit die Bestrafung von Zuwiderhandlungen gegen die Vorschriften über die Grund-, Gebäude- und Gewerbesteuer von der Vorenthaltung oder von dem Verluste der Steuer gegenüber dem Staate abhängig gemacht ist (Gebäudesteuer-Gesetz vom 21. Mai 1861, § 17 Absatz 3; Gesetz, betreffend die definitive Unterverteilung und Erhebung der Grundsteuer in den sechs östlichen Provinzen, vom 8. Februar 1867, § 34 Absatz 3; Gesetz, betreffend die Ausführung der anderweiten Regelung der Grundsteuer in den Provinzen Schleswig-Holstein, Hannover und Hessen-Nassau, sowie in dem Kreise Meisenheim, vom 11. Februar 1870, § 1 — Gesetz-Sammlung Seite 85 —, Gewerbesteuer-Gesetz vom 24. Juni 1891, § 70), gilt als vorenthalten (verloren) derjenige Betrag, welcher im Falle fortdauernder Hebung der Steuer zur Staatskasse nach Maßgabe der Veranlagung (§ 3 Absatz 2, § 4) zu entrichten gewesen sein würde.

Die im § 17 Absatz 3 des Gebäudesteuer-Gesetzes vom 21. Mai 1861 bestimmte dreimonatige Anmeldefrist für neuentstandene Gebäude (§ 15 zu 4 a. a. O.), desgleichen für wesentliche Verbesserungen von Gebäuden, sowie Vergrößerungen der zu ihnen gehörigen Hofräume und Hausgärten (§ 15 zu 5 a. a. O.) beginnt mit dem Ablaufe des Rechnungsjahres, in welchem die Veränderung eingetreten ist.

§ 9. Zum Bezuge von Nachsteuern (Gebäudesteuer-Gesetz vom 21. Mai 1861, § 17 Absatz 4; Gesetz vom 8. Februar 1867; § 34 Absatz 4; Gesetz vom 11. Februar 1870, § 1; Gewerbesteuer-Gesetz vom 24. Juni 1891, §§ 70, 78) ist diejenige Gemeinde berechtigt, welcher nach den Bestimmungen des Kommunalabgaben-Gesetzes das entsprechende Steueraufkommen zusteht.

§ 10. Die Bestimmungen im § 81 des Gewerbesteuer-Gesetzes vom 24. Juni 1891 werden aufgehoben.

Das Aufhören eines steuerpflichtigen Gewerbes ist nicht der Hebestelle (§ 58 Absatz 1 a. a. O.), sondern dem Vorsitzenden des für die Veranlagung zuständigen Steuerausschusses anzuzeigen.

§ 11. Die Hebung und Beitreibung der Grund-, Gebäude- und Gewerbesteuer liegt derjenigen Gemeinde ob, welche nach den Bestimmungen des Kom-

---

Anmerkungen.

Zu § 8. Absatz 2. Neubauten, neue Stockwerke u. s. w. muß jeder Hausbesitzer zur Gebäudesteuer anmelden. Bisher hatte er für diese Anmeldung etwa 2 Jahre Zeit. Diese lange Frist wird jetzt aufgehoben. Im übrigen ist die neue Bestimmung aber unklar. Es kann daher jedem Hausbesitzer nur der dringende Rat gegeben werden, solche und ähnliche Meldungen sofort zu machen (siehe Seite 43).

Zu § 10. Über die Abmeldung des Gewerbes siehe Seite 174, § 58.

Zu § 11. Der erste Absatz meint nicht, daß die Gemeinde diese Steuern erheben muß, sondern nur: wenn die Gemeinde von ihrem Rechte Gebrauch machen will, so muß sie

munalabgaben-Gesetzes zum Bezuge des entsprechenden Steueraufkommens berechtigt ist.

Die Ausfälle treffen die Gemeindekasse. Die Ermächtigung zum Erlasse und zur Ermäßigung veranlagter Steuern (Gesetz, betreffend den Erlaß oder die Ermäßigung der Grundsteuer infolge von Überschwemmungen, vom 15. April 1889, § 1 Nr. 1 — Gesetz-Sammlung Seite 99 —, Gewerbesteuer-Gesetz vom 24. Juni 1891, §§ 44, 45) geht auf die Gemeinden über.

Die gesetzlichen Bestimmungen über Ansprüche der Gemeinden auf Mitverwaltung ihrer Kassen durch staatliche Kassenbeamte (Gemeindeordnung für die Rheinprovinz vom 23. Juli 1845, §§ 79, 106 — Gesetz-Sammlung Seite 523 —, Landgemeindeordnung für die Provinz Westfalen vom 19. März 1856, §§ 44, 73 — Gesetz-Sammlung Seite 265 —) werden aufgehoben.

§ 12. Die auf die Betriebssteuer bezüglichen Vorschriften des Gewerbesteuer-Gesetzes vom 24. Juni 1891 gelangen nach Maßgabe folgender Bestimmungen zur Anwendung:

1) Erstreckt sich ein betriebssteuerpflichtiges Gewerbe über mehrere Kreise, so ist für jeden dieser Kreise die Hälfte der im § 60 Nr. 1 und 2 a. a. O. bestimmten Steuersätze zu entrichten. Auf die im § 60 Absatz 2 a. a. O. bezeichneten Betriebsstätten findet diese Bestimmung keine Anwendung.

2) Die Betriebssteuer wird in den Landkreisen vom Landrat, in den Stadtkreisen vom Gemeindevorstande, in Berlin von der Direktion für die Verwaltung der direkten Steuern festgestellt.

   Diesen Behörden stehen auch die Befugnis zur Herabsetzung der Betriebssteuer gemäß § 61 und die anderweite Feststellung gemäß § 65 Absatz 2 a. a. O. zu.

3) Die Betriebssteuer ist binnen zwei Wochen nach erfolgter Behändigung der Steuerzuschrift in einer Summe zu entrichten.

   Die im § 61 a. a. O. bezeichneten Steuerpflichtigen haben die Steuer vor Eröffnung des Betriebes zu entrichten, oder, falls bis dahin die Steuerzuschrift noch nicht behändigt ist, einen von dem Gemeinde-(Guts-)Vorstande zu bestimmenden Geldbetrag bei der gleichzeitig zu bezeichnenden Kasse zur Deckung der Steuer zu hinterlegen, widrigenfalls ihnen die Ausübung des Betriebes nach Maßgabe des § 63 a. a. O. untersagt werden kann.

§ 13. Die Gemeinden (Gutsbezirke) haben die Betriebssteuer in den veranlagten Beträgen (§ 12) von den Pflichtigen ihres Bezirks zu erheben.

Die Gemeinden (Gutsbezirke) der Landkreise haben die erhobenen Beträge am Schlusse eines jeden Vierteljahres an die Kreiskommunalkasse abzuführen.

Sofern die Gemeinden nach den Bestimmungen des Kommunalabgaben-Gesetzes besondere Betriebssteuern eingeführt haben, müssen sie denjenigen Betrag, welcher sich bei Anwendung der Bestimmungen der §§ 60—69 des Gewerbesteuer-Gesetzes vom 24. Juni 1891 und des § 12 des gegenwärtigen Gesetzes ergeben würde, an die Kreiskommunalkasse abführen.

Anmerkungen.

Hebung und Beitreibung selbst besorgen; der Staat leistet ihr diese Dienste nicht.

Die Ermäßigungen der Grundsteuer, von denen im zweiten Absatz die Rede ist, beziehen sich bloß auf die Fälle von Überschwemmungen. Hier hat sich jeder an die Gemeinde zu wenden. Wer aber meint, falsch veranlagt zu sein, findet auf Seite 105 bis 110 dieses Buches, an welche Behörde er sich zu wenden hat.

Der dritte Absatz bezieht sich auf Gemeinden in Rheinland und Westfalen, welche das Recht hatten, daß ein königlicher Kassenbeamter ihre Kasse mitverwaltete. Dieses Recht hat aufgehört, und zwar sofort (obgleich sonst das Gesetz erst später in Kraft tritt).

Zu § 12 und § 13. Diese Paragraphen handeln von der Schanksteuer (siehe Seite 55, Seite 56, Seite 174 und Seite 175).

„Die in § 61 a. a. O. bezeichneten Steuerpflichtigen". Damit sind Leute gemeint, die bei Volksfesten, Paraden 2c. einen vorübergehenden Ausschank eröffnen (siehe Seite 56 und Seite 174).

Die Kreise haben das ihnen zufließende Aufkommen der Betriebssteuer (Absatz 2 und 3) zur Bestreitung ihrer Ausgaben zu verwenden.

§ 14. Die Kosten der Veranlagung und Verwaltung der Steuern (§ 3 Absatz 2, § 4) werden, soweit sie nicht durch die den Gemeinden hierbei übertragenen Geschäfte entstehen, aus der Staatskasse bestritten.

Das Aufkommen an Gebühren, Kosten und Strafen im Bereiche der Grund-, Gebäude- und Gewerbe- (Betriebs-) Steuer fließt in die Staatskasse.

Sofern im Bereiche der Katasterverwaltung die Ausführung von Neumessungen ganzer Gemarkungen oder größerer Teile von solchen seitens einer Gemeinde oder der beteiligten Grundbesitzer beantragt wird, oder vorzugsweise der Gemeinde oder den beteiligten Grundbesitzern zum Vorteile gereicht, kann die Ausführung nach Bestimmung des Finanzministers von der Entrichtung eines, seitens der Gemeinde oder der beteiligten Grundbesitzer zu leistenden Beitrages zu den Kosten der Neumessung abhängig gemacht werden.

§ 15. Die Kosten der Hebung und Beitreibung der Steuern (§§ 11, 13) sind von den Gemeinden zu tragen.

Die gesetzlichen Bestimmungen über die Verpflichtung der Grundsteuerpflichtigen zur Entrichtung von Beischlägen behufs Bestreitung der Elementar-Erhebungskosten (Grundsteuer-Gesetz für die westlichen Provinzen vom 21. Januar 1839, §§ 2a, 3; Gesetz vom 11. Februar 1870, § 11) werden aufgehoben.

§ 16. Die gesetzlichen Bestimmungen über die Ansprüche der Gemeinden (Gutsbezirke) auf den Bezug von Vergütungen für die bei Veranlagung der Gewerbesteuer und der Einkommensteuer ihnen übertragenen Geschäfte (Gewerbesteuer-Gesetz vom 24. Juni 1891, § 75 Absatz 1; Einkommensteuer-Gesetz vom 24. Juni 1891, § 73 Absatz 1) treten außer Kraft.

Durch Königliche Verordnung kann den Gemeinden und selbständigen Gutsbezirken die Verpflichtung auferlegt werden, in ihren Bezirken die Elementarerhebung der sämtlichen direkten Staatssteuern, der Domänen-, Rentenbank- und Grundsteuerentschädigungs-Renten, sowie die Abführung der erhobenen Beträge an die zuständigen Staatskassen ohne Vergütung zu bewirken.

§ 17. Ansprüche auf Grundsteuer-Entschädigungen aus den §§ 1, 15 bis 17 des Gesetzes vom 11. Februar 1870 und aus dem Grundsteuerentschädigungs-Gesetze vom 21. Mai 1861 — Gesetz-Sammlung Seite 327 — sowie auf sonstige, seitens des Staates zu leistende Entschädigungen, welche die Entrichtung der Grundsteuer an den Staat zur Voraussetzung haben, finden nicht ferner statt.

§ 18. Die auf Grund der §§ 1 bis 4 des Grundsteuerentschädigungs-Gesetzes vom 21. Mai 1861 und der §§ 1, 15 des Gesetzes vom 11. Februar 1870 für die Aufhebung von Grundsteuer-Befreiungen und Grundsteuer-Bevorzugungen geleisteten Entschädigungen sind nach Maßgabe der folgenden Bestimmungen an die Staatskasse zurückzuerstatten.

Hierbei ist, soweit die Entschädigung durch Erlaß von Domänenabgaben oder Domänen-Amortisationsrenten stattgefunden hat, das zu erstattende Entschädigungskapital nach dem zwanzigfachen Betrage der erlassenen Abgabe beziehungsweise Rente zu berechnen.

§ 19. Die Rückerstattung (§ 18) bleibt ausgeschlossen bezüglich derjenigen Güter und Grundstücke, welche nach erfolgter Entschädigung durch lästiges (entgeltliches) Rechtsgeschäft veräußert worden sind.

Wenn sich die Veräußerung nur auf einen Teil des Gutes beziehungsweise Grundstückes erstreckt hat, so wird der Betrag der Rückerstattung nach dem Verhältnisse der Grundsteuer ermittelt.

Anmerkungen.

Zu § 18 bis § 27. Siehe Seite 38.

Falls jedoch der veräußerte Teil nur aus Absplissen zu öffentlichen Wegen, zu Flüssen, Bächen, Kanälen oder zu Eisenbahnen besteht, wird der hierauf entfallende Entschädigungsbetrag von der für das ganze Gut oder Grundstück geleisteten Entschädigung nur dann abgerechnet, wenn der zur Rückerstattung Verpflichtete nachweist, daß der Grundsteuer-Reinertrag der Absplisse mehr als den zehnten Teil des Grundsteuer-Reinertrages des ganzen Gutes oder Grundstücks und zugleich mehr als 30 Mark beträgt.

Die Rückerstattung (§ 18) bleibt ferner in denjenigen Fällen ausgeschlossen, in welchen die Vorschriften im § 5 des Gesetzes vom 25. Mai 1885 (Gesetz-Sammlung Seite 170) deshalb nicht zur Anwendung gekommen sind, weil der Besitzer der betreffenden Grundstücke die im § 7 a. a. O. vorgesehenen Voraussetzungen nicht erfüllt hat.

Bezüglich derjenigen Güter und Grundstücke, deren Eigentum nach erfolgter Entschädigung durch Schenkung, Vermächtnis, infolge von Erbteilungen oder Gutsüberlassungs-Verträgen übergegangen ist, bleibt die Rückerstattung des Entschädigungskapitals zu demjeningen Bruchteile ausgeschlossen, zu welchem der zeitige Eigentümer weder unmittelbar noch mittelbar Erbe des Entschädigten geworden ist.

§ 20. Diejenigen Städte, welche gemäß § 7 des Gesetzes vom 21. Mai 1861 entschädigt worden sind, haben die empfangene Entschädigung an die Staatskasse zurückzuerstatten.

Sofern die einer Stadtgemeinde überwiesene Entschädigungssumme auf die einzelnen Besitzer der Grundstücke in der städtischen Feldmark verteilt worden ist (§ 18 Absatz 2 a. a. O.), haben diese nach Maßgabe der §§ 18, 19 die Rückerstattung an die Staatskasse zu bewirken.

§ 21. Solchen Gemeinden, welche die Grundsteuer-Entschädigung zu gemeinnützigen, keine entsprechende Verzinsung gewährenden Einrichtungen verwendet haben, kann die Rückerstattung durch den Finanzminister ganz oder teilweise erlassen werden.

Kommt infolge von privatrechtlichen Abmachungen dem Grundbesitzer die Außerhebungsetzung der staatlichen Grund- und Gebäudesteuer nicht zu statten, so kann durch den Finanzminister der Zeitpunkt der Rückerstattung und der Beginn der Verzinsung bis zum Ablauf des betreffenden Vertrages, längstens aber bis zum 1. April 1910 hinausgeschoben werden.

§ 22. Soweit durch Vertrag eine Ablösung der durch die Gesetze vom 21. Mai 1861 (Gesetz-Sammlung Seite 253 und 317) und 11. Februar 1870 aufrecht erhaltenen Befreiungen von der Grund- und Gebäudesteuer stattgefunden hat, ist die empfangene Entschädigung an die Staatskasse zurückzuerstatten.

Die Bestimmungen des § 19 finden entsprechende Anwendung.

§ 23. Die zurückzuerstattenden Kapitalien (§§ 18 bis 22) sind seitens der Pflichtigen vom 1. April 1895 ab mit 3½ vom Hundert zu verzinsen.

Die Feststellung der zurückzuerstattenden Kapitalien gebührt dem Finanzminister.

Gegen die Feststellung steht den Pflichtigen binnen einer, vom Tage der Mitteilung des zu erstattenden Betrages ab laufenden Ausschlußfrist von 3 Monaten der Rechtsweg offen.

Die Beschreitung des Rechtsweges hat aufschiebende Wirkung.

§ 24. Kapitalbeträge (§ 23), welche den Betrag von 25 Mark nicht erreichen, sowie Kapitalbeträge, welche über einen durch 25 ohne Rest teilbaren, in Mark ausgedrückten Geldbetrag hinausgehen, müssen binnen einer Frist von sechs Monaten nach erfolgter endgiltiger Feststellung nebst den bis zum Zahlungstage aufgelaufenen Zinsen zur Staatskasse eingezahlt werden.

Dem Verpflichteten steht es frei, nach seiner Wahl entweder

a) den noch verbleibenden Betrag des zu erstattenden Kapitals nebst den Zinsen binnen sechs Monaten nach erfolgter endgiltiger Feststellung ebenfalls zur Staatskasse zurückzuzahlen, oder

b) statt dessen für die Zeit vom 1. April 1895 ab auf die Dauer von 60 1/2 Jahren eine in vierteljährigen Teilbeträgen fällige Tilgungsrente von jährlich 4 vom Hundert des Kapitals zu entrichten, wodurch das Kapital mit 3 1/2 vom Hundert verzinst, sowie mit 1/2 vom Hundert und mit den durch die fortschreitende Tilgung ersparten Zinsen des ursprünglichen Kapitalbetrages getilgt wird.

Auch während des Zeitraums von 60 1/2 Jahren kann der Verpflichtete die Tilgungsrente zum Beginn eines jeden Rechnungsjahres durch Barzahlung des noch nicht getilgten Teils des Kapitals ganz oder teilweise ablösen, mit der Beschränkung, daß bei teilweiser Ablösung der fortzuentrichtende Teil der Tilgungsrente einen auf volle Mark abgerundeten Jahresbetrag ergeben muß. Welche Beträge in den verschiedenen Jahren der 60 1/2 jährigen Tilgungsdauer zur Ablösung erforderlich sind, ergiebt die beiliegende Tilgungstafel.

Die fälligen Beträge an Kapital und Renten unterliegen der Beitreibung im Verwaltungs-Zwangsverfahren.

§ 25. Die aus den §§ 18, 19, 20 Absatz 2, §§ 22 bis 24 folgenden Verpflichtungen ruhen auf den Gütern und Grundstücken, wofür die Entschädigung geleistet worden ist, als eine öffentliche, auf jeden Besitzer übergehende Last.

Wird ein mit einer Tilgungsrente behaftetes Gut oder Grundstück zerstückelt, so ist die Tilgungsrente nach den Vorschriften der §§ 2 bis 5 des Gesetzes, betreffend die Verteilung der öffentlichen Lasten bei Grundstücksteilungen u. s. w., vom 25. August 1876 (Gesetz-Sammlung Seite 405) zu verteilen, mit der Maßgabe, daß die Bestätigung des Verteilungsplanes durch die Bezirksregierung erfolgt.

Die bei der Verteilung sich ergebenden, hinter dem Jahresbetrage von einer Mark zurückbleibenden Tilgungsrenten oder über volle Markbeträge überschießenden Rententeile sind nach den Grundsätzen des § 24 durch Kapitalzahlung abzulösen.

In den Fällen des § 19 Absatz 3 bleibt die Verteilung ausgeschlossen.

§ 26. Insoweit nicht in den §§ 24, 25 ein Anderes bestimmt ist, regeln sich die Zahlung, Sicherstellung und Tilgung der Kapitalien und Tilgungsrenten nach den entsprechenden Vorschriften in den §§ 18 bis 27 des Gesetzes über die Errichtung von Rentenbanken vom 2. März 1850 (Gesetz-Sammlung Seite 112), mit der Maßgabe, daß die Bezirksregierung an die Stelle der Rentenbank tritt.

§ 27. Die sämtlichen, behufs Rückerstattung von Kapitalien nebst Zinsen (§§ 18 bis 25) im Laufe eines jeden Rechnungsjahres gezahlten Beträge werden zum Zwecke der Tilgung von Staatsschulden durch Rückkauf eines entsprechenden Betrages von Schulddokumenten der Staatsschulden-Tilgungskasse überwiesen.

§ 28. Das Gesetz, betreffend Überweisung von Beträgen, welche aus landwirtschaftlichen Zöllen eingehen, an die Kommunalverbände, vom 14. Mai 1885 (Gesetz-Sammlung Seite 28) tritt außer Kraft.

Soweit die Kreise bis zum 1. April 1895 die ihnen für das Rechnungsjahr 1894/95 zu überweisenden Summen noch nicht empfangen oder über die Verwendung dieser Summen noch keine endgiltige Entscheidung getroffen haben, kommen die Vorschriften jenes Gesetzes auch ferner zur Anwendung.

§ 29. Die Bestimmungen der §§ 1 bis 27 finden auf die Hohenzollernschen Lande keine Anwendung. Die Umgestaltung des Systems der direkten Steuern in diesen Landen bleibt einem besonderen Gesetze vorbehalten.

Bis zum Erlasse eines solchen Gesetzes wird für die Hohenzollernschen Lande vom 1. April 1896 ab ein fester Jahresbetrag von 62 020 Mark aus der Staatskasse überwiesen.

Dieser Betrag wird nach den Verhältnissen der durch die letztvorangegangene Volkszählung ermittelten Einwohnerzahlen auf die einzelnen Gemeinden verteilt. Den Vertretern der letzteren steht die Beschlußfassung über die Verwendung zu.

§ 30. Das gegenwärtige Gesetz tritt mit dem 1. April 1895, jedoch nur gleichzeitig mit dem Kommunalabgaben-Gesetze und dem Ergänzungssteuer-Gesetze in Kraft; die Bestimmungen der §§ 7, 10 Absatz 1, § 11 Absatz 3, § 14 Absatz 3, §§ 17, 25 Absatz 1 gelangen mit dem Tage der Verkündigung zur Geltung.

Anmerkungen.

Zu § 28. Das Gesetz, das hier außer Kraft gesetzt wird, ist die sogenannte lex Huene, nach welcher der Staat verpflichtet war, einen bestimmten Teil der Zollerträge an die Kreise und selbständigen Städte zu überweisen. Diese „Überweisungen" hören jetzt auf, weil der Staat den Gemeinden neue Steuerquellen eröffnet hat.

Die Veranlagung für die Zwecke der kommunalen Besteuerung (§ 3 Absatz 2, § 4) erfolgt nach den Vorschriften dieses Gesetzes zunächst für das Rechnungsjahr 1895/96.

Die am 1. April 1895 verbliebenen Rückstände der in den §§ 1, 2 bezeichneten Steuern werden nach Maßgabe der bis dahin geltenden Bestimmungen zur Staatskasse eingezogen; das Gleiche gilt von Nachsteuern und Strafen im Bereiche der Grund-, Gebäude- und Gewerbe- (Betriebs-) Steuer.

§ 31. Die Minister der Finanzen und des Innern werden mit der Ausführung dieses Gesetzes beauftragt.

Urkundlich unter Unserer Höchsteigenhändigen Unterschrift und beigedrucktem Königlichen Insiegel.

Gegeben Neues Palais den 14. Juli 1893.

(L. S.) **Wilhelm.**

Gr. zu Eulenburg. v. Boetticher. v. Schelling. Frhr. v. Berlepsch.
Gr. v. Caprivi. Miquel. v. Kaltenborn. v. Heyden.
Thielen. Bosse.

Tilgungstafel.

Anlage zu § 24 und § 25 des Gesetzes wegen Aufhebung direkter Staatssteuern vom 14. Juli 1893.

Tilgung eines mit 3½ vom Hundert verzinslichen Kapitals von 100 Mark durch eine jährliche Rente von 4 vom Hundert				Das Ablösungskapital beträgt für die jähr-					
nach Jahren	treffen von der Rente auf		und es bleiben vom Kapital noch zu tilgen	im Laufe des Rechnungsjahres vom 1. April	von 10 Mark	von 9 Mark	von 8 Mark	von 7 Mark	von 6 Mark
	Zinsen Mark	Kapital Mark	Mark		Mark	Mark	Mark	Mark	Mark
0	—	—	100,0000	1895—1896	250,00	225,00	200,00	175,00	150,00
1	3,5000	0,5000	99,5000	1896—1897	248,75	223,88	199,00	174,13	149,25
2	3,4825	0,5175	98,9825	1897—1898	247,46	222,71	197,97	173,22	148,47
3	3,4644	0,5356	98,4469	1898—1899	246,12	221,51	196,89	172,28	147,67
4	3,4456	0,5544	97,8925	1899—1900	244,73	220,26	195,79	171,31	146,84
5	3,4262	0,5738	97,3187	1900—1901	243,30	218,97	194,64	170,31	145,98
6	3,4062	0,5938	96,7249	1901—1902	241,81	217,63	193,44	169,27	145,09
7	3,3854	0,6146	96,1103	1902—1903	240,28	216,25	192,22	168,19	144,17
8	3,3639	0,6361	95,4742	1903—1904	238,69	214,82	190,95	167,08	143,21
9	3,3416	0,6584	94,8158	1904—1905	237,04	213,34	189,63	165,93	142,22
10	3,3186	0,6814	94,1344	1905—1906	235,34	211,80	188,27	164,74	141,20
11	3,2947	0,7053	93,4291	1906—1907	233,57	210,22	186,86	163,50	140,14
12	3,2700	0,7300	92,6991	1907—1908	231,75	208,57	185,40	162,22	139,05
13	3,2445	0,7555	91,9436	1908—1909	229,86	206,87	183,89	160,90	137,92
14	3,2180	0,7820	91,1616	1909—1910	227,90	205,11	182,32	159,53	136,74
15	3,1907	0,8093	90,3523	1910—1911	225,88	203,29	180,70	158,12	135,53
16	3,1623	0,8377	89,5146	1911—1912	223,79	201,41	179,03	156,65	134,27
17	3,1330	0,8670	88,6476	1912—1913	221,62	199,46	177,30	155,13	132,97
18	3,1027	0,8973	87,7503	1913—1914	219,38	197,44	175,50	153,56	131,63
19	3,0713	0,9287	86,8216	1914—1915	217,05	195,35	173,64	151,94	130,23
20	3,0388	0,9612	85,8604	1915—1916	214,65	193,19	171,72	150,26	128,79
21	3,0051	0,9949	84,8655	1916—1917	212,16	190,95	169,73	148,51	127,30
22	2,9703	1,0297	83,8358	1917—1918	209,59	188,63	167,67	146,71	125,75
23	2,9343	1,0657	82,7701	1918—1919	206,93	186,23	165,54	144,85	124,16
24	2,8970	1,1030	81,6671	1919—1920	204,17	183,75	163,33	142,92	122,50
25	2,8583	1,1417	80,5254	1920—1921	201,31	181,18	161,05	140,92	120,79
26	2,8184	1,1816	79,3438	1921—1922	198,36	178,52	158,69	138,85	119,02
27	2,7770	1,2230	78,1208	1922—1923	195,30	175,77	156,24	136,71	117,18
28	2,7342	1,2658	76,8550	1923—1924	192,14	172,92	153,71	134,50	115,28
29	2,6899	1,3101	75,5449	1924—1925	188,86	169,98	151,09	132,20	113,32
30	2,6441	1,3559	74,1890	1925—1926	185,47	166,93	148,38	129,83	111,28
31	2,5966	1,4034	72,7856	1926—1927	181,96	163,77	145,57	127,37	109,18
32	2,5475	1,4525	71,3331	1927—1928	178,33	160,50	142,67	124,83	107,00
33	2,4967	1,5033	69,8298	1928—1929	174,57	157,12	139,66	122,20	104,74
34	2,4440	1,5560	68,2738	1929—1930	170,68	153,62	136,55	119,48	102,41
35	2,3896	1,6104	66,6634	1930—1931	166,66	149,99	133,33	116,66	100,00
36	2,3332	1,6668	64,9966	1931—1932	162,49	146,24	129,99	113,74	97,49
37	2,2749	1,7251	63,2715	1932—1933	158,18	142,36	126,54	110,73	94,91
38	2,2145	1,7855	61,4860	1933—1934	153,72	138,34	122,97	107,60	92,23
39	2,1520	1,8480	59,6380	1934—1935	149,10	134,19	119,28	104,37	89,46
40	2,0873	1,9127	57,7253	1935—1936	144,31	129,88	115,45	101,02	86,59
41	2,0204	1,9796	55,7457	1936—1937	139,36	125,43	111,49	97,55	83,62
42	1,9511	2,0489	53,6968	1937—1938	134,24	120,82	107,39	93,97	80,55
43	1,8794	2,1206	51,5762	1938—1939	128,94	116,05	103,15	90,26	77,36
44	1,8052	2,1948	49,3814	1939—1940	123,45	111,11	98,76	86,42	74,07
45	1,7283	2,2717	47,1097	1940—1941	117,77	106,00	94,22	82,44	70,66
46	1,6488	2,3512	44,7585	1941—1942	111,90	100,71	89,52	78,33	67,14
47	1,5665	2,4335	42,3250	1942—1943	105,81	95,23	84,65	74,07	63,49
48	1,4814	2,5186	39,8064	1043—1944	99,52	89,56	79,61	69,66	59,71
49	1,3932	2,6068	37,1996	1944—1945	93,00	83,70	74,40	65,10	55,80
50	1,3020	2,6980	34,5016	1945—1946	86,25	77,63	69,00	60,38	51,75
51	1,2076	2,7924	31,7092	1946—1947	79,27	71,35	63,42	55,49	47,56
52	1,1098	2,8902	28,8190	1947—1948	72,05	64,84	57,64	50,43	43,23
53	1,0087	2,9913	25,8277	1948—1949	64,57	58,11	51,66	45,20	38,74
54	0,9040	3,0960	22,7317	1649—1950	56,83	51,15	45,46	39,78	34,10
55	0,7956	3,2044	19,5273	1950—1951	48,82	43,94	39,05	34,17	29,29
56	0,6835	3,3165	16,2108	1951—1952	40,53	36,47	32,42	28,37	24,32
57	0,5674	3,4326	12,7782	1952—1953	31,95	28,75	25,56	22,36	19,17
58	0,4472	3,5528	9,2254	1953—1954	23,06	20,76	18,45	16,14	13,84
59	0,3229	3,6771	5,5483	1954—1955	13,87	12,48	11,10	9,71	8,32
60	0,1942	3,8058	1,7425	1955—1956	4,36	3,92	3,49	3,05	2,61

liche Tilgungsrente				
von 5 Mark Mark	von 4 Mark Mark	von 3 Mark Mark	von 2 Mark Mark	von 1 Mark Mark
125,00	100,00	75,00	50,00	25,00
124,38	99,50	74,63	49,75	24,88
123,73	98,98	74,24	49,49	24,75
123,06	98,45	73,84	49,22	24,61
122,37	97,89	73,42	48,95	24,47
121,65	97,32	72,99	48,66	24,33
120,91	96,72	72,54	48,36	24,18
120,14	96,11	72,08	48,06	24,03
119,34	95,47	71,61	47,74	23,87
118,52	94,82	71,11	47,41	23,70
117,67	94,13	76,60	47,07	23,53
116,79	93,43	70,07	46,71	23,36
115,87	92,70	69,52	46,35	23,17
114,93	91,94	68,96	45,97	22,99
113,95	91,16	68,37	45,58	22,79
112,94	90,35	67,76	45,18	22,59
111,89	89,51	67,14	44,76	22,38
110,81	88,65	66,49	44,32	22,16
109,69	87,75	65,81	43,88	21,94
108,53	86,82	65,12	43,41	21,71
107,33	85,86	64,40	42,93	21,47
106,08	84,87	63,65	42,43	21,22
104,79	83,84	62,88	41,92	20,96
103,46	82,77	62,08	41,39	20,69
102,08	81,67	61,25	40,83	20,42
100,66	80,53	60,39	40,26	20,13
99,18	79,34	59,51	39,67	19,84
97,65	78,12	58,59	39,06	19,53
96,07	76,86	57,64	38,43	19,21
94,43	75,54	56,66	37,77	18,89
92,74	74,19	55,64	37,09	18,55
90,98	72,79	54,59	36,39	18,20
89,17	71,33	53,50	35,67	17,83
87,29	69,83	52,37	34,91	17,46
85,34	68,27	51,21	34,14	17,07
83,33	66,66	50,00	33,33	16,67
81,25	65,00	48,75	32,50	16,25
79,09	63,27	47,45	31,64	15,82
76,86	61,49	46,11	30,74	15,37
74,55	59,64	44,73	29,82	14,91
72,16	57,73	43,29	28,86	14,43
69,68	55,75	41,81	27,87	13,94
67,12	53,70	40,27	26,85	13,42
64,47	51,58	38,68	25,79	12,89
61,73	49,38	37,04	24,69	12,35
58,89	47,11	35,33	23,55	11,78
55,95	44,76	33,57	22,38	11,19
52,91	42,33	31,74	21,16	10,58
49,76	39,81	29,85	19,90	9,95
46,50	37,20	27,90	18,60	9,30
43,13	34,50	25,88	17,25	8,63
39,64	31,71	23,78	15,85	7,93
36,02	28,82	21,61	14,41	7,20
32,28	25,83	19,37	12,91	6,46
28,41	22,73	17,05	11,37	5,68
24,41	19,53	14,65	9,76	4,88
20,26	16,21	12,16	8,11	4,05
15,97	12,78	9,58	6,39	3,19
11,53	9,23	6,92	4,61	2,31
6,94	5,55	4,16	2,77	1,39
2,18	1,74	1,31	0,87	0,44

Bemerkungen.

1. Beispiel. Ist ein Kapital von . . 568,37 Mark zu erstatten, so ist der nächst kleinere, durch 25 ohne Rest teilbare Kapitalbetrag . . . . 550,00 „

Der Überschuß von . . . . 18,37 Mark nebst Zinsen ist sofort zurückzuzahlen, und für den Betrag von 550 Mark ist eine jährliche Tilgungsrente von $\frac{550 \times 4}{100} = 22$ Mark zu entrichten. Soll der Gesamtbetrag dieser Rente, nachdem sie für die Zeit vom 1. April 1895 bis zum 1. April 1914 gezahlt worden ist, im Rechnungsjahre 1914/1915 abgelöst werden, so berechnet sich das hierfür am 1. April 1914 zu zahlende Ablösungskapital, wie folgt:

für 10 Mark Rente auf . .	217,05 Mark
„ 10 „ „ „ . .	217,05 „
„ 2 „ „ „ . .	43,41 „
zusammen für 22 Mark Rente auf . .	477,51 Mark.

2. Beispiel. Wird ein Gut oder Grundstück in zwei Teile zerstückelt, und werden bei der Verteilung der darauf ruhenden Tilgungsrente von 42 Mark jährlich für die Zeit vom 1. April 1941 ab die Anteile der beiden Stücke auf 16,43 Mark und 25,57 Mark festgestellt, so betragen die weiter zu zahlenden Renten 16 Mark und 25 Mark jährlich, während die überschießenden Rententeile von 0,43 Mark und 0,57 Mark durch Kapitalzahlung abzulösen sind. Die am 1. April 1941 zahlbaren Ablösungskapitalien berechnen sich im Rechnungsjahre 1941/1942:

für 0,40 Mark Rente auf $\frac{44,76}{10} = 4,476$ Mark

„ 0,03 „ „ „ $\frac{33,57}{100} = 0,3357$ „

zusammen für 0,43 Mark Rente auf . . 4,81 Mark

für 0,50 Mark Rente auf $\frac{55,95}{10} = 5,595$ Mark

„ 0,07 „ „ „ $\frac{78,33}{100} = 0,7833$ „

zusammen für 0,57 Mark Rente auf . . 6,38 Mark.

Register und Worterklärung.

A.

C.

D.

J.

Q.

R.

Regierung (Fortsetzung).

U.

W.

Druck von J. B. Hirschfeld in Leipzig.

Papier | Fördert gute Waldnutzung
FSC® C083411

Kolibri 360 GmbH
Ferdinand-Jühlke-Straße 7
99095 Erfurt, Deutschland
produktsicherheit@kolibri360.de